饭★店★管★理★案★例★集

酒店管理
180个案例品析

王大悟 刘耿大◎编著

中国旅游出版社

目录
CONTENTS
180个案例品析 酒店管理

目　录

目录

CONTENTS

180个案例品析 酒店管理

JIUDIANGUANLI 180GEANLIPINXI

目录

CONTENTS

前　言

不久前，刚编写完《酒店服务案例百题》，本拟编写一本关于酒店管理案例方面的书，凑巧，中国旅游出版社与我接洽撰写关于酒店管理案例品析方面的书，于是一拍即合，欣然命笔。

关于酒店案例的书籍，可谓是长流不息，汗牛充栋，在我平时不经意的观察中，每年总有二三本写着“酒店案例”一类字样封面的新书映入我的眼帘。据我观察，现在在这方面的书籍大致是“两极分化”，一极是大谈创新、个性化，一极是对大量现实中发生的服务案例进行评析。这两者当然需要，但其中最一般、最扎实的管理实践却被淡化，似乎“日常管理”已不屑一谈，文章和研究都得标新立异方能夺人眼球。中国饭店业的管理正趋于成熟，这是事实；但决不是完美无缺，更不是不需再交流学习。正是基于这样一种认识，我们决心从“管理”切入，编写一本案例，以强调看似平淡的日常管理的重要性和复杂性，使大家能意识到，出色的管理是创新之基，是经营之本。

先从内容说起，管理案例的内容十分宽泛，凡饭店要“管”要“理”之事，均在其列。按照 ISO 9000 标准的要求，这个“管理”还延伸到饭店之外，涉及到供方。前不久就碰到一件这方面的事。我去某五星级饭店游泳，游泳池的毛巾全是外包洗涤的。那天我适逢外面洗衣房送来毛巾进行交接，我问了一声：“毛巾拿哪里的?”殊不料，送来毛巾的搬运工瞪着眼睛粗鲁地说：“你没看见吗？毛巾不就在这里吗?”我惊怔了。饭店的接待员忙不迭跟我道歉，并示意那位搬运工别再吱声。可见，任何与内外部顾客接触的员工都要经过专门培训，否则，五星级饭店的服务态度也会不如社会上的澡堂子。所以，本书的案例涵盖了经营、服务、营销、设计、前台、财务、工程、餐饮、人力资源、安全保卫、企业文化等各个方面，尽量展现酒店管理的全貌。

再说管理案例与服务案例的关系。我一直强调，任何服务问题都是管理问题，任何服务问题都要从管理上找原因。因此，管理不可能与服务变成两张皮，管理的主要目的之一就是要在服务的终端使顾客高度满意。因此，书中就有从管理高度和深度来分析服务案例的，旨在通过一个服务问题来认识管理的原理和方法，达到举一反三、触类旁通、以点及面的效果。

最后谈谈写作形式。服务案例一般是先讲一个故事，然后是一段评析。但在管理案例分析中不能完全采用“讲故事，评故事”的形式，大量的案例还得采取《品三国》似的形式，夹叙夹议，故事中有评说，评说中插故事。尤其是相当一部分案例是全国各地饭店的一些经验、方法、制度和实施效果，并不是一例一议的故事。因此，本书案例分析的写作形式就不拘一格，内容主要来自国内饭店（含少量海外饭店）真实的实践和实务，都属案例，而目的归于一个，即让读者能参透其中的管理之道。

本书该是一本厚积薄发之作，它积累了我们研究饭店凡二十多年的观察、思考和总结，而全国数以万计的饭店为我们提供了宝贵而丰富的素材，书中180个案例是对这些素材进行筛选、提炼，并注入当代管理理念和实务分析精编而成。为与现在我国酒店业的管理水平相适应，本书的案例考虑了时代性，并具有新意和典型示范作用。每个案例结尾留下的思考题将是我们与业界今后继续延伸交流探讨的话题。读者可针对本酒店、本部门或本岗位的实际情况参考借鉴。

全书主要由王大悟、刘耿大编写，毕吕贵及栾庆帅也编写了部分案例，刘耿大对案例进行了统纂，王大悟对全书进行了终审。在此应感谢全国饭店业界同人朋友们的支持，尤其感谢陈文生先生和袁学娅女士为我们提供了若干精彩的案例。同时，也要感谢中国旅游出版社，为我们搭建了一个学术界与饭店业界交流的平台。

只要有激情，有钻研精神，管理的高境界，无远弗届。愿学界与业界心相通，情常在，携手共进！

王大悟

2007年5月

案例1 QC小组活动结硕果

广州一家宾馆的质量管理培训部，曾相继制定了311项不同工种的岗位责任制和服务操作程序，在这个基础上，宾馆开展了广泛的QC（意为质量管理）小组活动。

QC小组对班组、部门服务工作中的主要薄弱环节和疑难问题开展攻关活动。课题包括：客房部提高顾客满意率和员工工作效率的攻关、饮食部饮食卫生以及降低餐具损耗的攻关、动力部设备维修保养攻关和保安部处理突发刑事案件攻关。活动做到有计划、有选题、有安排、有检查、有评比。

客房部南五班共有客房75间，床位155张，服务员25人，每层楼设有大小两个服务台，分三条卫生线，每人负责12～13间客房。通过问卷调查的方式，他们发现顾客对三缸卫生以及床上用品清洁度的不满意率超过50%，于是开展了以“抓房间卫生质量，提高顾客满意率”为课题的QC攻关。他们遵循PDCA循环工作方法，分析了原因，并绘制了对策表（见下表）。

序号	主要问题	对　　策	负责人	执行时间
1	业务水平低	1. 加强业务培训，提高业务素质，提高工作效率，采取一帮一，以老带新。除每周一次业务学习外，定期进行考核。 2. 对员工进行职业道德教育，增强对职业的责任感。	袁×× 张××	2月2日至2月9日
2	督导检查不严	1. 增强督导（中班增加一班长），保证管理人员有时间对全班工作进行系统的督促及检查。 2. 坚持落实每天检查制度，订出一整套完整合理的服务规范标准，贯彻到各个岗位。	王×× 黄××	2月10日至2月20日

（续表）

序号	主要问题	对　　策	负责人	执行时间
3	保养不完善、完好率差	1. 定期进行清洁用具的保养技术培训，使员工了解并掌握工具的性能和操作方法。 2. 定期进行维修保养，并使清洁用具责任到人。	邓×× 王××	2月30日至3月5日

在组织实施过程中，他们将培训教育和督导检查贯穿始终，增强员工的责任感。按卫生标准，组织卫生班房间卫生操作比赛及规范标准考核。1至5月份共考核5次以上，平均分数在80分以上，确保了卫生质量。顾客满意率达到了90%。该QC小组被评为“广州市优秀质量管理小组”和“全军优秀质量管理小组”。

南五班QC小组紧接着又开展了以“加快卫生操作速度，提高效率”为课题的QC攻关。工作效率大大提高了，住房卫生只需25分钟就做完，走房卫生只需35分钟就完成。

饮食部新兴厅有52名员工，餐位230个。该厅QC小组发现损耗的餐具费用高。为此，开展了以“加强现场管理，降低餐具损耗”为课题的QC小组活动，绘制了因果图（见下页图）。

针对问题，他们组织人员学习其他宾馆的先进经验，开展业务竞赛，提高全员质量意识和节支降耗意识。餐厅重新装修了前台，增加了餐柜，扩大了洗碗间的面积，解决了餐具积压、周转不当等问题，减少了餐具的碰撞。小组还加强了现场检查督导，由专人负责分拣餐具，并设立备用托盘，取代原来的塑料箱。收餐具由前台服务员用托盘托出，再由专人分拣，避免了倒餐具的现象。经过该QC小组4个月的齐抓共管，圆满完成了课题的任务。前后相比，损耗费用从活动前的15.265元下降到3.986元，减少费用11.279元，损耗率比以前降低了70.7%，超过了预期的目标。

动力部话务班QC小组在历经两个PDCA循环，即在解决话务质量准确、亲切两个课题之后，进入了第三个课题，即“如何提高电话的接转速度”的攻关。通过这次活动，在电话量高峰期再没有出现忙乱现象，电话应答速度大大提高，客人投诉、埋怨现象明显减少。新兴交易团对话务班快捷周到的服务给予高度评

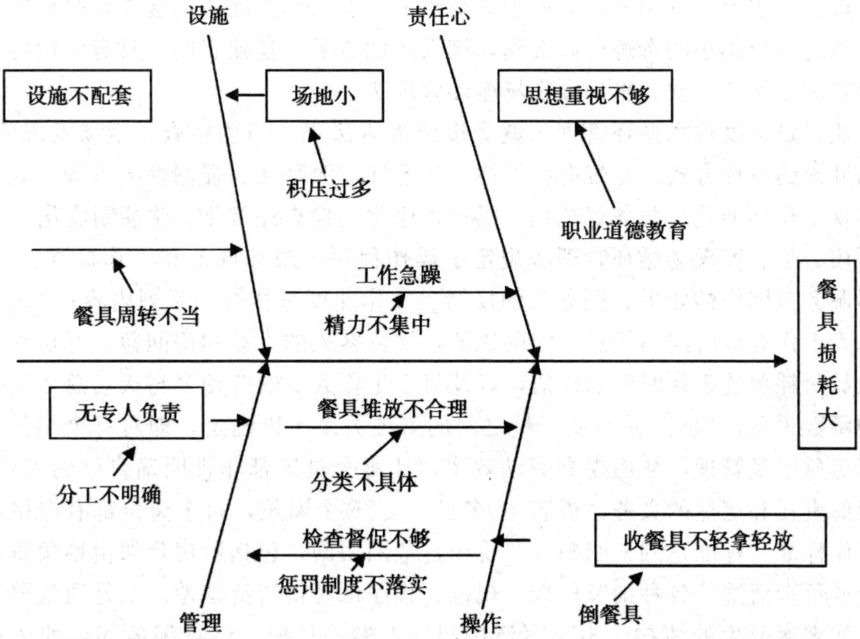

价。该QC小组的成果被广州军区司令部企业局推荐参加广东省质量管理协会举办的优秀QC小组成果展览。

【思考题】

本案例中QC小组开展了哪些活动？他们是如何实施PDCA循环工作法的？

案例2 现场循环管理法创奇迹

辽宁省一家已经营了多年的二星级饭店，客源中90%以上是内宾，且各类会议居多，但饭店的地毯依然如新，没有一点污迹，没有一个窟窿，没有一丝灰尘。即使是主要接待国外客人的中、高档饭店也未必都能达到这样高的水平。

透过这个小小的奇迹可以看到，该饭店创造了一套独有的、具有中国特色的饭店管理方法——质、量、度现场循环管理法。

质、量、度现场循环管理法就是按照饭店法规，当场检查、当场发现问题、当场处理的一种方式。是带有科学性、规范性、激励性、强制性的管理方式，从而实现工作标准化、服务规范化、操作程序化、检查经常化、奖惩制度化。

质、量、度现场循环管理法规定了操作程序、服务规范和工作标准。“质”包括服务范围内的效果、服务后的反馈、工作速度考核等一系列内容；“量”是指每天工作有效时间与休息时间的比值，接待客人的人数和房间数、开房率与工作人员所耗费的工作时间的比值，以及每个工作人员的劳动量与饭店总体效益之间的函数关系；“度”是对质、量之间的辩证关系予以确定，即对每个工作人员实行定质定量管理，从而提高劳动效率，让每个员工都非常明确自己的工作量、承担的责任和应尽的义务。饭店 75 名员工、26 个岗位，每个岗位都有严格细致的工作标准。标准达到三明确：一是职责范围明确。包括厨房货架由谁负责，菜板由谁负责清洗等各种细节标准、规范、程序都写得清清楚楚。二是质量要求明确。如客房卫生的清扫，不仅写清房门、衣橱、马桶、浴缸等各部位的清扫标准，而且就连房间暖水瓶把手向右、杯耳向右、杯子上的消毒纸面向客人、卫生间分水器开关指向等，都规定得明明白白。三是操作程序明确。如客房整理的程序是：敲门进房；拉开窗帘、打开窗户；倒烟缸，刷茶杯、面盆、痰盂；撤床单、枕巾、被罩（不得将撤下的物品放到地上）；做床；擦家具表面及掸房间灰尘，先上后下，检查设备有无损坏；吸尘，由里至外；巡视房间清扫有无漏项；锁门，登记进出时间。

为了使管理标准付诸实施，该饭店的做法是实行现场管理：

第一，建立连环套检查机构，即设置总经理、部门经理、主管、领班四层考核检查人员。领班负责日常检查；主管负责每天检查；部门经理随时检查；总经理临时抽查。取消了饭店星期一大检查制度，改变了过去“突击应付星期一”的现象。

第二，当场处理，与经济挂钩。四层考核人员每人兜里装着现场管理指导罚款小票，面值 5 元，如在检查中发现违反了工作标准、服务规范、操作程序的现象，就当场扯票处罚，被罚人要当场交罚金 5 元。饭店每月设有总经理嘉奖、综合奖、突出贡献奖。如果被扯一张票，则取消当月嘉奖，再扣除被罚人当月综合奖的 10%，被扯三张票要扣除被罚人当月综合奖的 100%。这样一来，如果被扯一张票，那么相应地 30 元钱就没有了；如果被扯两张或更多，那所扣的钱数就更多。各部门除对当场处罚的情况有详细记载外，每月各班组还有内部考核，实行积分制，即使本部门没人受罚，也要按积分多少，将综合奖和总经理嘉奖分成 1～4 等，拉开档次。

第三，采取连环惩罚的方法。如果部门经理、主管检查工作做得不细，没有发现问题或者发现了本部门员工出现了问题而没有及时去处理，一经查出将同时扯四张票，对出现问题的员工、领班、主管及部门经理一并惩罚。

第四，PDCA 循环也搬到现场。有问题现场解决，现场整改，现场检查。一切以现场效果来推动 PDCA 循环。

第五，不单纯惩罚，还有奖励。在奖励上，提倡"团体冠军"，鼓励全班组共同进步，全店共同协作。规定如果班组里的全体成员在当月中没有人受罚，那么将给这个班组额外嘉奖班组总基数的 50％。

第六，坚持"法治"，不用"人治"。由于现场管理标准是约束饭店内部所有人员的，是每位员工必须恪守的"组织纪律"，无论是总经理，还是一般服务员，执行同一标准，谁违反谁受罚，在饭店规章面前人人平等。有一次，餐饮部经理下班检查时发现舞厅门没锁。第二天，除当事人被罚外，餐饮部经理也主动认罚，体现了一视同仁的原则。

第七，加强思想工作。现场管理是强化管理，必须辅以细致的思想工作，让被罚人心服口服，才能增加工作动力。

实行现场循环管理法后，饭店宾客满意率为 96.14％，卫生达标率为 93.76％，设备维修保养完好率为 94.1％。这些数字已超过三星级或达到四星级饭店的标准。

【思考题】

什么是现场循环管理法？你认为它能否借鉴运用到本酒店的管理中去？

案例3 “顾客满意小组”

回顾20世纪，我国改革开放后引进了日本的全面质量管理（Total Quality Control，简称TQC）。同时在企业基层建立了QC小组，以确保全面质量管理在班组和工作点得到落实。应该说，QC小组的建立，对企业的质量保证起到了有效的促进作用。不少饭店也仿照工业企业的做法，建立了适合服务业特点的QC小组。

但是，在个性化消费凸显的今天，在走进顾客满意的时代之后，质量随着不同顾客的满意程度而变化。或许有的客人对饭店彬彬有礼的程式化服务感到满意，但也有的客人会因刻板拘束而反感。因此，因时、因地、因人、因事会产生截然不同的满意程度。这大大增加了饭店服务的难度。正因为如此，仅仅靠QC小组的“控制”已无法全面保证质量，作为服务企业的饭店必须与时俱进，建立顾客满意小组（CS小组，Customer Satisfaction）来动态地满足顾客不同的需求。

QC小组与CS小组，虽然都是为了保证和提高质量，但由于立场与角度不同，两种小组的活动形式和内容都有着很大的区别。QC小组严格遵循PDCA循环，按照既定的质量标准进行现场控制，这就是把事做对（“do things right”）的概念，这个“对”就是企业制定的特性标准，具有唯一性和不变性。达标即“对”，不达标即“错”，判别质量的优劣非常简单。但CS小组则完全不同，他们必须对服务现场时时处处发生的问题进行搜集，然后筛选主题，进行小组活动，分析原因，找出使顾客满意的方法和措施。这种“使顾客满意”的问题是多变的，甚至是猝不及防的，其答案也不是唯一的，它既可因客人而异，也可因服务员工的思路不同而各显神通。说得通俗点，不管白猫黑猫，只要顾客满意就是好猫。这就是“把事做对”（do right things）的概念，这里的“对”（right）就是以“顾客满意”为标准。然后，酒店要定期（如每个月）进行全店各CS小组的交流会议，介绍各CS小组发现的质量问题、确定的主题、解决问题的思路与技巧等。每半年召开一次表彰大会，奖励那些取得突出成绩的CS小组。

在2000版ISO 9000标准提出的质量管理八大原则中，强调“持续改进”是企业追求的永恒目标。所以“持续改进”作为一项质量管理的基本原则贯穿CS小组活动之中。而开展顾客满意小组就是饭店保持持续改进的最好形式之一。

由于饭店是直接接触顾客的企业，在第一线服务的员工每天都在和形形色色的顾客打交道，他们最了解顾客的需求和期望，也最具备满足顾客需求的条件和可能。同时，开展顾客满意小组活动也为饭店日常运作中的质量改进创造了有利的条件。饭店的质量改进有两种形式：一种是具有战略性、突破性的质量改进，一种是在日常服务活动中进行的一般性质量改进。由于前者的改进，往往要动用大量的人力、财力、物力，所以难度较大。而对于在日常服务过程中的一般性质量改进，则完全可以通过在饭店内部建立CS小组的形式来加以实施。酒店基层的服务员工在与顾客的长期接触中，可以收集到大量有关顾客方面的信息来作为质量改进的依据。当然，收集质量改进的信息不仅要针对顾客现场即时的不满意，还应通过与顾客的接触，掌握他们潜在的需求和未来的期望，从而为持续改进提供方向。

CS小组建立在基层，其重点也应放在与顾客接触的层面上选择课题，这样可以最大限度地发挥基层员工的优势和长处。在与顾客接触层面中选择课题，一旦解决，其效果也最明显、最直接。这里举一个小小的例子予以说明：

某四星级饭店的CS小组听到宾客多次反映："饭店餐饮的档次很高，服务也很周到，就是服务员的语言太呆板贫乏。"于是CS小组就针对"说话能力"进行专题分析和培训。小组成员细致地研究了每句语言的表达，尤其要突出服务语言的主动性。如：不要用"帮"字，而改为"我来吧"；不要用"请稍等"，而改为"马上来"；不要说"对不起，没办法"，而改为"您能否选择……"。说话必须与形体"语言"配套，包括语言、语调、语速、目光、手势、身姿等在内，其综合效果要经过"定格"，让小组成员当"裁判"，评头论足，最后确定不同需求下的语言与体态的最佳组合。譬如通过讨论，小组成员分析出"我希望您再到这儿来"这句话就可以分别产生强调愿望、情感、地点、次数、人物指向五种不同的效果。

更进一步，CS小组还模拟不同场景，研究如何为就餐客人营造轻松愉悦的语言环境，如何恰如其分、点到为止地幽默一句、调侃一声、帮衬一下。经过反复演练，终于达到了随心所欲而不逾矩的炉火纯青的服务境界。

【思考题】

CS小组与QC小组的立场与角度不同在哪里，活动形式和内容有何区别？通过分析最后一个小案例，阐明以"顾客满意"为标准"持续改进"，是CS小组质量管理的基本原则。

案例4 认证、评星后的持续质量管理

浙江嘉兴一家四星级大酒店在完成认证和星评工作后，为了巩固成果，避免质量体系形成“两张皮”的现象，在质量管理上加大力度，通过对日常质量的统计分析，对质量记录是否完善，培训是否落实，过程是否得到有效控制，纠正、预防措施是否得力等问题对症下药，收到了良好效果。

1. 建立有效的质量管理网络

酒店按照标准要求并根据实际需要，建立质量管理网络。在程序文件中明确规定数据分析的归口管理部门是人事培训部，并详细制定了酒店质量管理制度，制定了各部门管理手册，明确了各岗位的工作范围、服务标准、工作流程等。在各部门设立领班负责制的质量管理小组，领班负责本班组的质量检查，记录、统计各项不规范服务、不合格产品。每月初，人事培训部提供上月班组的质量信息（日检记录表）；行政办公室负责收集、汇总每日值班经理检查记录及责任部门整改情况；大堂副理负责对每月的宾客抱怨、投诉及大堂检查进行汇总、分析。人事培训部对各方面反馈的质量信息进行质量数据分析，提出汇总分析报告，为管理评审输入做好准备。

2. 加强培训教育

在推行认证工作的初期，酒店仅重视出现不合格的数量而忽视问题的解决落实，且有掩盖问题的现象。为此，酒店在程序文件中强调了培训的计划性、重要性，多次开展 ISO 9000 专业知识的培训。如前台在日常检查工作中，记录不全、督导不够、无重点，酒店及时组织部门领班以上人员进行培训，让管理人员不但学会发现问题，而且要解决问题，更要改进工作。

3. 注重数据比较，降低损耗

各部门运用数据分析管理要素来进行部门生产成本的管理及控制。如客房部依据几年来月客房易耗品的数据记录，分析、制定了客房易耗品考核到人的管理方法，使得 2001 年的客房易耗品比上一年下降了 12.3%。另外，通过数据比较发现，由于个人对清洁剂浓稀比例调配不匀，造成瓷砖、马桶腐蚀严重且清洁剂损耗较大。为此部门制定方案，实行统一调配发放至个人，使得清洁剂使用数量大幅度下降，2001 年比上年下降了 30%，生产成本得到有效控制。又如，工程部人员重视数据记录、工作分析，通过数据比较，发现近几个月用水量非常大。但由于地下管道错综复杂，无法查找到漏水之处。经总经理室研究决定，重新铺设地下管道，由于补救及时，第二个月用水量恢复到正常吨数，把企业的损耗降到最低限度。

4. 加大督导力度，持续改进质量

在建立质量管理体系初期，酒店根据要求设立了专职质检员，但发现检查出的问题往往是表面现象，许多深入的东西无法挖掘出来。为此，酒店利用建立的质量管理网络，让各班组的领班充分发挥作用，每天进行质量抽查和巡查，及时发现不规范因素，督促整改。每月依据日检记录表进行综合质量统计，针对问题查找原因，填写《班组__月不规范项目汇总表》。主管负责汇总、分析本部门的质量情况，采取措施，制定对策。部门经理根据需要召开质量会议，提出改进服务、产品质量的指导意见，开出纠正、预防措施计划单，由人事培训部负责跟踪验证，监督实施。如在日检记录中发现餐饮部展示柜陈列的样品有不新鲜、变质的现象。经查找原因发现展示柜的样品分冷菜、热菜、点心三个点，由厨房不同岗位的领班分别更换，由于检查人员分散易被忽视，造成检查人与责任人脱节。发现问题后部门及时制订了纠正措施计划，重新修订部门管理手册，并确定由厨师长制定卫生检查标准，每日由专人检查并做好记录。人事培训部通过检查验证了纠正措施的有效性。

经过努力，全店员工的思想观念发生了根本转变，头脑中有了质量意识，了解各项工作按程序规定、按制度文件操作执行，经营管理上不规范项目减少，费用逐渐下降，使企业质量得到持续有效的改进。

【思考题】

案例中酒店为持续改进质量，从哪些方面入手来强化管理？在你的部门或岗位上是如何通过数据分析来控制相关成本的？

案例 5　如何做好酒店督导工作

酒店督导或质检是酒店管理者的耳目，实际上就是依据酒店的规章制度，对酒店各岗位的软硬件和员工的服务及工作“挑毛病”，然后写成巡视报告，通报各部门和高层领导，每日一次。这其实是一项出力不讨好、找挨骂的工作，常会遇到督导对象找各种“理由”为自己开脱，或部门管理者为下属“解脱”找借口，极易引起矛盾或不满情绪。要干好这项工作，应注意以下几点：

其一，事实要绝对清楚。如冷菜间有人操作时未按要求戴手套，那你一定要记录该员工的胸牌号，使周围的人看见你在记录以备事后待查。可以不必将牌号写在“报告”上，但要有证明可以说清真实性，以免当事人事后不认账或狡辩。

其二，文字表述要准确。如台面抹尘欠佳、抹尘不到位、漏抹尘、浮尘、积尘，文字表述不同，则力度不同，反映出的性质也不同。又比如，一员工确实趴在桌上睡觉，但当上司拿着“巡视报告”去找他时，他一定会说：“我根本没睡觉，只因身体不适趴了一会儿……”，而有时本位思想严重的上司会以此为依据，大泄对督导的不满之愤，弄得大家都不开心。怎么办呢？对于无法明确界定的事物，干脆当场指出，下不为例，就不用写成文字上报了。如一定要表述可以这样写：“个别员工有在工作时间×点×分趴在桌上闭眼的现象”，这样既可以避免事后矛盾，又可以清楚地表述事实，同时又给管理者留下“酌情”处理的余地。

其三，同一问题集中表述。如卫生间浴帘杆抹尘问题，在一段时间内经常出现且多次提出仍未整改时，就要以一种醒目的格式提起注意；如检查的房间内大多数有此情况，就以每个房间情况的报告的第一句话陈述。试想同一问题，在同一份报告中反复在几个房间及卫生问题中同时存在，对每一个管理者都是很明白的暗示——该管一下了。

其四，表扬暗示。如水杯擦拭不当常会留下指印或水渍印，多次指出仍得不到整改，部门会说玻璃杯质量有问题等。这时最好的方法是发现擦拭干净的杯子并提出表扬，如“××号房间卫生细致，特别是水杯干净、明亮、无指印、无水渍印”，这一效果比任何解释都管用。

其五，重证据。凡是写在报告中的事情一定要有证据，否则会不好收场。如有员工把闲书拿到工作间去看，那你如果要上“报告”就一定要没收此书，因为有些行为是要处罚的，如果没有证据，很快事情的经过就变样了，如“书不是我的”“我没看，仅是翻了一下”“我根本没看”。

其六，坚决杜绝说情。督导员可以在没管事情之前假装看不见、不知道，但是一旦形成文字上了报告，做了处理，就必须看到结果，决不可被部门的说情风左右。因为有了第一次，就会有第二次，最可怕的是它会带来恶劣后果——制度可以因人而异。于是员工会认为“打报告”的人是“恶人”，说情的人是“好人”，于是矛盾和对立随之产生。

其七，指出你的问题是为了帮助你。要使各部门的管理者明白这个道理很难，但必须设法让他们明白。有一次一位女经理从卫生间出来，因有急事忘记将裙子后面的拉链拉上，就匆匆忙忙往现场赶。一个男员工跟着她到一个可以说话的地方悄悄告诉她：“你的裙子拉链开了。”女经理真的是从内心里感谢他。因为正是有人及时地指出了，才避免了在更大范围内、更多人面前的尴尬，所以能及时指出不足帮你改进的人是真正对你好的人。其实此事肯定也有其他员工注意到，但没有告诉女经理，原因如下：（1）怎么说？（2）经理会不会不高兴？（3）经理会不会不好意思？（4）随她去吧！反正不是我的事。如果都这样做的话，后果将更加难堪。有人每天帮你找几个毛病，你改了，就进步了，提高了；假如捂着、盖着，不让别人说，那何谈管理？怎能提高？

其八，现场指出且改正的不写入报告。有些情况确属疏忽，当场指出后立即改正了的就不必再写入报告。如走廊地面上有遗留纸屑或烟缸内有烟蒂，恰巧周围有员工，你指出后他们立即改正了，就可以了。如果指出了、改正了，再写入报告，不仅不会对员工教育起到良好的效果，反而会使员工认为你太计较，不依不饶，今后再遇此事配合整改就不积极了。

其九，要清楚自己的“角色”。写巡视报告是件极为严肃认真的事情，千万记住自己的角色是“找问题的人”，不是管理者。手下写的每一个字、每一句话都要把握一个原则：只说事，不评论，尤其是不能用自己的观点在报告中评述。因为酒店管理层次明确，范围清楚，每个管理者都知道该怎么做，他们反感你指手画脚。为减少矛盾的发生，一定要清楚自己的“角色”。

其十，要做“抬轿子”的，不做“拆台”的。要体谅部门管理者和员工在特定条件下的情绪与心态。如有大型会议、大型活动或节假日，员工非常忙碌，工作量加大许多，服务要求又很高，此时你在报告中写“卫生间地面有头发一根，餐厅地毯有烟蒂一个……”，显然是自己找不痛快。这种状态下应注重服务方面的动态，可表述服务到位、忙而不乱、站立规范、有声服务较好、整体卫生较好等等。此时上下左右要劲儿往一处使。千万别做“星星之火”，烧了别人的同时也烧了自己。即使有一些“小问题”发生也应以大局为重，要手下留情，要用

“柔道”解决，不要坏了员工的情绪，影响服务。或在气头上一走了之，同时也坏了部门的统一安排，分散了注意力。有些事放一放同样可以达到整改的目的，而且效果会更好。

【思考题】

简述做好酒店督导工作的要点。你认为应如何把握其中的精神实质？

案例6　拍肩膀与个性化管理

一个小伙子学校毕业后被分配到酒店当维修工，工作又苦又累且经常加班加点，但他情绪一直很高。邻居们都认为他一定有很高的工资或奖金，所以才那么兴奋，其实不然。有人问他原因，他说：“我们头儿好。”原来，经理每次见到他时总是和他聊上几句，临走还拍拍他的肩膀。

聊上几句、拍拍肩膀竟然能让一个小伙子保持那么好的精神状态，其中之微妙难以言传，管理的艺术性在此得到很好体现。但是现实工作中，大多数管理者只重视检查员工是否生产出合格的产品，但从未检讨过自己是否生产出合格的“产品”——员工，很少有管理人员能针对不同的员工做到“个性化管理”。

酒店的“个性化管理”是指酒店管理人员针对不同的员工采取灵活的措施，最大限度地调动员工的积极性、发挥团队协作的巨大能量的一种管理方法。酒店管理人员如何才能做到“个性化管理”呢？

首先，要重视企业文化的熏陶作用。任何酒店都有一套适合本酒店发展的企业文化。酒店管理者应通过对本酒店企业理念、宗旨、目标、行为规范等有关企业文化方面知识的广泛宣传与培训，帮助员工树立正确的人生观、价值观和终身奋斗目标（职业生涯设计）。员工受到教育，思想觉悟提高了，思想观念更新了，工作积极性也会随之提高。

其次，要注意管理对象的差异性。酒店管理者要针对不同的员工采取不同的方式方法，激励员工不断进步。例如，给家庭生活困难的员工适当的物质帮助，对思想觉悟较高的员工充分的信任和尊重，都会收到事半功倍的效果。

再次，要注意管理方法的微妙性。管理方法是多样的，尤其精神激励更有无穷的微妙性。即便是物质激励，也不能简单行事。例如，某部门经理因不按奖罚制度给某位员工增加了奖励分，从而挫伤了其他员工的积极性，这与方法不妥有直接关系。

最后，要不断地学习、改进与创新。管理方法多种多样，管理对象复杂多变，因此酒店管理者必须努力学习新知识，持续改进、不断创新，管理工作才能做到真正应付自如、游刃有余。

【思考题】

酒店管理人员的个性化管理体现在哪些方面？如何把握管理对象的差异性和管理方法的微妙性？

案例7　发网缺失的考问

酒店管理者发现前台一位女员工发型不符合酒店要求，头发过肩，未使用发网。经询问，原来该员工两天前刚到酒店就职，所属部门未按酒店要求为其配发发网。再向其所属部门了解，部门称知道酒店的规定，但由于酒店总库内无发网，因此未给新员工配发发网就让其上岗了。从表面上看，此次违规似乎是情有可原：你酒店没有，我拿什么给员工呢？班总是要上的吧，总不至于没有这个小小的发网，员工的工作质量就会下滑，员工就会做不好工作。就此事而论，违规员工个人没有责任和差错，责任和差错在于管理层。应从以下几方面来分析问题并制定纠正和预防措施：

首先，为女员工配发发网虽是酒店近期提出的要求和规定，但就财务而言，其作业指导书有没有对此做出相应的程序规定，以使总库增加新的品种？员工的操作有没有相应的程序进行指导？如果没有就是流程的缺失，过程的失控；如果有相应的作业指导书，那就要分析最低库存量的制定是否合理，或者为什么没有按照程序文件要求进行自动补仓，查清差错出在哪里，是人为的因素还是程序的缺陷。相对应的就要加强考核或者对程序文件进行修改和完善。

其次，俗话说，不以规矩不成方圆。酒店的制度、规则可以进行修改，但是绝对不允许违反。谁违反规则，无论原因如何，都必须付出代价，不能有任何的退让。上例中允许不符合酒店仪表仪容规定的员工上岗，那么酒店的制度、规则就成了可方可圆的面团，可以因为一些所谓“客观”（之所以称为“所谓‘客观’因素”，是因为其实质仍是主观的因素）的因素而允许一些规则的违背和改变，尤其是这种自上而下的被允许对规则的改变和违背，危害则更大。在新员工岗前培训的时候，明明告知了各种应遵循的规则，但一转身就因一些“客观”的原因而允许破坏规则，不遵循规则，那培训的意义何在？让员工如何来看待酒店的规则？管理者的威信又何在？这种“允许”实质上是在允许员工潜在的不服从和对规则的破坏，从而潜伏质量事故的隐患。照此逻辑，今天可以因某种原因不戴发网，明天就可以因为自己心情不好而对客人恶语相加，后天更可以因一些原因而大肆破坏规则。由此可见，正人必先正己，管理人员首先要重视规则，维护规则的严肃性，才能维持良好的管理秩序。

最后，在此质监问题中，有关仪表仪容的规定和标准都很明确，但是为什么没有被执行呢？基层管理者有什么权力更改或降低标准呢？透过表面的一些所谓的“客观”原因，其实质是缺乏生产和服务全面控制的理念，是无视质量的低标准放行。而低标准放行往往会直接影响到酒店的服务和档次，人为的低标准放行对酒店服务质量的危害更大。又例如一些酒店对使用的菜单、宣传折页进行了划改，其目的是为了减少重新印刷所产生的成本支出而执行了低标准放行，可是划改的菜单和折页给客人的心理感受是客人不是最重要的，客人是不受重视的，所以提供的服务是低档次的。为了弥补由此带来的损失所要花费的各种显性和隐性的成本大大超出了划改菜单所“节约”的成本。酒店进行质量规制和控制的目的是为了将质量量化、标准化，程序可控制化，从而保证和提高酒店的整体服务质量，而有了程序、标准，更重要的是如何去执行标准和程序。

【思考题】

本案例中新员工未使用发网违规，酒店管理层的差错和责任在哪里？在你的工作中是否也碰到过类似的问题？你是怎么认识和对待的？

案例8　反差悬殊的两次接待

香港某厨房设备用品公司派副总经理陆先生率领几名专家前往上海了解酒店厨房设备的使用状况。在一位熟人的牵线下，一行人来到一家著名的外资酒店参观。

因为事先联系过，所以大酒店公关部和餐饮部早就派人等候着，客人一到便被引领到厨房。

“欢迎各位来到本店参观指导。”行政总厨说了几句欢迎词后，便十分直率地告诉客人：“我们厨房有一套严格的规章制度，凡不穿厨师工作服、不戴口罩和帽子者均不能入内。各位是我们的客人，不让各位参观时戴上口罩和帽子。因此我只能在参观时间上给大家一个限制，希望各位在10分钟内参观完毕；并且希望大家尽量不要说话，不要摸弄东西。说话会影响员工的操作，更可能会影响厨房卫生，而餐具大多已消过毒……”

参观者走进厨房，为眼前的景象惊呆了。这哪里是个厨房，简直像医院里的手术间！清洁、整齐、干燥、有序，凡金属器具无一不是锃亮，锅勺碗盘如同在商店货架上一般堆放得令人赏心悦目。参观者不由得停下脚步，有的忙扳动相机，有的窃窃私语，脚步慢下来了。行政总厨不客气地在后面催着。才10分钟的时间，他一共催了五六次。时间一到，参观者都被“赶”到餐厅里。总厨向大家说：“很对不起，这是制度。现在大家有什么要问的可以尽管地问，但也只能有15分钟时间……”

参观者在规定时间里离开这家大酒店后直奔那位熟人已联系好的第二家酒店——一家坐落在市中心附近的本土酒店。到达目的地时，该店分管餐饮的副总经理和厨师长也早就在等候他们了。一阵寒暄之后客人被引入大餐厅后面的厨房。这里与他们刚参观过的那家外资酒店的厨房有着天壤之别：地面到处是积水，厨具虽也是不锈钢的，却早已失去光泽，一副黑糊糊的模样，东西放置杂乱无章，厨师身上的衣服不再是雪白的，排油烟机上的污迹十分显眼。

“欢迎各位光临本店。”厨师长先致欢迎词，“今天大家前来参观，使我们的厨房蓬荜增辉。请大家仔细看，多提意见。”

参观者在这儿可以尽情地逗留、摸弄，可以随意向正在操作的厨师提问题，或拿起任何器具琢磨，想朝哪个方向去就可以朝哪个方向去。总之，在这儿简直可以随心所欲。好客的主人陪着参观者足足一个多小时，连午饭时间过了都没发觉。临别时陆先生紧握该酒店副总经理的手说："太感谢你们了。我们刚才在×××大酒店参观时真如一群被赶着的鸭子，一点不自由，还只让参观10分钟。在这儿好像到了自己的家，想看多久就看多久，想说什么就说什么。"

【评析】

香港的参观者一个上午参观了两家酒店，受到了反差极大的待遇。应该指出的是，香港客人感到不满意的某外资酒店做得就是对，反映了五星级酒店的国际管理水准；而客人觉得十二分满意的本土酒店恰恰暴露出管理上的诸多问题。

第二家酒店因熟人介绍，让香港客人随意在厨房内走动、摸弄，不知他们的厨房管理制度是给谁看的。厨房的卫生和安全至关重要。客人进酒店消费有各种原因，安全是他们最基本的需求。那家酒店允许香港客人随意参观，正是对酒店就餐客人的最大不负责任。在酒店里客人永远是上帝，是酒店一切服务的核心，没有比让客人满意更重要的了，所有制度的确定与执行也是为了这一目标。该外资酒店看似不热情，其实这正是他们以客人为中心的管理思想的体现。

酒店均欢迎宾客参观，这也是一种销售，但在精细管理中前后台是有别的。这种差别正是由其制度、流程及其实施所决定的。

【思考题】

举一反三，谈谈你在酒店的职业生涯中，中外酒店管理上的差异。

案例9 当客人被卡在电梯里

夏日的一天下午，酒店监控中心打电话至前台："1号电梯、2号电梯停止运行，一位女士被卡在1号电梯内。"大堂副理立即打电话通知前厅部经理、工程部经理及相关人员，尽快解救被困客人的现场工作在紧张有序地进行着。

工程部通过监控中心，了解到客人被卡的位置在16楼至17楼之间后，立即派电梯工到顶层机房，进行手工操作，准备将电梯调到17楼，以便打开电梯门让客人出来。

大堂副理、前厅部经理立即分别到16楼和17楼，带上应急灯，对着电梯门安慰客人："张小姐，请您放心，我们正在处理，您不会有什么危险……"不断与客人交谈，给予安慰，缓解客人的恐惧感。

酒店的医生立即背上急救箱，赶到17楼等候。

客房部立即在电梯边准备一间房，楼层服务员准备好热茶、毛巾，以备客人出电梯时使用。

电梯门终于打开，惊魂未定的张小姐立即冲出电梯，要求马上回自己的房间休息。

大堂副理立即陪同张小姐回到自己的房间，服务人员随即送上毛巾和热茶，医生为其测量血压，同时酒店代表将鲜花、果盘送进房间，表示慰问。

退房时，大堂副理向客人表示歉意，并赠送酒店的小礼物。张小姐认为虽然在酒店有这样一次特殊的经历，但仍十分感谢酒店。

【评析】

该案例很好地反映出现代酒店管理中一个十分重要的问题，即：酒店工作中必须加强团队协作，及时处理好突发事件。

按理说酒店的电梯发生故障是工程部的事情，工程部负责将电梯故障排除，保证其正常运行就可以了。但是，在该酒店，事情的处理体现了完美的团队合作。酒店客人被卡在电梯中，整个事件处理要求每个部门都做好相应的工作，以减轻客人的不安与不满。

首当其冲的是工程部，必须在最短的时间内，在保证客人安全的情况下将客人从电梯中解救出来。而前厅管理人员负责与客人进行沟通，缓解客人的情绪。医务人员做好准备，以防客人受伤，进行紧急救助。客房部则提供房间并准备好相应的服务。事后，前厅部再次向客人致歉，并给予客人相应的补偿。整个事件的处理牵涉工程部、客房部、前厅部及酒店后勤四个方面的工作人员，只有他们之间密切配合才能将事件处理好，让受惊的客人满意。

从管理上来分析，酒店在平时的管理工作中，要加强部门与部门之间的合作。客人是酒店全体人员的客人，因而要求每一个部门不能各自为政，"自扫门前雪"，而应从酒店全局出发，形成一个紧密团结的集体，讲究整体合作，做好酒店服务工作。

【思考题】

请根据案例的突发事故，制定一份紧急处理方案，或假设你所在酒店发生了突发事件，制定一份应急预案。

案例10 拉坏窗帘谁之过

我们经常会碰到饭店里的窗帘不好拉，甚至坏了，脱落下来。接待外国客人，窗帘都是好的；接待国内客人，窗帘就坏了。那么，是不是国内客人素质差，把窗帘拉坏了呢？是不是碰到窗帘拉不动，卡住了，打电话到客房中心请饭店派人来修理的客人就是素质高，而没有通知饭店却把窗帘拉下来了的客人就是素质低？完全不是这样，要看这个问题的本质是什么。首先要看窗帘为什么拉不动，如果窗帘轨都很滑，那些所谓素质低的客人会把窗帘拉下来吗？我们中国存不存在这种素质低的精神病客人——客房完好的窗帘，他偏要给拉下来。有这样的客人吗？没有。从根本上讲这是日常保养不够的问题，或许还有窗帘本身质量的问题。以前，由于使用年限较短等原因没有这种问题，现在设施年限久了，随着内需的增加，使用频率也高了，问题就暴露出来了。

从这个例子可以看出，要满足内需，饭店就要费更多的心思，下更大的功夫。客房部及其员工不是出了问题后只通知工程部来修就完事了。客房部应该负责包括窗帘在内的客房各项服务设施的保养，要保证其状态完好。千里之堤，溃于蚁穴。饭店里突发的质量问题，许多都是平日不注意保养造成的。从根本上说，这是管理职责的问题。

【评析】

这个案例很有意思，说的是窗帘拉坏与内需增加有关，根子却是管理职责不到位的问题。内需增加是指客源增加，客人阶层多元化。案例里只说窗帘一事，但举一反三，饭店的所有设施使用频率都会提高，要是屡屡造成突发的质量问题，只能从管理职责上确立解决方案。

这个案例中又包含了一个重复再三的理念——顾客是不受责怪的。客人素质不论高低，发生了事故饭店都要从自己身上找问题才对。

酒店切不可把类似的责任推给顾客。相反，应从采购、仓管、安装、维修保养、产品质量检查等角度寻找自身的问题，而后采取有效的措施。

【思考题】

窗帘被拉坏反映在管理上，是哪里出了问题？应当如何解决？举一反三思考在你的工作范围内是否有同类似是而非的问题存在。

案例11 竞赛失利之后

1994年秋季的一天，某市财贸系统举办了一次酒店客房铺床大赛，该市一家涉外旅游的龙头酒店派出了技术熟练的客房服务员参赛。赛前酒店上下“自我感觉良好”，一致认为比赛夺魁稳操胜券。然而结果却只勉强获得了第三名。这个结果出人意料，使整个酒店都震惊了……

参赛服务员小杨、小朱等几位姑娘都为丢失了酒店荣誉而难过得哭了。客房部经理“理直气壮”地批评了她们。但是酒店领导却不这么看，他们认为责任不在服务员而在管理层，并对此事做了冷静、客观的分析和合理、正确的处理。

酒店领导首先主动承担了领导责任，并在深入细致的调查研究的基础上，充分肯定了参赛服务员加班加点进行封闭式训练，以至于把手臂都练肿了的参赛的积极性和苦练精神，同时承认不熟悉、不适应别种类型的比赛用卧具是造成失利的一个客观原因。他们着重指出，客房部经理对比赛失利负主要责任。从参赛情况来看，其他酒店派出了技术顶尖的领班参赛，并由客房部经理亲自带队，而该酒店却只派普通服务员参赛，而且部门经理没有到场压阵，说明对比赛很不重视。队员们在比赛中扯床单、甩床单、换枕套等动作成功率低、速度慢，说明部门经理平时对服务操作规范抓得不够，对服务质量标准要求不严。实际上该酒店铺床一直沿用国内一家著名大酒店几年前的操作方法，一般铺一张床需 5 分钟，参赛队员竭尽全力最快也要 3 分零 1 秒，而别的酒店采用了较先进的铺床方法，最快只需 2 分 51 秒，这更反映了管理上的墨守成规，封闭滞后。通过这样细致的分析和中肯的批评，使客房部经理心服口服。

铺床大赛结束后，酒店一位领导又专门对客房领班的铺床技术进行摸底测试，让领班一个个当场操作，一边掐着秒表测试。结果看出了问题，除了有几个较好外，不少领班还不如服务员。于是要求他们学习别家酒店的先进操作经验，好好练习，务必达到别家酒店领班铺床技术的拔尖水平。

酒店领导在铺床大赛前为了鼓励队员全力为酒店争取荣誉，曾许下夺得第一名就请客吃饭的诺言。虽然结果吃了败仗，但酒店领导仍然请她们吃饭，使小杨、小朱等服务员深受感动，极大地提高了工作热情。

【评析】

该酒店领导对员工参加客房铺床比赛失利一事的认识和处理很有新意。很多酒店服务质量出了问题，不追究领导责任而唯服务员是问，服务员当然不服气。该酒店却重点抓管理层，从而抓住了酒店质量管理中的一个关键环节。由此也反映出该酒店领导质量管理上的一个新观念，即服务质量出了问题，从根本上说是领导管理上的失职。对问题的处理着眼于自上而下，从酒店管理层查找责任，这正是目前国际上酒店管理的新趋向。如新加坡酒店，对于员工发生的问题，最高管理层解决问题的办法一般不是指责员工。尤其是在反复出现类似问题以后，最高领导层首先检讨管理系统是否出了问题。如果问题出在此处，则决不会把责任推给员工，而是要修正管理运作系统。

本例中酒店领导专门对客房领班的铺床技术进行摸底测试，狠抓他们的技术训练，反映了这样一种观念，即领班是酒店管理的细胞，十分重要，酒店管理应从他们身上抓起。这种管理思想值得同行重视。

最后，该酒店领导请比赛失利的服务员吃饭，表现了对基层服务员工的理解、尊重和鼓励，这与对管理层失职的严格追究形成了鲜明的对照，体现了这家酒店对质量管理方法的辩证把握和成熟运用。

【思考题】

服务员参赛失利，应如何看待根本原因是出在管理层？

案例12 面对下属不成熟的建议

一天下午，我国西南某宾馆负责市场营销的宋副总经理坐在办公桌前，仔细地阅读近期宾馆客源情况和营业收入的统计报表。这时，秘书小李进来递上一份材料，她一看，原来是销售部小汪写的一份建议书。

宋副总一口气读完了建议书。在建议书中，小汪提出市内最近开辟了交通环线，该宾馆紧靠环线，交通环境大大改善，出入市区十分方便，对商务客的吸引力丝毫不亚于市中心饭店。因此他建议宾馆借环线辟通的机遇，依托上三星级后较新、较完善的硬件设施，改变现在的客源结构，以中、高档商务散客为主，少接甚至不接团队，这样必将给宾馆带来可观的经济效益。一股高涨的热情洋溢于字里行间，并透出对自己的主张非常自信。小汪关心饭店建设的主人翁态度和主动献计献策的一片热忱使宋副总经理深受感动，但她同时清醒地意识到，小汪的主张虽不无道理，但与该市饭店市场的现状和宾馆本身的条件不完全吻合。于是，她陷入了沉思……

第二天上午，开完晨会，宋副总经理即给小汪打电话，请他到办公室来一趟。一会儿，小汪来了。这是一个从旅游学校毕业才一年半就被提升为主管的充满朝气的小伙子。宋副总经理微笑着说："你送来的建议书我看过了，很有意思。你对事业的执著追求和实现自我价值的强烈愿望值得赞扬。"一番话说得小汪心里热乎乎的。

宋副总经理继续说："你提出的改变宾馆客源结构的建议，正是我眼下所思考的问题。不过……"小汪听到这里有点急了，不由得抢过话头辩解说："按我这样做，宾馆住房率可能会下降，但营业收入和利润肯定会大大提高。我相信是值得的。"宋副总经理并不生气，仍然心平气和地说道："这正是我要和你探讨的问题。我和你有同样迫切的愿望，但你想想，我市整个饭店市场的商务客源并不充足，总的情况是酒店供大于求……”宋副总经理对本市的客源市场做了精辟透彻的分析，小汪听得连连点头，完全被说服了。

宋副总经理接着说：“不过，咱们不必泄气。目前我们在巩固现有中档商务客源的基础上，应积极筹集资金，为今后改造商务楼层创造条件，以便随着本地经济的发展，中、高档商务客源的不断扩大，逐步改变宾馆的客源结构。小汪，既然你提出了这方面的建议，我倒有个想法，请你重点关注本市的中、高档客源市场，加强市场调查和分析，为将来宾馆的开拓发展做积极的准备。你看怎么样?”此刻，小汪不但心悦诚服，而且被宋副总经理对他的信任和重视深深感动。

【评析】

酒店上级领导必须和下属人员互相理解，彼此合作，才能顺利地开展管理工作。因此，上下级之间互相沟通是十分重要的。一般说，上级领导是矛盾的主要方面。在饭店中不乏这样一种员工，他们在工作中积极进取，常常有各种建议，希望做一番尝试，施展一下身手，并非常愿意让上级领导看到自己的能力和水平。由于思考角度不同或工作经验不足等缘故，他们的建议有时会有片面性，上级领导对这类员工更应加强沟通，仔细倾听他们对工作的看法，尽量采纳、吸收他们有价值的提议，帮助他们全身心地投入工作。在沟通的过程中，关键是要遵循尊重下级的基本原则，最大限度地将他们身上的积极因素挖掘出来，并加以正确的引导和培养。如此，将对管理工作产生不可估量的积极效应。本例宋副总经理对小汪销售建议的处理就是一个出色的例子。

小汪的销售建议虽然不切实际，但宋副总经理却敏锐地从中看到他可贵的主人翁态度和积极进取的精神，看到了他建议中包含的合理因素。宋副总经理在对小汪总体上予以充分肯定的基础上，通过实事求是的市场分析，既指出了他建议中脱离实际的不足，又认同了他建议中的可取之处，并进一步指明了他今后新的工作方向。这样，宋副总经理对提出不成熟建议的下属员工，既维护了对方的自尊，又充分调动了他的积极性，在上下级之间加深了理解。

【思考题】

如果你碰到下属不成熟的建议，你会如何处理？推而广之，你认为应该如何加强酒店上下级之间的沟通？

案例13 客人——经营管理者的老师

河北某大酒店主管餐饮的王副总经理，在几年的经营管理中深深体会到，客人不但是自己的经理、上司、朋友和衣食父母，还是自己的老师。

一次，在接待一位常客食用谭家官府菜时，客人对精美的菜品赞不绝口，可在说到就餐环境时，客人欲言又止。王副总经理马上向这位常客请教，客人见王副总经理很诚恳，便说："如果客人一面品味着餐饮的精品，一面欣赏着书法和国画精品，或观赏摆放在桌上的'水仙花'或'鱼缸'中千姿百态的小热带鱼，那是多么赏心悦目！"几句话提醒了王副总经理：对饭店文化的统一性过去注意不够，营造幽雅的就餐环境也落实不到位。按照客人的意愿和餐饮文化对酒店的要求，他们进行了改善和提高，将一些摄影风景图逐步换为地方和国家的书画家作品，在餐饮包间里配上名人字画、热带鱼缸和时令花卉，突出就餐环境本土化、民族化的文化特色，使就餐环境向着更高雅的层面提升。

现在的饭店市场竞争激烈，价格竞争虽然是低层次的竞争，但现阶段却难以避免。不少饭店为了促销，纷纷在产品上采取打折优惠的方法。正当王副总经理的思路想按此办法促销饭店产品时，几位熟客从消费者的角度向王副总经理阐述了各自的看法。有的提出，只要是过得硬的饭店产品，就公开宣传本店概不优惠，概不降价，"反其道而行之"；有的提出求利求惠是人的天性，可以用优惠的办法吸引人，但方式可以改变，比如把优惠的那部分变成实物，赠送给消费者等。他们说的都有道理。王副总经理将客人们提出的建议系统归纳，然后结合本店餐饮产品的档次、特点，确定了酒店餐饮价格上的经营策略，其中谭家官府菜是我们国家乃至东方饮食文化中的一块瑰宝，此产品一经定价后，不打折，不优惠，不赊账。由于产品叫得响，过得硬，从开始经营谭家菜至今，得到了食客的齐声赞扬，慕名而来的宾客也络绎不绝。目前，谭家官府菜在当地已是"窗台上吹喇叭——鸣（名）声在外"，成为地方名品的首选，宾客们把吃到谭家菜看成是身份和地位的象征。

饭店产品要不断创新，以满足宾客的新鲜感。然而创新的内容和创新速度的快慢，不光是经营管理者主观的东西，还要听取客人的意见和建议。一次，一位客人指着餐厅每周创新菜中的显示牌对王副总经理说："你们每周有新菜的办法很好，使我们每次来都有一种新鲜的感觉，不断换口味。但这些新菜都是价格较高的高档菜，能否来点中档的、便宜的创新菜?”客人这番话促使王副总经理进一步审视“每周创新菜”这项活动，从菜品的用料风味、高低档搭配、荤素搭配，从厨师的技术、新菜品开发能力，从社会上食客的不同时期的不同嗜好，从如何保留受客人欢迎的创新菜等多方面考虑，与餐厅经理、厨师长和几位大厨一起切磋，不断丰富和改善菜品的创新，使之实效性更好。

当然，在饭店经营管理中，客人经常反映的设施设备的不灵、服务中的不能尽如人意等意见和建议，都是促进酒店集约化管理的催化剂。王副总经理常常告诉基层管理者：“客人的投诉是金，客人的建议也是金。”他还告诉大家：“客人是我们的老师!”因为客人某些想法和说法会启迪我们把饭店经营管理得更好。

【思考题】

为什么说客人是经营管理者的老师？请结合自己的工作实践谈谈对这个问题的认识。

案例14 改造之前访问长住客

按照硬件设施改造的周期，四川某著名五星级酒店定于年底进行21世纪的首次分期全面改造。究竟该如何改造？哪些设施需增添？哪些部门该加强？宾馆领导在多种方案中反复比较、斟酌。他们决定发动员工群策群力，集思广益，其中一条措施是到客人中间去了解需求。

营销部小赵首先来到几个长住客房间，下面是访谈的摘要。

赵：您认为我店的风格如何？有何吸引力？

客：贵店的风格在于大方、自然的建筑和热情、善解人意的员工，这就是贵店最大的吸引力。目前，酒店业竞争激烈，我们希望贵店进一步保持与发扬这种风格。

赵：您觉得我店的环境怎样？

客：还可以。面积大，绿色植物多。但园艺方面有待改进，尤其在冬天，因为成都气候好，植物保青有条件。良好的外部环境是酒店的一种包装，一定要重视。

赵：您对我们的餐饮有什么建议？

客：这儿的川菜很成功，但我想随着国内外客人不断增多，如果贵店能在以川菜为主的基础上，再开设一个粤菜厅及日本料理店就更好了。

赵：住在这儿购物是否方便？

客：还算方便，不过局限性较大。许多东西我们还得从香港买，特别是食品。

赵：您常去娱乐世界吗？

客：不常去，但我喜欢玩台球。我建议在台球室最好播放柔和的背景音乐。

赵：我店要改造，作为老住客，您有什么建议？

客：贵店改造我很高兴。我提几点建议供参考。注意房间及公共区域的音响；所有客房的窗帘都应垂地，窗帘轨要平滑；楼层物件储藏室应设计在不显眼的地方，设在楼层服务台附近并不好，说话声音太大，且老是让客人看到许多人在分发客房用品；搞一个出售书报的柜台，多增加一些读物；长住客的房间内，橱柜一定要大，家具要实用，有厨房的房间要多安装几个插座。

在连声道谢之后，小赵告辞出来，又按预约来到另一间长住客人的房间。

【评析】

从本例中可以看到，该五星级酒店在设计新产品时，坚持把客人的需求作为“指挥棒”。他们的做法给我们多层次的启示。

我国许多酒店在更新改造时也进行较大规模的市场调查，但调查范围多为本市或本地区同行的设施、设备及建筑装潢情况、客源动向、建材价格、工价等方面，到客人中间去了解他们的想法与建议的则为数不多。其实，客人往往是酒店采取重大举措的好参谋。从本质上讲，更新改造与推出一个服务项目无多大差别，都是产品的创新。例如：长住房客对客房的要求与短期逗留者明显不一样，因而提出的建议很有针对性。

客人是爱酒店的，只要你真诚询问，就会得到无价之宝，本案例中客人参与产品开发创新，就是一个最好的证明。

【思考题】

请提出一些员工与宾客有效的沟通渠道和方式。你平时注意与客人当面沟通这一环节吗？

案例15 蛙声引起的表决

武汉某饭店是一家坐落于繁华闹市区的三星级花园式饭店。院内亭台楼阁，小桥流水，曲径芳草，碧树掩映，满目葱茏，鸟语花香，环境清幽宜人。这块都市绿洲被四方宾客誉为“旅途港湾”。

初夏，随着梅雨季节的来临，饭店院内的几处水池涨满了水。“青草池塘处处蛙”，每至夜静，院内“呱——呱——”的蛙声便此起彼伏，使人疑处乡村田园，令许多渴望回归大自然的客人兴奋不已。“蛙声太吵了！”也有喜欢安静的客人找到大堂副理投诉。投诉青蛙，饭店还是第一次遇到。总经理听了也感到惊奇。开始他想既然客人嫌蛙声吵，把青蛙抓起来就是了。可一细想，又犯了踌躇：把青蛙抓走吧，虽然满足了喜欢安静的客人的要求，可蛙声不再，对另外许多喜欢大自然氛围的客人来说，也是遗憾，饭店也失去了一大特色。要知道，武汉闹市里的花园式饭店本来就很少，能听到蛙声的恐怕也就这一家了！“该怎样处理呢？”营销部经理想到了让客人投票表决的办法。“对，这办法好！”总经理立即拍板。

几天后，一张特殊的投票卡放到了客人枕边：

尊敬的宾客朋友：

我们一直在努力并期待着能为您提供一个宁静温馨的休息环境。近段时间，我们注意到有客人投诉院内青蛙鸣声太吵，影响了休息。因此，我们先向受到打扰的宾客朋友致以深深歉意。但同时我们也了解到，更多的宾客朋友很乐意享受这自然的奏鸣曲。他们说是蛙声让他们感觉回到了大自然，是蛙声让他们睡得更香甜。我们尊重每一位宾客的选择，因此设计了这一张特殊的投票卡，我们将根据大多数宾客朋友的选择，决定是否让青蛙继续留下。

十分感谢您投下神圣的一票。

××饭店

1999年5月26日

为青蛙的去留投票表决，这闻所未闻的新鲜事激起了客人的极大兴趣。一张张投票卡很快投入到饭店专设的投票箱。最后统计，共发出了300张投票卡，收回280张，同意青蛙留下的有220票，反对青蛙留下的有60票。饭店在大堂醒目处竖起了公告牌。住店客人都饶有兴致地观看评选结果，为决定青蛙去留投下了一票的客人更是关心，一些人还特意从外地打来电话询问。

虽然“青蛙奏鸣曲”获得了大部分客人的赞成票，但同时，为了不影响喜欢安静的客人休息，饭店也实行了特殊时段的“禁鸣政策”：在晚上10:30～12:00，大部分客人即将休息之际，巡逻保安会轻轻走近叫得正欢的青蛙，从池边拍动水波或草丛，让它们暂停鸣叫或小声一点。青蛙也似乎颇懂人意，一段时间后，竟与饭店默契配合起来，该叫的时候叫得更欢，不该叫的时候也收起了喇叭。

【评析】

武汉某饭店夏日的蛙声在客人中引起两种不同意见，给饭店管理带来了特殊的“麻烦”。饭店管理者通过投票的方式让宾客充分表达意见，既尊重大多数宾客的意见，也顾及一部分不同意见，选择了最优方案，达到了最大限度满足宾客愿望的最佳效果。

充分尊重宾客的意见，让宾客参与饭店管理，这是本案例在管理经验上给我们的最重要的启示。

【思考题】

本案例通过宾客表决决定如何处置蛙声，反映了何种先进的管理理念？在你的酒店的服务环境中，如出现客人不同意见时，你们是如何协调的？

案例16　沟通：管理基础与质量保证

加强沟通，是促进酒店管理和改善服务质量的有效途径。

1. 沟通是酒店基础管理的重要前提

酒店管理者应该在不断充当信息收集者和传递者的过程中，逐渐成为一名有效的人际沟通者，而沟通的技能将决定管理的效能。

其一，沟通应该是主动的，而不是被动的。沟通是人与人之间的信息交换。酒店管理者面对内部沟通往往高高在上，自以为是，不够主动，似乎什么都懂，什么都知道，在信息交换时经常只注意传递而不注意收集；在对外沟通上又往往自我封闭，闭门造车，对外部的世界不掌握、不敏感，不是自觉主动地接触和了解外部环境的变化，这样势必成为“井底之蛙”。为此，酒店管理者应该有意识地与内部各级管理层、员工和社会各界主动沟通，这样就会了解和掌握许多在办公室里得不到的，却对管理十分有用的重要信息。

一次，苏州市政府根据外交部的指示，要求市内一家五星级酒店派厨师到摩纳哥的蒙特卡洛，为国王兰尼埃三世亲王举办盛大庆典宴会。面对如此光荣而艰巨的任务，酒店领导立即行动：一方面在餐饮部召开动员大会，鼓励厨师群策群力，多方收集资料，研究中国的宫廷菜肴，制定具有中国餐饮传统文化的特色菜单；另一方面通过外交部和摩纳哥驻华大使馆以及中国驻摩纳哥领事馆，了解摩纳哥皇室成员的饮食文化和口味要求。在此基础上，写出了几套宴会方案供领导参考。最后决定，把中国皇帝的用膳形式和内容包装成适合外国国王接受的“中菜西吃”。用最古老的皇宫餐具和酒具，比如酒杯就用三只脚的“爵”，菜单就用“圣旨”，在上面印有中文、法文菜名，酒就用中国著名的“状元红”（绍兴黄酒）等等。经过三个多月的精心准备，总经理带领八位厨师在摩纳哥五星级酒店最豪华的宴会厅里献艺，获得了轰动效应。

其二，沟通应该是双向的，而不是单向的。沟通是人与人之间的相互理解。这里所说的“相互理解”说明沟通不仅是我说你听，或者是我说你做，而应该是随时注意对信息加以收集并反馈，善于听取对方的意见。酒店管理者应当善于利用酒店座谈会、员工意见箱和“一分钟经理”等形式，强化企业内部的沟通和理解，同时又能利用各种渠道，与企业外部保持良好的“伙伴关系”，注意排除各种干扰和障碍，使得管理者在决策时，真正做到既能知己知彼，又能集思广益，减少情况不明决心大的盲目性，提高民主与科学决策的成功率。

2. 沟通是提高服务质量的重要保证

提高服务质量是酒店管理一个永恒的主题。进入21世纪，人们对服务质量提出了更新更高的要求。需要的多元化、服务的个性化，决定了酒店经营管理者应当注重更多的市场和顾客的信息，强化沟通，随时了解、掌握市场上顾客变化着的需求，这是当前酒店管理者极其重要的管理内容。面对激烈的市场竞争，可以说沟通决定管理，沟通决定质量。

其一，沟通应该是真诚的，而不是虚伪的。酒店在为社会提供各种产品的时候，一定要真诚地面对顾客。只有这样，才能赢得顾客的信任。酒店的硬件和软件，从出品到微笑，都应该是真诚的付出，而不是用虚假的伪劣产品来欺骗顾客。唯有真诚地捧出一颗热情服务的心，才能将心换心，获得广大顾客的信任和光临。俗话说“心诚则灵”，“用心沟通”才能赢得顾客的心。

其二，沟通应该是有效的，而不是无用的。酒店管理要制定系统、有效的信息沟通渠道，例如，各项例会制度、交接班制度、电话记录制度、内部通知、工作指令、投诉跟踪与反馈制度等，保证酒店在运行中上情下达、下情上达、政令畅通、准确无误。

一次，上述五星级酒店接到市委领导要求认真接待好新任省委领导来视察工作的委托，但对接待对象的情况一无所知，酒店因首次接待没档案，管理层认真研究后马上做出反应：立即与这位领导原来工作过的地方接待单位联络沟通，请他们把那位领导曾经用过的菜单传真过来；对方老总是酒店熟悉的同行，很快就把菜单传真过来了，并在菜单上写了两行字：“×××书记是回族，××省××县人”。管理者的心里有了底，制订了万无一失的菜单，确保了服务质量和针对性服务。

总之，沟通作为一种有效的管理手段，在现代酒店管理中不可缺少。酒店管理者必须自觉地加以认识和运用。

【思考题】

为什么说沟通决定管理，沟通决定质量？结合自己的工作实际，谈谈你在人际沟通方面的心得体会。

案例17　4万元赔偿的教训

在北京的一家四星级饭店韩国烧烤餐厅，一对丹麦夫妇带着一个一岁大的婴儿正在进餐，不料婴儿突然从螺丝松动的椅子上摔下来，划破了头皮，引起客人强烈投诉。饭店经理建议马上将婴儿送到附近的一家中外合资医院，客人不同意，坚决要求速送北京亚洲急救中心，饭店只好派人将其送去。亚洲急救中心仅床位费每天就高达4700元人民币，婴儿住了一个月后出院，客人提出要求店方赔偿7万美元，并将此事告知中央电视台、中国消费者协会、《人民日报》等数家新闻单位。后经多次协商，双方达成一致意见：饭店赔偿4万元人民币。

【评析】

由于饭店没有重视服务质量的预前控制，也没有事先发现婴儿椅螺丝松动的隐患并及时加以修理，不仅给饭店带来了经济损失，同时也造成了不良的社会影响。如果管理人员和员工多一些防范意识，在开餐前或开餐过程中多些预前控制和现场管理，发现问题及时解决，防患于未然，就不会发生这类事情。

那么，如何做好饭店服务质量的预前控制呢？其一，制定明确的岗位责任制，并培训员工，让其清楚地知道自己职责范围应注意预前控制的重点。其二，管理人员还应加强走动式管理，发现问题及时解决，并进行总结，吸取经验教训。其三，定期举行投诉预测分析研讨会，根据接待活动的特点、客源结构等因素，预报有可能出现的问题，以加强相应的防范工作。

【思考题】

本案例4万元赔偿的教训是什么？饭店如何做好服务质量的预前控制？

案例18 提高服务现场的监控实效

一般来说，饭店对服务现场的质量监控还是比较重视的，但现场监控的工作质量却有很大的差异，效果也迥然不同。因此，提高现场监控的质量成为许多饭店改善质量管理的当务之急。服务现场监控存在的问题主要有：

1. 忘记了自己的首要任务：解决好顾客的问题，让客人满意

无论哪一级的管理人员，置身服务现场时，如发现服务中存在问题，都应拾遗补阙，协调各方，在第一时间妥善处理现场的问题，让客人满意。但有些管理人员并不是这样，如某酒店接待一个大型会议，总台服务员忙着接待客人，连嗓子都哑了，当终于有机会舒舒气时，部门经理出现了，他要一个服务员在过失单上签字。因为这个服务员在一连接待了几位客人以后，文明用语少了，一直挂在脸上的微笑也不见了。虽然今天客人多，来得集中，但也不能原谅。服务员虽觉得委屈，但还是不得不在过失单上签名。

饭店应该严格管理，坚持质量标准，但此时部门经理首先应该做的是：通知有关人员采取措施，或增加接待人手，减少顾客等候的时间，或抚慰等候的顾客，以减轻客人等候中的焦躁；提醒服务员使用敬语，微笑待客。总之，首先要保证顾客获得高质量的接待服务。然而这位部门经理却在总台旁旁观了近半小时，直到客人走了，才叫服务员签字，这样的做法不甚恰当。如果为了显示严格，故意坐视员工犯错，就太过分了。这样的现场监督，本身质量就有问题。

2. 管而不严，缺乏维护质量标准的强烈意愿

维护饭店的质量标准，按设计的服务程序提供服务，防止偏差，这是服务现场监督的主要职责之一。而监督的效果如何，与管理人员有无维护饭店质量标准的强烈意愿有很大关系。事实上，管理者责任心不强是导致许多质量事故的直接原因。

南方有一家五星级酒店，客人在吃面包时发现里面有一枚戒指，于是向饭店投诉。饭店按戒指上刻的名字，很快找到了这位女面包师，最后解雇了她。这位面包师戴着戒指和面，致使戒指掉进面里，确实有过错。但包饼房的厨师长如果认真履行自己的职责，每天上班前严格检查员工的仪容仪表，这样的事还会发

生吗？

饭店会制定各种质量标准，但管理人员应该明白，员工不是按饭店的标准而是按管理人员实际掌握的标准工作的。一旦我们容忍不合格的现象存在，它就永远存在。如果降低了标准，员工实际的表现有可能更差。

3. 就事论事，处理问题缺乏系统思维

服务现场许多具体问题需要立即处理。这些问题处理得怎么样，对员工工作质量影响甚大。任何事情都不是孤立存在的，而是和其他一些事情息息相关，这就要求管理人员具备系统思考的能力。如果背离了系统的原则，就事论事地处理面临的问题，其结果往往不是解决了问题，而只是推迟或转移了问题。

例如，某饭店有两位客房服务员小卢和小郑。这日，小卢负责的客房客人刚走，新入住的客人就来了。小郑见小卢忙不过来，就先去帮小卢“抢房”。这时她负责的客房，有客挂牌要求清扫，等了 20 分钟都没有人来，便向饭店投诉。领班便来查原委，把小郑训斥了一顿：“记着，以后没有命令，不要去帮别人，先管好自己再说。”第二天，情况刚好相反，小郑忙得不可开交，小卢想去帮忙又不敢去。当班的是另一位领班，要求小卢帮小郑“抢房”，并训斥小卢道：“记着，以后遇到这样的事，不用问马上去帮忙。”

这两位领班都以为自己对问题的处理是正确的，但他们都没有把现场发生的问题放在客房管理系统中分析、处理。这种只见其一不见其二、就事论事处理问题的做法，只是转移了问题，造成了现场工作的混乱。饭店现场管理中，这种现象并不鲜见。

4. 只当“法官”，缺乏对自身角色的全面把握

饭店管理中强调走动式的管理，但更应该研究的是如何走动。有些管理者置身现场只是挑下属的毛病，训斥、处罚部属，只是在充当“法官”的角色。管理就是让别人把工作做好的工作。因此，管理者置身现场，发现“英雄”与“英雄故事”，应及时肯定、表扬，至少与发现问题是同样重要的。即使下属做错了事，作为主管首先应扮演教练员的角色，帮助下属找到失误的原因，纠正失误，吸取教训，不再重犯，而不是一罚了事。总之，一个管理者要全面把握与扮演好自己的角色，这对于现场管理的好坏也是很重要的。

【思考题】

酒店现场监控存在的主要问题在哪里？如何提高服务现场的监控实效？

案例19　酒店的经济活动分析会

苏州某五星级大酒店的经济活动分析会，是酒店例会制度中的一个亮点。

经济活动分析会每季度召开一次，周期适当，并涉及酒店从正、副总经理到各部门经理的整个管理层。主要是对上一季度酒店经济工作进行分析总结，对各项经营指标完成情况及相关数据进行分析汇报，针对存在的问题和不足提出具体的措施和建议，并提出下一季度的工作目标和努力方向，对酒店的经营管理起到了很好的承前启后作用。经济活动分析会要求每个部门经理正确地总结经验，对已取得的成绩，不仅要看结果，而且要讲出因果关系：原因何在？是采取了哪些有效措施所致？除了本部门的努力外，还有哪些综合因素值得吸取？……对存在的问题和不足，也要吸取教训，找出问题症结所在，有的放矢地采取措施加以改进。这样就使酒店领导和各部门管理者对酒店的现状和趋势，做到胸中有数、心中有底，从而确保酒店在健康的轨道上运行。具体而言，经济活动分析会在酒店经营管理中的功效和特色，大体可归纳为如下几点：

其一，强化管理层之间的信息传递和交流，提高酒店适应市场变化、抢占先机的应对能力。在餐饮经营上，管理层根据酒店自身档次高、规模小的特定条件，明确不能搞粗放经营，必须走精品化之路，酒店高起点开业。在厨师配备上，以高薪聘请了两个法国厨师和三个香港厨师，本店厨师则全部经过五星级广州花园酒店的专业培训。餐饮产品不断推出精品美食（节），如“蚝皇大鲜鲍”，以及“俄罗斯鲟鱼节”“意大利食品节”等。这条餐饮经营思路在酒店经济工作分析会上得到大家的充分认可，并在此基础上通过有关信息的传递和交流，进一步获得市场拓展。比如，2001 年年底前酒店有部门经理获悉，从 2002 年起苏州工业园区下属各局的接待费将实行包干制，便及时在经济活动分析会上通报了这个重要信息，引起了大家的密切关注。因为这意味着定位高档消费的酒店餐饮，届时势必会流失一部分客户。然而大家对酒店餐饮精品化的发展思路毫不动摇，利用超前信息，未雨绸缪，及早想方设法从市里争取来另一批高层次、高消费的大客户，及时弥补了将流失一部分客户的损失。所以，当2002年年初餐饮市场发生预料中的变化时，酒店餐饮经营已占得先机，丝毫未受影响。

其二，群策群力，集思广益，用众人的智慧加强酒店的营销策划和产品开发。通过经济活动分析会，酒店领导和营销部门集中群众智慧，找准酒店主要客源的市场定位——园区商务散客，配合园区招商引资的需要，着重加强对招商的接待、园区各机构和驻园区各公司的促销，取得显著的成效；并利用酒店品牌，加强对周边城市特别是上海的促销，争取了不少高档的会议客源和度假客源，在很大程度上破解了酒店作为城市商务酒店三天打鱼（周二、三、四），四天晒网（周五、六、日、一）的经营难题；还尝试发展高档境外团队客人，作为部分淡季市场的补充。同时采取灵活多变的销售策略，如对长期支持酒店的老客户给予优惠价格。又如，挪威驻上海领事主动找上门来，希望与酒店合作举办挪威“三文鱼美食节”，并愿意免费提供三文鱼原料、宣传资料和技术资料。这个活动到底合不合适搞？开始酒店领导和有关部门有点吃不准，就把问题放到经济活动分析会上提出来。经大家热烈讨论，反复思量，一致认为搞三文鱼美食节符合酒店餐饮精品化经营方针，而且酒店投入少、成本低，只需提供场地和餐具，现成的香港厨师参照技术资料即可操作，应该是一项双赢的合作，可以做。运作结果果然良好，酒店方面获益匪浅：一是加深了对三文鱼这样的深海鱼保健功能的认识；二是掌握和探索了多种三文鱼菜式的烹饪技法（刺身、烟熏以及蒸、煎、焗等）；三是加强了酒店与挪威方面的友好关系，扩大了酒店在欧美国家的名气。

其三，在各种意见的相互碰撞中擦出思想的火花，形成经营思路和运作方案上的共识。在酒店康乐部选择经营方式的问题上，经济活动分析会曾展开过专题讨论，争议较大。一部分人主张尝试康乐部搞承包经营。因为从许多酒店的经验来看，凡是把康乐部承包出去的，往往能“搞活经营”，经济效益较好，即使打点“擦边球”，也合乎“行规”，在情理之中。大部分人通过全面分析，认为康乐部是酒店整体的一个组成部分，一旦承包出去服务质量难免会失控，其结果和影响显然是消极的，会造成对酒店声誉和品牌的伤害，从根本上背离酒店的宗旨，损害酒店的利益。最后领导采纳了大多数人的合理意见，康乐部由酒店自己经营管理。康乐部采纳了大家的建议，采取了开展正当的医疗保健按摩、出售会员制健身卡，以及为品牌体育用品做代理商等多项开发和促销措施，取得了相当不错的效果。又如，经济活动分析会上还就客房销售提高房价或开房率的利弊得失，展开过激烈的争论，双方本着求实精神，让数据来说话，经过仔细的测算，最后找到了一个最佳平衡点。

其四，对各部门经理日常考核作阶段性小结，成为反映酒店管理者工作业绩的一个“晴雨表”。酒店由人事部对部门经理每周考核一次，考核内容经营占60%，管理占40%。经济活动分析会则是酒店对部门经理一季度日常考核的归纳和小结。对部门经理经营情况的考核，经济活动分析会按完成、超额完成和没有完成三类给予不同的分值。对其管理情况的考核，则是让其在完成经营指标的前提下，回答关于各方面管理到位不到位、管理措施得力不得力等问题，并分析原因，给予打分，不足的地方要扣分。有时部门经理在这一次分析会上对某个老大难问题回答不上，应要求其回去好好准备，在下一次经济活动分析会上给出答案。总之，经济活动分析会对部门经理考核的“晴雨表”效应，一年四次，分量很重，引起了各部门经理的高度重视，无不严肃认真地对待。可见经济活动分析会对提高酒店管理干部的素质和水平，也起到了有力的促进作用。

【思考题】

为什么本案中经济活动分析会是酒店例会制度中的一个亮点？它对本酒店例会制度的改革有何借鉴和启发？

案例20 早会：关注您身边的小事

酒店的高品质专业化服务，在于酒店从业者将客人的一切细处，哪怕是鸡毛蒜皮的小事，都当做自己的事来关注，由此换得客人的满足和赞誉。酒店的早会，就是管理者收拾客人身边小事的实战场所。每天一大早，酒店会议室里就会聚集所有部门的总监，从前厅到客房，从客人订房到收银结账，从市场策略到宴会服务，从酒店战略调整到客人在某件事上的心理动向，都是早会讨论的范畴。也许客人对服务员一句不经意的提议，就会成为第二天早会讨论的焦点。高效、实战，是早会的宗旨。

让我们看看某酒店一天早会讨论的话题：

1. 不见的牙套

房务部总监说有客人放在杯里的牙套不见了，要求赔偿，而酒店已向客人道歉并答应赔款。总经理听了却开始质疑，既然工作人员肯定没见过牙套，那么客人牙套可能放在何处？是否顺手放在酒店以外的地方，或是不小心滑落到房间的隐蔽处？在座的一位副总似乎想到什么，问一位有过戴假牙经验的同事，是否戴假牙者外出时都习惯将假牙戴上，如果客人是外出回房后发现牙套不见的，那么客人会不会将牙套遗落在外了，或是餐厅洗手间，而不是房间内。与会人员纷纷指出可能的地点，并通知在岗人员继续查找。总经理最后提出处理建议：到客人在酒店所有去过的地方继续寻找，如果确实找不到就给予赔偿，并告知所有一线员工，客人的任何东西都是有用的，必须加倍小心，决不可随意丢弃。

2. 两个烟头

保安部在进行安全例行检查时，发现空调机房有两个烟头，而且听说厨房也有吸烟现象。总经理的表情立刻严肃起来，机房抽烟会给酒店带来严重的安全隐患，要绝对禁止，厨师抽烟将严重影响到客人对酒店餐饮的信心，必须杜绝。这时几位总监出于人性化管理考虑，提出能否为吸烟的员工设置专门的吸烟室，立刻得到与会者的赞同，于是总经理将设置吸烟室的工作下达给工程部，要求当日给出方案并马上动工。

3. 围栏上的灰尘

一位好心的客人提醒酒店餐厅部经理，饭桌旁的围栏上有灰尘，一般情况下很难注意，但光线一强就十分明显。此事给与会者敲了警钟，“许多小事客人比我们更在意”。也许酒店管理者每日在酒店穿梭，对眼前的一切都习惯了，进而“熟视无睹”了。几个副总建议每位员工行动起来，为酒店“找碴儿”，用客人挑剔的眼光去发现问题和纠正问题，甚至可以请酒店的长住客给予帮助，常给酒店提意见。

4. 客人的需要就是我们设计的方向

酒店以全球高端商务客为主，许多客人比较注重生活情调和服务档次。如酒店给客人床头放置床前食用的巧克力，有客人提出能否多放一块；商务中心的座椅是否能增加可自动调节高度的功能；放在抽屉里的地图是否能摆在更显眼的位置等。针对客人的意见，总经理在早会上与同事探讨能否改变桌椅的造型。

5. 有点贵的日韩菜

一位客人在离开酒店前向工作人员表达了对酒店细致入微服务的感谢，最后补充了一点意见：日韩餐厅的菜有点贵。客人一句轻描淡写的话被工作人员告知餐饮部总监，餐饮部总监又在第二天的早会上汇报给总经理，总经理要求餐饮部拿出客人当天用餐的餐单核实。会后餐饮总监立刻找当天当值的服务人员拿出客人菜单，从收银处查出客人姓名及档案，并打印出账单。餐饮总监将详细资料报送到总经理处，共同仔细研究了每道菜的价格并核对。核实菜价没有问题后，总经理认为是客人对酒店的餐饮定价方式和价位不适应，于是亲自给客人打电话解释，并对客人提出意见表示感谢。

走廊应急灯外形难看、地毯有部分渍迹、行李部上方天花板有缺损，还有员工宿舍需重新粉刷、员工工作服领口磨损等，无论是客人投诉的，还是员工自己发现的，都一一摆上桌面来谈，大家商量出最佳的解决方案，把一切问题在最短的时间内解决。据初步统计，该酒店每日的早会都要处理酒店大小事宜近百余件，其中客人投诉的处理率达100%。

用一位客人的评价来说，再高档的装饰和设备都比不上细致的服务，很少有人会花大精力去做那一时半会儿显不出效益的细节，只有将之视为长远事业的人才会平心静气、从容镇定地去做好每一处细节。如果说该酒店有“故事”的话，那么细节就是它的“故事”。这不是一朝一夕形成的服务规范，而是在每天不断否定、不断完善、不断发现问题和解决问题的过程中积淀而成的。每日的早会，就是酒店这种积淀过程的缩影。

【思考题】

案例中酒店每日召开的早会都解决了些什么问题？这些细小问题不断在会上被讨论并落实解决，对酒店而言说明了什么？能产生效益吗？

案例21 为什么不开早会

开不开早会并没有什么定式，各饭店因企业性质、规模、管理形式、总经理风格等多种因素的影响有各自不同的会议制度，这些制度无所谓好与坏、先进与落后，只要有效就是合适，这也是当代权变领导理论和第五代管理的思想。

北京昆仑饭店是不开早会的，但他们也经历了一个从“开”到“不开”的过程。过去天天开早会，一个阶段下来效果并不理想。主要问题有三个：一是有的部门汇报事无巨细，不分主次，一股脑儿把所有问题都端了出来，有些不属饭店全局性的问题也拿到会上来讨论；二是有的人发言不得要领，拖拖沓沓、长篇大论；三是扯皮推诿，浪费时间。早会上涉及协调责任的问题，往往部门经理会站在自己的立场上多诉理由、少担责任，尖锐时还会争吵不休，而与之无关的部门则是陪听陪吵，毫无意义。确实，大多数外资酒店是开早会的，而且效率很高，十几分钟里全部解决问题。但这种风格在内资酒店并非都行得通。外方管理由外方掌权，又有文化沟通的障碍，所以很少有争执和解释，解决问题直截了当，简洁快捷。但是在国人管理的文化环境中就很难完全做到这一点。他们也曾采取过一种过渡形式，即在开早会前由各部门经理先与总经理通个气，决定哪些问题放到早会上来谈，虽说会议效率有所提高，但议而不决的现象仍不能消除。鉴于此，昆仑饭店决定彻底改革早会制度，代之以新的四项制度：

1. 部门经理日报制度

部门经理须把每天工作中的重要情况和需要协调的问题一一写清，文字要求精练，全部内容不得超过一页纸。日报每天下午5点30分以前送上级分管的副总经理和总经理。

2. 夜间值班报告制度

饭店固定设置两位专职的夜间值班经理，工作时间从晚上9点到次日清晨5点，夜间发生的任何店内和客人的问题均由值班经理全权处理。值班经理把晚上发现的问题写成简练文字交到总经理办公室，直接向总经理汇报，总经理先批阅，然后再在各位副总间传阅。昆仑饭店也曾采取部门经理轮值的办法，但试行下来发现不妥当。一方面，部门经理一个月左右轮到一次，经验积累少，作为一个部门经理碰上全店性的突发事件，往往会手足无措；另一方面，部门经理夜间值班，第二天白天就要休息，影响营业时间的经营管理。因此，最后还是决定职能专业化，效果很好。

3. 周一的工作会制度

会议时间从上午10点整开始，大约1个多小时。在这个会上，主要由总经理讲话，布置重要工作，分析市场形势，提出竞争对策，更新经营观念。一言以蔽之，这个会的目的不是解决问题，而是澄清思路。一般情况下，部门经理较少发言，也就是说，周一的工作会是单向传递信息，即上情下达。而下情上达，则是通过每天的工作日报和夜间值班报告来贯彻。

4. 协调会

协调会没有固定时间、对象和召集人，有问题随时就开，当场解决问题。从执行情况看，大大小小的协调会几乎每天都有，但参会的都是直接有关的责任者，没有旁听者。所讨论的是有针对性的一两个需要当场分工拍板的具体问题。

协调过程有三个层次。首先，部门经理之间主动进行沟通协调，对一些重大活动或特殊客人需要相互配合的，以团队精神和整体利益为重，敢担责任，敢挑重担，尽量不把困难或矛盾上交。其次，是分管的副总经理之间的协调。一种情况是各自下属的部门无法协调，矛盾上交；另一种情况是分管副总经理从日报中发现问题，认为有必要出面协调。各位（一般是两位）之间经过磋商协调，达成一致意见，由总经理办公室通知召集有关下级到会，一位副总经理主持协调各方意见和行动，协调后的最终决定就代表上一级领导的统一意见。实际上，由总经理办公室统一出面召集会议本身就明示了协调会的决定是代表了酒店最高领导层的集体决定，而不是个别领导人的倾向偏爱。有些重大的问题，则由总经理亲自出面或委托有关的副总经理召开协调会，达成共识后作为最终执行的方案。

几年下来，昆仑饭店综合贯彻四项制度，省了时间、少了麻烦，全店协调性明显增强，促进了服务质量的提高。

【思考题】

本案例昆仑饭店为什么不开早会？你认为这个经验适合在本酒店推广吗？它对于改进现有的酒店早会有哪些启示？

案例22 交接班集体讨论会

北京某五星级饭店首创的交接班集体讨论会（RGD，Relief Group Discussion），成功地建立了将顾客资料纳入日常规范化工作的一种资料库模式。交接班集体讨论会的形式非常简单，即在每天下午1点30分至2点30分早班与中班交接重叠的一个小时内，坐在一起讨论饭店前24小时发生的事，把每天发生的案例全部列出，确定最佳处理办法，然后把所有信息和案例用科学化、规范化的方法分类存档，做到信息共享、经验共享和方法共享。前厅部经理说："花时间努力为客人服务并非上乘服务，要尽可能做到少花时间达到目的，这就是交接班集体讨论会的妙处所在。"

譬如说机票的确认，只有一家航空公司能办理，第一次一位员工花了半小时打了15个电话才问到签票点。信息共享了，今后别人就不需要再打15个电话，而应该在1分钟内就能迅速回答。客人满意，饭店也提高了效率，降低了成本。这样的信息及其优化处理的方法有几千条，通过班前会每天的梳理，形成了极有价值的服务资料系统。有的信息、渠道和方法大家在讨论会当场就记住了；有些情况从电脑上就能快速查到。在该饭店的服务中不提倡各自为政地分散努力，尽管这种努力也充满热情，费了劲，尽了心；而是强调科学的、集体的和高效的服务，把一个人的智慧和知识变成群体的，把零散的、特殊的、偶然的需求编成系统分类的顾客服务资料库。这是探索当今饭店如何进一步提高服务质量的一项新的突破。饭店前厅部下有预订部、接待部、电话房、书报亭、行政楼层、礼宾部等多个部门，有员工90多人。一条信息90多人共享共用，其服务质量明显提高。有一次，外宾专程来北京购买西红柿种子，饭店费了好长时间才在安贞桥附近一家种子公司打听到合适的品种。第一次寻找花了几个小时，但入档后再有客人查询同样问题，不用1分钟就能提供全面的情况。

【评析】

知识经济时代，没有了信息，只能是两眼一抹黑。旅游企业要分割市场，占有一席之地，就必须首先明白自己的产品能满足哪一块市场的需求。在当今世界旅游市场上，信息收集系统和资料库已成为企业制胜的法宝。饭店将根据资料进行一对一的营销，从而得到顾客的及时认可和有针对性地改进自身的服务质量。

基层员工直接接触顾客，信息来源最多、最可靠。交接班集体讨论会不但能够充分收集服务顾客的大量信息资料，而且还能系统分类，纳入资料库，供全员共享。交接班集体讨论会制度的建立极大地鼓励了员工服务的主动性、准确性、时效性。

中外酒店的实践表明电脑不是万能的。作为工具和数据库，纸张型的班组记录本、台账、表格等在信息化时代依然有价值。因为酒店不可能、也不必要为每个班组、员工配备电脑。

管理者应对信息化做出专门的规定，使电脑与人脑、数字型数据库与纸张型有机结合，提高信息的有效程度和班组的工作效率。

【思考题】

本案例中的交接班集体讨论会的内涵是什么？它发挥了什么作用？设想你是讨论会的成员之一，你会把最近24小时内发生的什么问题拿到会上讨论呢？

案例23 透视“本本”现象

案例一

某三星级酒店财务部办公室的墙上挂着一本“员工留言本”。留言大致分为三类：一是谈工作心得和建议；二是抒发情绪和情感；三是同事之间相互调侃、安慰和鼓励。

根据财务部李经理介绍，留言本建立一年多来，已写了三本。由于一开始就告明：留言不留名，畅所欲言，只供内部传阅，所以大家写起来就无拘无束，思想暴露彻底，情感流露自然。还由于大家写得比较多的是情感方面的内容，所以李经理也不无调侃地称此留言本为“情感互动留言本”。

案例二

一天，某四星级酒店的老总和部门经理陪一位重要客人用餐，席间他们频频征求客人对菜肴的意见。客人偶尔瞥一眼站在工作台前背向他的服务员，她似乎在写着什么。当看到她的记录本时，客人明白了她刚才悄悄记录的是客人对菜肴的看法。这种“客人意见记录本”在许多酒店餐厅服务员手上都有，本来没有什么稀奇的地方，但令客人惊讶的是这位服务员不但记录详细（不是字数多而是要点全），而且将他的姓氏、职业以及来自何地都加以注明（这也是酒店要求服务员这样做的）。资料汇总后还将由主管对有价值的信息（可做客史档案资料）输入电脑。

案例三

某三星级酒店几乎每个部门都有一本“案例集”，记录的全都是发生在本部门的实际事件。

打开财务部的案例集，虽然遣词造句不甚严谨，但基本可以看出记录事件的来龙去脉，而且在每篇案例后面都有部门经理的评析。这本案例集是每位新进员工的培训教材之一，也是员工平时传阅的学习材料，十分实用，有着直接的借鉴意义。

案例四

某二星级酒店，星级虽然不高，地段也未必很好，但效益却很不错。当然这与该酒店的总经理经营有方、管理得法是分不开的。酒店总经理有两个本子不离身，一本是每天必写的工作日记，另外一本写的是偶有所得的工作体会，用以将平时思索的问题记录下来，或者写出颇有深度的感受。可以看出，这本小册子对他的工作有着重要的影响。

【评析】

以上各案例的“本本”所透出的各种信息，使我们克服了盲目性，为科学管理奠定了坚实的基础。案例一的“员工留言本”，使李经理从中了解到了员工的思想、情感和建议；案例二的“客人意见记录本”无疑是为提高菜肴水平、为做好个性化服务提供了极宝贵的资料；案例三的“案例集”更是让管理者、操作者经验得以共享，促使类似的差错得以避免；而案例四中提到的“工作日记本”、“心得体会本”则是管理者对有用信息的记载、积累、消化和提升，借以提高工作的效益和效果。

“员工留言本”的创意令人欣赏。这一本子在本部门内部传阅，实际上也起到一种信息沟通和情感互动的桥梁作用。他们利用这一渠道增进了相互了解，消除了个别员工之间的猜疑误会；他们利用这一自由空间，宣泄了心中郁闷，舒解了精神压抑；他们通过互相的慰勉和鼓励，感受到集体的温暖和同事的情谊。尤其是部门经理在本子上的批语，使这个本子成了管理层与普通员工对话的通道，员工可以说出平时不敢说或不愿说的话，与经理逐渐达成了许多共识。

“心得体会本”值得推崇。写心得，谈体会，是梳理自己所思所想的过程，是不断调整思维、确立正确先进意识的过程。意识是思想、态度、看法，是观点、观念、理念。而正确的态度、观点和先进的观念、理念，不仅仅依靠学习吸收，更需要通过自己的实践去体会总结。所以，管理人员的手边不但要有“工作日记本”，还要有“心得体会本”，成为一个学习型的人，要善于去吸纳和思考，去总结和创新，使得经营管理水平不断地跃进上升。

在信息时代，“本本”不仅是服务工具，也是有效管理的利器。

【思考题】

案例中的四种“本本”各有什么作用？在贵酒店的工作中有没有相似的日常记录和文字心得？

案例24　巧合背后的信息传递不当

某日上午9点10分，某酒店市场部小徐接到在广州出差的陈总的电话，告知今天他将与两位客人一起返回酒店，下午4点半需安排车辆到机场接机。于是小徐马上联系车队，可一直没人接听，考虑到时间尚早，她准备下午再转告。下午2点一上班，小徐就通知车队届时去机场接陈总一行。

下午4点半，司机小郑在机场等候客人时，恰巧遇到了正在迎接北京客人的大堂副理小江。“你是来接陈总的吗？他们已经走了。”“什么？已经走了？不是说4点半到吗？”小郑一脸的疑惑。“我3点左右到机场时，看到陈总与客人出来，恰巧北京班机又误点了，就安排车子先送他们回酒店了。”“谢谢你，小江。幸好你在，要不可就麻烦了！”小郑满怀感激。“对啊，还真是巧呢。”“可这到底是怎么回事呢？小徐明明通知4点半到呀。”小郑始终不明白哪里出了问题。

事后才得知，陈总在中午通知总机转告车队，他临时改乘下午3点半的班机了。可到了下午2点，车队又接到了市场部小徐的通知，即4点半到机场接陈总一行。于是，就出现了开头的那一幕。因为信息的不当传递，致使小郑延误了接机时间。

【评析】

酒店工作往往由多个部门协作完成，因此信息的传递、沟通非常频繁。信息传递一般有三个基本要素，即及时、准确、完整，失去其中任何一条件的信息都有可能是无效的。本案例中的小徐虽然准确、完整地传递了信息，但因为没有做到及时性，致使信息丧失了价值，它的继续发布反而误导了车队司机。总机作为酒店的信息枢纽，是酒店内外信息的沟通平台，总机通知车队3点半接客，而遗漏了“临时改机”这个重要信息，没有做到信息的完整传递。若总机及时向车队说明了“临时改机”这一情况，司机在接受小徐的通知时可能就会联想到“是不是这个时间已经更改了”，然后通过三方确认就能清楚地了解到陈总班机到港的准确时间。如果小徐、总机都能弥补各自在信息传递、沟通上及时性、完整性的缺失，就完全可能避免此类事情的发生。

这是酒店信息沟通不当的典型案例。在酒店日常服务中，往往容易忽视信息传递的某个要素，把信息简化、加工甚至延误后才传输出去，降低了信息的有效性与准确率，进而影响到了酒店的服务质量，这是非常遗憾的。在目前酒店重视细节服务、个性服务的情况下，信息的传递尤为重要，各部门员工只有共享正确的信息，才能适时地为宾客提供个性化服务。

更重要的是，管理者应视信息为资源和经营要素，建立相应的信息化制度和措施，最终实现酒店的信息化与智能化。

【思考题】

请用具体服务事例说明“及时、准确、完整”三个要素在信息传递和沟通中的重要性。

案例25 酒店的“老员工现象”

酒店都或多或少地存在“老员工现象”，老员工理应帮助新员工尽快适应酒店环境，可有些老员工非但不在工作上帮助新员工，在生活上关心新员工，而且还让新员工在适应酒店环境的过程中走了许多弯路。由于酒店存在“老员工现象”，酒店新老员工之间会产生摩擦乃至矛盾。让我们来看下面一个事例：

某高星级酒店来了一个贵宾团，成员来自国外。新员工小王在为其中一位客人办理入住登记手续时，来了一位本地客人，要求咨询店内一位住客的情况。老员工——领班小丁示意小王接待这位本地客人，并表示等自己为别的客人登记完毕后，替小王继续完成登记手续。小王得到指令后，礼貌地接待了那位本地客人。一切接待工作完毕后，大堂副理声称一位外籍客人投诉小王，说自己在中国受到了冷遇，酒店员工登记了一半就撂下他不管了。小丁在一旁添油加醋地说：“确实不应该这样。”下午开例会，主管得知这件事后，按规章制度罚了小王20元钱。小王一直在琢磨：“为什么小丁不守信用替我登记完毕，而且也不替我解释一下？”小王觉得不公平，虽然他认罚，可他觉得小丁也该罚。

上述事例的确值得思考。分析新员工小王产生不公平感的原因，我们应从以下几方面入手：首先，要明确责任。未同外籍客人打招呼，便撂下这位客人不管，小王的工作的确存在失误，可追根溯源还是老员工小丁（领班）安排不妥造成的，她应负主要责任。其次，评价一下小丁的工作态度。没有以身作则，缺乏工作责任心，遇到问题，把责任推卸给新员工。而主管在事后的处理中未对小丁进行处罚，甚至未对其进行批评教育，责任全由小王承担，这种处理显失公平。这个事例从侧面反映了酒店“老员工现象”的存在，会造成新员工的不公平感，甚至加剧新老员工之间的摩擦。那么，酒店的“老员工现象”究竟有何表现呢？

其一，论资排辈。国内许多酒店存在这样的心理误区：来得越早，资格越老，职位就应当越高，在一些没有什么能力的老员工成为管理者后，有能力的新员工可能不会买账，甚至产生抵触情绪。

其二，欺生现象。老员工同新员工说话时，命令口气居多，协商口气较少；重活累活交给新员工，甚至在新员工无法胜任时，不但不帮忙还要冷嘲热讽。如前案所示，在新员工出现工作失误时，想的是如何推卸责任，甚至是如何打击新员工。

其三，功过不分明。功劳记在老员工身上，责任则由新员工承担。淡季时，某酒店为了提高前台员工工作的积极性，决定给预售房量大且未给住客打折的员工奖励并通报表扬。当新员工独立卖房符合酒店的奖励条件时，老员工会在入住登记单上的"接待员"一栏签上自己的名字。所以有些酒店可能会看不到新员工的成绩，而频频地表彰老员工，从而造成新员工的不公平感。

其四，心理不平衡。某些老员工错误地认为新员工是来"抢饭碗"的，自己现在传授他（她）知识和经验，将来他（她）超过了自己该怎么办？尤其是现在新员工的学历及知识水平越来越高，而一些老员工在这方面相形见绌，为了使自己的心理平衡一些，就更不愿将自己的宝贵"财富"传授给新员工了。某些老员工还存在报复心理，他们觉得自己初来乍到时，也受过老员工的气，所以把这种感受转嫁给新员工，以求得心理平衡。

酒店该如何消除"老员工现象"呢？

第一，正确地选人和用人。按能力而非资历择人。凡是有能力、能胜任工作的，无论是老员工还是新员工酒店应放手让能人去干。这样既能充分发挥新老员工的长处，调动他们的积极性，同时又能让大家心服口服。

第二，组织活动，培养感情。酒店可以开展集体活动，把大家都融入到活动中来，增强相互的理解与沟通；还可以召开经验交流会，老员工无私地传授经验，新员工在接受的同时提出自己的意见和建议，使酒店员工的整体素质得以提高。

第三，调整好心态。首先老员工要以大局为重，应当明白酒店是全体员工的家，新老员工其实是一家人；其次是新员工要尽快地适应环境，熟悉业务知识，把精力放在更好地对客服务上。

第四，充分认识并协调新老员工的冲突。饭店新老员工冲突可分为酒店事业型冲突和员工人际型冲突。对酒店事业型冲突，酒店应创造公开化交流沟通的环境，营造和谐的工作氛围；对员工人际型冲突，酒店则应分清是非，对待新老员工一视同仁，以说服、协商等方式加以协调，或采用行政干预和改变环境等手段加以解决，以避免酒店出现内聚力涣散的局面。

【思考题】

酒店的“老员工现象”有哪些表现？应该如何消除酒店“老员工现象”？结合本酒店的情况，谈谈你对这个问题的认识。

案例26 总经理一天的工作“菜单”

7:30～8:00 巡视检查工作

“一日之计在于晨”，总经理每天早晨上班后，坚持对酒店的巡视检查十分重要。通过巡查，可以了解酒店各部门、各岗位员工的工作状况，还可以检查各岗位员工是否工作到位、精神饱满；经常接触各部门的员工，可以为大家留下对总经理的良好印象；巡视过程中发现的问题，则为每日的工作晨会提供了素材。

8:00～8:30 案头阅批工作

案头工作之一是阅读报刊，了解和掌握国内外当天及近期的重大新闻和有关信息，为总经理提供一个外界信息思想源。特别是国内外一些旅游市场信息和酒店管理服务方面的信息，更有助于为总经理决策经营方面提供思路。

另一项案头工作是阅读各类酒店运转管理方面的经营报告，了解酒店的经营运转情况。总经理每天要阅读的报告有：每日营业日报、每日出租率报告、每日水电气的能耗日报、每日餐饮成本报告、当日抵店客情预报、当日抵店的VIP客情报告、营运质检（大堂、餐饮、安全、设备状况）报告、一周客情预报、一周VIP客人报告、一周宴会计划、一周会议计划、一周团队安排计划、一周重大接待活动情况报告。

案头工作还包括阅读、批署各类工作文件。通过各类文函往来，各部门与总经理及时沟通信息。一些重要的事情和工作一定要通过书面行文上报总经理签字、批署意见后再下发执行，这充分体现了酒店运转管理的规范化和程序性。

最后一点时间是留给大堂副理的工作晤谈。当值大堂副理出示每日的工作日志，经总经理阅批，寻求解决问题的办法和对策。

8:30～9:00 每日工作晨会

从某种意义上说，酒店日常运转管理工作是从晨会开始的。晨会的工作程序：各相关部门通报（财务/前厅/销售/工程/保安/其他）→各部门提出部门整体运作协调事宜→总经理做出相应工作指令→部门跟进措施。

9:00～9:30 部门碰头会

根据晨会遗留事项，随机召集相关部门主管讨论决定有关事宜，有关跟进措施在第一时间出台。

9:30～11:00 案头工作

根据每日工作晨会和部门碰头会的内容，总经理做相应案头处理工作，及时布置实施。主要内容是前次晨会未尽事宜和当日晨会提交事宜。

11:00～11:30 约见部门主管

在做完案头工作之后，约见部门主管，处理部门承办/跟进/协调事宜。

11:30～12:00 巡视酒店对客营运服务系统（餐厅/宴会/会议/前厅/大堂/其他营运区域）

这段时间是酒店营运的高峰，住店和非住店客人的消费相对集中，此时正是检查酒店各主要营运部门服务质量的契机。

12:00～13:00 午餐/休息

13:00～13:30 案头工作

根据中午巡视所掌握到的第一手信息资料下达相关工作指令。

13:30～15:00 参加部门系统运转会议

总经理可选择性地参加系统运转的重要会议。总经理参加酒店有关系统运转会议，通过各部门互通情况，发现、协调、解决各相关部门在协调上的问题与矛盾。总经理当场解决部际协调事宜，但不宜作为会议主持者下达工作指令。部门系统运转会议须形成《会议纪要》备忘在案。

15:00～16:30 对外联络工作，拓展业务

酒店总经理有时还要起到公关宣传及促销的作用。拜访当地政府和有关主管部门，通报酒店经营管理情况，征得各方面的支持和协作；并走访当地业界及企业，与特殊客户增进友谊和感情，宣传酒店产品，取得一定的社会影响。

16:30～17:30 案头工作或在酒店公共消费区域作休闲式工作晤谈

这段时间是增进总经理与酒店行政人员思想沟通和感情交流的最佳时段，以帮助和解决他们思想上、工作上的问题。

17:30～18:30 拜访、约见住店 VIP 客户

酒店总经理经常拜访、约见重要的客人，让他们有被人重视的感觉，对酒店起到了促销、公关的作用。

18:30～20:30 诚邀VIP客人共进晚餐

总经理接待会见客人当然是有重点、有范围的。礼节性的拜访、会见，如VIP宾客抵、离店时的迎来送往，主动看望VIP客人；促销性的拜访、会见和接待，与海内外旅行社经理及代理商交谈，就属于这一类；征求意见、改进服务管理工作的拜访会见，如主动征求常住客人和团队陪同的意见等。

20:30～23:30 案头工作

夜深人静正是思想的火花迸发之时，最适合文字内容的撰写。繁忙的一天过去了，总结一天的工作是为了更好地拓展未来的工作。

23:30～24:00 酒店夜间巡视

总经理一天的工作日程安排从早晨巡视开始到夜间巡视结束。此时的巡查以酒店后台为主，以安全为重。

【思考题】

本案例中总经理一天的工作“菜单”，反映了怎样的管理思想和管理风格？结合自身的管理岗位，完善一天的工作“菜单”。

案例27　总经理的一次巡视

一天早上，某酒店总经理巡视到客房三楼廊道上，看到刚走过的客人把撕碎的车票和烟蒂随手扔在走廊的地毯上，就马上走过去，在不惊动客人的情况下弯腰一一捡起来，放到走廊的垃圾桶里。当巡视到电梯旁时，看到三位客人从走廊里向电梯间走来，马上按下电梯下行按钮。客人到达电梯门前时，电梯已到位自动打开，总经理微笑着说道：“早上好，三位先生，请！”顺便伸手示意。三位客人见已叫好电梯，再看看其胸前001号工牌，投来满意的笑容。其中一位客人说：“001号，酒店老总亲自为我们开电梯，十分荣幸！”总经理微笑着回答：

“应该的，应该的！”

这位总经理巡视到前厅，看到大厅外旋转门前有几位客人站着正在观察什么，走过去一看，原来这几位客人以为旋转门是电动的，正在左看右看找开关。总经理走上前去，推动旋转门，把几位客人引领进来。边走边介绍说明非电动旋转门的使用方法。客人好奇地打量着总经理，一位中年客人风趣地说：“你这个老门童真不赖，给我们推门，又告诉我们怎么使用。”总经理赶紧说：“应该的，应该的！”

同酒店质检人员及餐饮部经理一起检查餐饮部的卫生和餐前准备情况时，廊道里迎面走来一群客人，总经理一行人马上一字排开靠墙边站好，同时注视并问候客人，请客人一一通过。几位服务员看在眼里，敬佩老总见了任何客人都那么毕恭毕敬，认真履行接待客人的行为准则。总经理告诉各部门经理，每一个管理者在客人面前都首先是一个服务员，时刻准备为客人服务。服好务，这才是服务意识的具体体现。

【评析】

首先，毫无疑问，本案例中的酒店总经理是一位很有水平的管理者，他在巡视中几个事例所体现的管理者角色定位，其实质是以顾客需求为导向的全面质量管理。无论是帮客人捡垃圾、开电梯还是推旋转门，唯一的目的就是让顾客在酒店感受到一种满足感，只有让顾客满意、惊喜乃至感动了，客人才会成为酒店的回头客，才能为酒店带来长久的效益。酒店管理者是企业的领导者，但领导的工作不仅仅是决策企业的发展方向，制定企业的规章制度和管理下级员工，而且是通过一系列的有效管理使酒店更好地为顾客服务。这位总经理通过一系列细致入微的“动作”，向我们展示了什么才是真正的管理者。他虽然做了一些基层人员做的实务工作，但对自己的定位没有改变，态度和目的没有改变。对酒店的下属，总经理或其他管理者所做的主要工作是管理和决策。而对于顾客，酒店所有员工的工作，事无巨细，都是为了让顾客在酒店里产生一种满足感。总经理在此将自己定位为一名服务员，其目的就是让顾客体会到真正的服务，这也是酒店业服务的真谛。

其次，这位总经理通过一些自身的行为，让下属看到了什么才是一名合格的服务员。这对于提高企业员工的服务意识、端正工作态度是大有裨益的。可想而知，连总经理都能严格按照待客准则对待每一位顾客，下属还能不做好吗？这就是领导人行为的表率作用，即我们常说的“模范带头作用”。

最后，总经理的这些行为其实也是对酒店的一种特殊营销。试想，当客人看到连酒店老总都将自己放到服务员的位置，全心全意为客人服务的时候，肯定会感受到一种前所未有的满足和感动，下次不仅自己还要来住，而且有机会肯定也会向其他人推荐这家酒店，这将极大地提高酒店的声誉和知名度，为酒店的将来创造财富。

【思考题】

从本案例总经理的一次巡视中，谈谈你对酒店总经理管理者角色定位的看法。

案例28 部门经理担任见习总经理一周记

5月14～15日 星期六～星期日

在昨天餐饮部的周末例会上，总经理宣布下周由宴会厅经理陈女士担任酒店“见习总经理”。她心情既紧张又激动，复杂的念头在脑子里不时交替闪现：应该怎样做“见习总经理？做不好怎么办？要不要放弃？”——她担心见习不好，闹笑话。再想想，平时对宴会厅的班前、班后、例会及各项工作，均能从容不迫地做出安排，推而广之，自己也能做好，没有理由放弃，这确实是一次很好的锻炼学习的机会。

做任何事情，有一个好的心态是至关重要的，陈女士决心放下思想压力和包袱，挑战自我。于是，她利用双休日整理了近几个月酒店例会的笔记，对全店的产品、组织、客源结构、消费特征及竞争中的优劣势有了框架式的了解，为实习总经理工作奠定了基础。

5月16日 星期一

今天是由陈女士主持酒店部门经理早会的第一天，说不紧张那是假的。早上五点钟她就毫无睡意，早早起来了。翻开自己的工作记录本，将近期来所发现及存在的问题再次进行了梳理。当她准备好早会上要讲的提纲后，离开会时间还有两个小时。她提前来到酒店，到各区域转了一圈。早上八点钟早会准时开始，各位部门经理逐一汇报了周末两天所做的工作及今日的工作安排，也指出了工作中存在的问题。她将各部门提出的问题一一认真记录在案。轮到“见习总经理”发言时，她虽然心里有些发虚，但对记录本上十几条问题和对策胸有成竹。于是她分部门按轻重缓急一口气做了指示和安排。有些是老问题和多次发生的问题，各部门经理虽纷纷承诺，但作为见习总经理的她心里有些不踏实。

会后，陈女士反复思考，又打电话征询了某大学旅游专业老师的意见，终于认识到问题的关键在于执行，执行的核心是资源配置和要素的再整合。有些问题不是一下子能解决的。

5 月 17～19 日 星期二～星期四

陈女士带着十几个问题深入部门、班组，听取各方面的意见，分析问题的成因、症结和所需要的资源。对零点厅传菜问题，果断地决定设一位传菜领班；对职工生活区的卫生也马上做出决定；对短期无法解决的问题则有了进一步的思考。

5 月 20 日 星期五

这几天，陈女士每天早上都提前上班，晚上 10 点多才下班，虽然人很疲劳，但经过努力自信心与日俱增，解决问题和分析问题的能力有了很大的提高，主持早会也比以前沉稳老练了。

今天是周末总结会，她从这一周酒店的服务质量讲到设施设备，从酒店内部的细节问题讲到对外销售的情况和宾客一周信息反馈……并向总经理室提交了下一步系统整改的初步报告。

【评析】

总经理见习活动是有益的，有利于换位思考，立足全局。陈女士深刻体会到做总经理确实不易，以及各部门团队合作的重要性。同时也感觉到，如何站在酒店的高度，全面客观地考虑问题是见习者努力的目标。除了见习总经理，业内还有见习经理、见习主管等多种方式，各酒店可以根据实际情况予以借鉴。

【思考题】

如果你当见习部门经理，你应该做哪些准备工作？

案例29 授权的层级及尺度

广州。明媚的春天，正值旅游旺季。

从事鞋业销售工作的周女士接到上海一位客商打来的电话，说明天晚上将从上海飞至广州，希望周女士为他订好一间客房。周女士考虑到时下客房紧张，于是就急忙向附近某家四星级酒店预订了一间简易商务房。

次日，周女士仍不放心，因为昨天该酒店没有收她的订金，于是又匆忙赶到这家酒店，直接用自己的身份证办理了入住手续，付了住两个晚上的押金。

周女士吃完晚饭，心想该开车到机场去接这位客商了。不曾想却接到这位客商从上海打来的电话说因家中有重要急事耽搁，要拖后一天才能来，而且在上海已把今天的机票退了。同时表示十分的抱歉，今天上午退完机票忘了打电话告知。

人既然不能来了，也不好责怪人家。周女士只好驱车来到原先订好房间的酒店，想把今天的房间退了，改为从明晚开始入住。

周女士到酒店时，正好是晚上 7 点。“小姐，今晚我这个房不要了，我的客人明天才能来，能不能今天就不算我的钱，我明晚开始照样要住两个晚上的，你看可以吗?”周女士以商量的口吻把话说完。

总台接待员小林不假思索地说：“哦，对不起，现在已超过傍晚 6 点，按规定即使现在退房也要算你一天房费的。”

周女士也知道有麻烦，但还是不想放过争取的机会。因为她知道，假如算她一天房费，这份 500 多元的单是要她本人买的。于是又进一步说道：“小姐，这个房间我是为朋友订的，我虽然已付了钱，但我今天确实没有住过，能不能通融一下?”

“对不起，我没有这种权力。何况您的资料已经输入电脑了，不是说改就能改的。不过，你既然明天开始还是在我们这里住两天，我倒可以建议大堂副理帮您打较多的折，这样三天下来也就损失不多了。您看可以吗?”小林虽不肯“通融”，但还是耐心地做了解释，并提出善意的建议。

周女士陷入了沉思。假如明天上海客商仍然无法来的话，后面麻烦不就更大了？凭她的直觉，这位上海客商有可能明天还来不了。再说，即便上海客商来了，叫人家买三天的单，尽管房费降低，但人家怎么理解呢？她沉默良久，倒是小林打破沉寂，爽快地说：“我还是请大堂副理过来和您说吧。”

旋即，大堂副理小胡出现在周女士面前。周女士把情况如实相告后恳请大堂副理通融。并说以往她的很多客户都是经她介绍住到该酒店的，如果今天的事情能解决，保证今后仍然介绍客户过来住等。

大堂副理小胡也感到为难，同样坚持小林的意见，因为他只有一定的打折权，而没有免单权。假如请示上司，小胡以前也曾因类似事情而碰过钉子，他不想找这种麻烦，最后还是没有答应周女士的要求。周女士也不想再做恳求，毕竟她也是一个生意场上的人，不想让人家看不起她。最后还是买了一天的房费单。不过，她同时也没有再预订明天的房间了。

【评析】

总台接待员小林和大堂副理小胡对此事的处理，按酒店规定应当说无可厚非。小林做过挽留客户的努力，小胡表白过他的为难之处。当然，小胡若再请示上司还是可以的，但他碰过钉子，谁还愿意为挽留一个客人而给上司留下“不善于处理问题”的印象呢?

小林和小胡最后眼睁睁看着这位客人走了。他们也知道，虽然今天这间房的房费没有损失，但是后两天甚至今后可能更多由这位客人带来的营业收入就这样丢掉了。因小失大，这是显而易见的。

小林和小胡没有过错，而客人却走了。问题究竟出在哪里？应该说这与管理高层对经营的灵活性和“对客问题处置权”的下放等方面的认识不足有关。意识不到位，政策必然有缺陷。假如上层经营管理决策者能深入现场亲身感受上门客人对酒店的期望和殷切之情，亲身感受一线人员的为难之处和为酒店着想的强烈愿望，亲身感受在“买方市场”下激烈的市场竞争气氛等，一定就不会责备小胡等人“要”过大的权力和做过多的请示。小胡则可以根据客户的实际情况，并考虑到这位客户将带来的潜在客源，做出迅速而灵活的处理。比如这一天的房费或按半天计算，或按钟点房计费，甚至干脆全免——旅游旺季，客房紧张，周女士退房后这间房极可能会有其他客人入住，这间房当天的收入还是没有损失。

【思考题】

根据本案例谈谈对一线授权重要性的认识。你在岗位工作中对如何把握授权的“度”有何体会？

案例30 授权的学问与技巧

酒店管理者在授权问题上存在授权不足、授权过度、授权不明确、授权对象不当、授权不放权和授权不控权等常见误区，需要掌握以下学问与技巧予以纠偏：

1. 明确授权的内容

这是酒店授权的前提和基础。授权首先一定要明确哪些事情可以授权，哪些事情需要自己亲自处理，而不能假手于人。作为酒店管理者，通常可以将自己的工作分成四类：一是重要且只有自己能做或只适合自己做的事；二是重要但别人也能做的事；三是不重要且只有自己能做或只适合自己做的事；四是不重要且别人也能做的事。对于第一类事毫无疑问需要自己亲自处理。在酒店，像经营决策、大的设施设备改造和添置、中层以上管理人员的选拔任免、大项经费开支的审核、重要合同的签订和 VIP 接待等大事、要事，酒店领导必须亲自处理；对酒店部门来说，像部门的发展规划、定位和计划安排，部门人才队伍的建设，基层管理人员的选拔任免、质量建设、经费开支和部门重要合同的签订等，一般需要酒店部门经理亲自处理。第二类事在自己的时间精力比较充足的情况下，可以选择一些相对更重要的事来做，否则全部授权于人。第三类事虽不能或不适合授权他人来做，但可以尽量压缩和减少，只有那些真正必须自己亲自处理的事才亲自处理。如私人信件、直接打进手机的电话、必须自己亲自出面接待和处理的顾客投诉等。第四类事应毫不犹豫地授权他人处理。实际上酒店管理者经常要面对许多第四类事务性的工作，只有授权他人才能解放自己。因为一个人的时间和精力总是有限的，只有将自己有限的时间更多地投放到重要的事情上去，才能将该自己处理的事情处理得更好，同时也能最大限度地发挥和调动下属的作用和积极性。

2. 找准授权的对象

这是酒店授权的难点和重点。要做到这一点，首先要求酒店管理者要有容人的肚量，只要能找到合适的授权对象，可以“内举不避亲，外举不避仇”；同时要求酒店管理者有识人的慧眼，对自己下属的品德、能力、素质、性格等有一个全面、正确的认识，知道哪些人适合干哪些事；另外还要求酒店管理者心胸宽广、公正无私，虽然酒店管理者也可以有自己喜欢的下属，但工作归工作，友情归友情，在确定授权对象时，必须始终坚持“唯才是用、用其所长”的原则，才能真正将合适的事情授权给合适的人。

3. 把握授权的分寸

这是酒店授权的关键和根本。酒店管理者如何才能把握好授权的度？一是要将该授权的事全部授权到位，既不多授也不少授。这里有一个基本原则：酒店管理者只需做自己必须做的事，将不必自己亲历亲为的事授权他人；酒店管理者只需做下级不能做的事，将下级能做的事授权下级去做。二是要对授权对象的权力进行适当控制。俗话说不受控制的权力必然产生腐败。这是从防止发生问题的角度提示人们必须对权力进行必要的控制。从保证任务完成的角度来说，授予下属的权力也必须进行适当的控制。一般来说，我们将某件事情授权给下属后，首先应该充分信任他，“用人不疑，疑人不用”，将完成任务所应有的权力赋予他，使他真正有责有权、权责统一。其次应该要求下属在履职用权的过程中要有必要的请示汇报，使自己对下属履职用权的情况做到心中有数。再者还应该对下属履职用权的过程保持关注和进行控制，当发现下属需要支持和帮助时，及时提供必要的支持和帮助；当发现下属用权的行为出现偏差或发生问题时及时提醒和纠偏。总之，只有把握好授权的度，才能使我们的酒店管理工作变得更加轻松和更加有效。

【思考题】

具体谈谈酒店授权的常见误区表现在哪些方面？怎样进行正确的授权？

案例31 怎样开好班前会

酒店班前会常遭员工埋怨，班组长或领班也困惑不解，这是目前酒店基层管理存在的一个普遍问题。根据一些基层管理者的经验，除了明确班前会的目的、认识班前会的重要作用外，应该抓好以下一些环节：

明确班前会内容。班前会要说什么、如何说，作为主持班前会的管理人员应心中有数。为此，班组长或领班在开会前要有充分的准备，把开会要讲的工作要点写在笔记本上。要指出昨天工作中出现问题的原因所在、今天该如何纠正，对表现好的员工应多给予表扬和鼓励，并合理地分配工作任务。

控制班前会时间。一般以10～15分钟为宜，太长了员工觉得烦冗、无法记住要点，而且员工长时间站立会感觉太累，易引发员工不耐烦情绪，并影响工作效率。

开会时应抱一种期望员工做好工作的态度多激励员工。在员工工作出现差错的情况下可强调制度及工作标准，切不可说着说着就宣布某件事如有违反将如何处置，造成尴尬局面，更不能在会上乱发脾气，甚至动辄责骂员工，引起员工的逆反心理。

要有严明的纪律性。统一约定时间，准时点名。无论何种原因，不可让准时参会的员工等候迟来的员工一起开会。因为这样做是对遵守时间纪律的员工的一种不公平待遇。对于迟到的员工则应给予批评。

"官兵一致"。不但要求员工准时到场，列队开会，而且班组长、领班等基层管理者更应以身作则，提前到场，以正确的站姿、端庄的仪容仪表，微笑着面对员工。切忌让员工列队等候，自己却在吧台或其他地方休息，这样既不礼貌也容易滋生员工的反感情绪。

基层管理者之间应有事先的沟通和默契的配合。切忌在员工面前发生争执，任何时候都要体现团队精神和管理者的一致性。

讲话声音要响亮，语气要轻松，应着重强调工作要点，让员工易于接受，从而更愉快地投入到工作中去。

内容、形式要多样化。比如上情下达、客诉案例、员工培训、技术交流等。班前会也是当天任务布置会，还有对客推介酒店产品等，均可纳入班前会内容。力求内容新颖，形式活泼。千万不可每天都千篇一律地泛泛而谈，这样只能使员工厌倦，遭到员工排斥。

要允许员工反映问题，而且要重视员工提出的问题。

班前会召开过程中，主持者应注意观察员工表情，以便及时掌握员工对班前会内容的反映以及当天的工作状态。

【思考题】

结合你的工作实践，谈谈你对开好班前会的心得体会。

案例32 上海大厦的全员成本控制

成本控制，不单纯是“成本节约”，“厉行节约”的一种精神，而是要制度化地实现量化指标。上海大厦长期树立“成本控制”的意识，从而具有较强的市场应变能力。

1. 劳动力成本控制

人工费用历来是国有饭店成本的大头，外资饭店百元营业收入的劳动力成本约在25元左右，而国有饭店大多超过30元。1996年上海大厦人工费用为33.79元，1997年降至32.33元。

(1) 对管理岗位的定岗、定员、定编是关键。一方面采取店领导、管理干部和群众综合评议的办法，实行公正透明的竞聘上岗；另一方面根据工作量，撤减岗位。一般部门只设一个正职；大一点的部门加设一位副职。部门一级一律取消助理岗位。

(2) 撤并部门，调整岗位。如曾为上海大厦获得全国第一批“百佳饭店”和“上海市优质服务先进单位”六连冠起过重要作用的质量管理部，因质量管理已实现常规化，完成了历史使命而撤销。又如采购部，原采购部来自浦江饭店（属大厦管）和上海大厦两条线，三统一合并到计财部后，从54人减少到45人。又如大堂副理与大堂主管岗位合并，工会干部与俱乐部主管合并等。

（3）各部门、各班组、各工序均实行满负荷工作设计。如洗衣厂6小时就能完成一天的工作量，就改为6.5小时工作制，每周上班6天，总工时39.5小时，符合《劳动法》，但节约了1/6的劳动力，从45人减为32人。总之，工作量不足的，均采取分流、增量、归并的办法，使岗位工作无闲时。如过去客房部按楼层安排打扫客房卫生，现按实际出租率，打破楼层界限，清洁班组每人每天12间。更为细致的是，将楼面接待班组的工作内容与客房打扫工作交叉穿插和工序分解，接待班组打扫客房的效率翻了一倍，从4间/天增到8间/天。又如将商务中心、总台接待、票务结账在客人少的夜间融为一体，统筹调剂人力。干部也不例外，如工会主席就兼起了员工食堂售饭菜票的工作。

2. 能耗成本的控制

能耗，主要是油、水、电三项。1997年上海大厦节约重油130多吨。如对两台3吨和一台6吨的锅炉，采取错开季节开炉的办法。因小炉油耗低，于是天冷用6吨的锅炉，开春提前到4月份就用3吨炉，一天就省1吨油。

控水，既抓大头，也不放过小头，一年节水达5万吨。如职工洗澡用水量很大，既由于热水全天候供应，也因员工洗衣服用水（甚至有把家中床单也拿来洗），造成极大浪费。现采取限时开放，严禁洗涤私人衣服，收效明显。

同时对冷冻机冷却水的重复循环利用，餐饮用水的跑、冒、滴、漏都严格控制。如厨房水龙头不拧紧滴水，对整个厨房罚款1000元，并再分解落实到有关人员。

用电控制主要在于冷库、空调和日常照明。原来大冷库储存食品原料耗电量大，现借用社会冷库，饭店冷库关掉5个月，电费大省。空调节电则做有心人，根据季节、气温和客人流量灵活及时地调节。客房与餐厅空调分开，餐厅就餐时多送，平时少送；而客房则早晨推迟开启空调的时间，无人客房的空调一律关闭。

对各公共部位的光源注意节电。根据光线亮暗决定光源的开闭时间和数量。管理人员观察气象，随时调节。到半夜再关闭一半。客房内的灯，做夜床时只留一个亮着。平时还要注意峰与谷的用电调度，尽量降低高峰用电，从而节省了电费。

全员全方位的节电，使上海大厦全年节电达30万度。

3. 采购成本控制

上海大厦所有物资采购全部归计财部管理。首先由各部门提出采购申请，再由各级领导把关，看是否需要。批准后立项，进行核价，这才算是有效的采购单。如防滑靴、电工鞋等在上海购买较贵，外地购买便宜但牢度较差，但因是定期更换的用品，牢度高毫无必要。一双节约几十元，一年就是数千元。小到女员工的唇膏也认真对待。大多数唇膏是内芯和外管一起出售的，他们找到“清妃”牌唇膏可以单独换芯，一支能省9元，一年又可节省几千元。

餐饮原料采购方面，蔬菜肉类天天核价，同时请进三家供货商，由供货商自己报价，然后与当日的自由市场询价比较后再最终确定。10天付一次款，讲信用、不拖欠，供货商也会更诚心诚意地做到价廉质优；水产品则是5天一核价，及时调整。同等质量的最低价格是选择供货渠道的唯一标准，不管是谁介绍都以这个标准来判定。

对于数量小、品种多的维修配件一般供应商只肯卖零售价，采购人员就去找有信誉的供应商，跟他们讲清数额总量大，利润可观的道理，终于达成批发价协议，节约额也有几万元。对许多用品想尽办法（如通过说明书、电话簿、商标等）找到厂家，出厂价就便宜得多。如固体酒精是“踏破铁鞋”才觅寻到外地的生产厂家，进货价一下从32元降到27元。

劳保用品的选购也要节约，一块肥皂便宜0.29元，一刀草纸便宜7分钱，一年下来，节约额也不可小觑。

客房用品在确保服务质量的前提下，平均每套降低0.2元，全年可节省2万多元。

【思考题】

你们酒店及所在部门在成本控制方面有哪些好的做法？对照上海大厦的经验，结合你所在部门或岗位的实际，你认为哪些地方需要改进和完善？

案例33 “比价采购”制度

传统采购员的采购方式，对购销环节缺乏有效的控制和监督，使采购成本居高不下，造成大量效益的隐性流失，它的浪费比经营环节上的浪费更惊人。有鉴于此，济南一家宾馆经研究决定，从2000年起在宾馆实行“比价采购”制度。

“比价采购”的实质就是：使集中的权力分散化，隐性的权力公开化。宾馆的“比价采购”制度主要有以下五个方面：

一是决策透明，避免暗箱操作。宾馆成立了以总经理为组长、两名副总经理为副组长、所有部门主要负责人为成员的“比价采购”领导小组，下设专门的工作小组。所有重大的采购事项由集体研究决定。大宗物资的采购由使用部门提出申请，提交“比价采购”工作小组，经审核后上报总经理办公会集体研究确定，总经理拍板后下达执行。同时按采购金额的大小，分级明确权限和责任，避免相互越位。

二是信息公开化。宾馆利用内联外通的信息网络，广开信息来源，内部信息公开，使各级参与决策的人员充分掌握必要的信息。在采购过程中优中取优，做到“四同四比”，即同样的货物比质量；同样的质量比价格；同样的价格比服务；同样的服务比结算。

三是有效的监督和制约。在采购中，实行“三审一检”，即审核采购计划、审核价格、审核票据，检查质量。上述环节分别由供应、“比价采购”工作小组、财务和使用部门等不同部门承担。“三审”保证了低价，“一检”保证了质量。在采购过程中，供应部门负责采购，“比价采购”小组共同负责检查质量。没有一项采购是由一个人来完成的。凡一次采购金额在3万元以上的采购项目必须采用公开招标形式。招标会由供应、财务、“比价采购”工作小组、物资使用部门共同参与，集体研究、决策，从而最大限度地消除采购中的腐败现象。

四是管理制度化。对“比价采购”的范围、组织、程序、职责权限、奖惩等都做了详细而严密的规定，在实践中具有很强的可操作性，从而保证了“比价采购”制度的落实，并且逐步调整完善。制度面前人人平等，从总经理到一般人员，谁都没有特权，各种关系户想推销质次价高产品也无空子可钻。例如，在实行“比价采购”以前，总经理几乎每天都要接到推销产品的电话和条子，分散了一大部分工作精力，而且面对老上级、老领导的关系就更难处理。实行“比价采购”以后，采购不再是一个人说了算，也彻底解脱了总经理，可以把精力用在经营管理上。

五是责任清晰，奖惩分明。“比价采购”工作小组建有可以追溯责任的采购台账制度，使不正当采购行为逃过了今日，逃不过明天。在责任清晰的基础上，宾馆还制定了严格、明确的考核、奖惩办法，对违规人员给予严惩，对有功人员予以重奖。通过“比价采购”制度的落实，使宾馆的采购成本大大降低。例如，宾馆采购四台锅炉散热设备，要求是进口的。通过招标，最高报价是每台 12 万元，最低报价每台 5.6 万元，这一“比”就节约资金 20 多万元，充分体现了公开、公平、公正的原则。同年，宾馆采购物资 2047 万元，节约资金 220 万元，采购成本降低了 10.7%，从而大大提高了宾馆的经济效益。

【思考题】

“比价采购”制度包括哪些方面？贵酒店在采购制度上有哪些好的做法？

案例 34　承包出去的部门也要管

广东一家宾馆大胆改变经营机制，把游泳池、歌舞厅、彩扩中心等部门以及部分餐厅承包了出去，取得了良好的社会效益和经济效益。但由此产生的问题也不少，各部门之间的协调和配合便显得至关重要。

该宾馆的 3 楼是歌舞厅，已承包给别人，经营情况还不错；4 楼是中餐厅，仍是由宾馆自己经营。几个月下来，3 楼、4 楼互不干扰，相安无事，有时还互相介绍客人，相处还算融洽。

某天晚上 8 点半左右，3 楼歌舞厅内如往常一样，旋转的彩灯闪烁发光，变幻迷离，在客人的脸上、身上照出一道道五彩缤纷的色带。舞池内男女舞客翩翩起舞，情侣席内热恋的青年正在交谈……忽然，靠西南角的小圆桌前一位时髦女郎发出了尖叫声：“有水，有水，水滴到我脖子里去了。”紧接着，另外几位客人也大叫大嚷，说有水从顶上滴下来，厅内秩序一时大乱。承包人赶紧出来了解情况，赔礼道歉，并迅速把滴水区域内的几位客人安排到别的位子上，重新斟上饮料，递上毛巾。

承包人把厅内的事情处理完后，找到宾馆工程部，要求马上派人修理。不料此时工程部正在接一项大工程，仅留一名小师傅在，他听说是已经承包给别人的歌舞厅里出的事情，就不加理会，以“此时无人”为由一推了之。承包人见状，便直接找到总经理办公室。

“请您放心，虽然歌舞厅已承包给你们，但是在客人心目中歌舞厅是我们宾馆整体的一个组成部分。要是歌舞厅的名声搞糟了，整个宾馆都会受到影响。请您先回去处理厅内的事情，我马上组织人员抢修。”办公室主任毫不含糊地表明宾馆的态度。

10分钟后，宾馆办公室迅速调回了几名工程部老师傅到现场抢修，几分钟后漏洞便堵住了。至于那名小师傅，当然受到工程部经理的严厉批评。

【评析】

酒店若干部门承包给人家的做法，在当今已经十分普遍，协调承包部门之间以及承包部门与非承包部门之间的关系，已成为酒店管理的一个新课题。从服务角度上分析，不管以哪种形式承包或承包内容如何，有一点务必肯定，那就是：在客人心目中整个酒店是一家，客人需要的是优质服务，他们花了钱，理应买到物有所值的产品。纵然承包人与酒店存在矛盾或发生过不愉快的事情，气也不能出在客人身上。一旦发生事故，当务之急是先排除故障，维护整个酒店的形象，其他事情以后再协商解决，这才符合“客人至上”的服务宗旨。

本案例宾馆总经理办公室主任在处理此事上充分显示出他统观大局的观念和高瞻远瞩的素质，他把承包部门的命运与整个酒店的命运联系在一起的做法值得称赞。事实上这两者的关系是“合则兴，分则衰”。不论哪个部门，包括承包给别人的部门，服务质量上不去，全局必受其害。

事实上，该宾馆对承包出去的各个部门（戏称“多国部队”）加强统一管理，狠抓招工、培训、管理、协调四个环节，已摸索出一套有效的管理经验：其一，招工。承包部门若要招收新员工，必须首先申报宾馆人事部门，由人事部门统一组织和主持招工事务，其标准丝毫不低于本店其他员工。其二，培训。宾馆人事部向所有承包部门提出新员工必须经过至少15天的培训。宾馆设有一个相当于中层机构的培训部，负责包括承包部门在内的所有员工的业务培训工作。其三，管理。该宾馆的管理以严见称，对承包部门的管理做同样的要求。每个月组织三次例会，通常情况下10天一次，承包部门必须在会上如实反映管理状况。其四，宾馆总经理办公室负责部门间的协调，处理承包部门与宾馆其他部门之间的矛盾，确保整个宾馆正常运转。这些经验值得饭店同行借鉴。

【思考题】

如果你们酒店有部分业务承包出去，对承包部门的指导、合作、支持、监督等方面的工作做得怎样？有哪些地方需要改进？

案例35 承包不能分家

江苏某宾馆在转换企业经营机制过程中，把游泳池、歌舞厅、娱乐中心等部门以及部分餐厅承包给了个人。如何对这些部门实施管理，以确保整个酒店的声誉和营收，这是一个新课题。

宾馆领导在做出把这些部门承包出去的决定之前已经达成了共识：承包不能分家，在客人眼里不管哪个部门都是宾馆的组成部分，宾馆仍是一个整体，因此决不能对这些部门的内部管理和服务质量采取放任自流的态度。

一天，一位广东籍客人来找总经理。这位姓沈的中年人以前在浙江地区承包过酒店的康乐部门，很有经验，他听说该宾馆欲把桑拿浴室承包出去，就特地来找宾馆总经理表示承包意向。“在我们正式讨论承包的具体问题之前，我必须向您郑重申明一点。我们可以把经营管理权交给您，但您必须遵守酒店的一切规章制度，维护酒店的整体形象。不知您对此有何见解？”总经理开门见山。承包人没有表示异议，接着双方就承包期限、方式、义务与权利等问题一一讨论。由于双方均有诚意，承包协议很快便签署了。

宾馆每月开3次例会，主要讨论酒店内大事，也处理日常事务，每次例会均有详尽的记录。承包部门每次都派人参加例会，如实反映部门情况，有时提些建议或要求。由于承包者每次参加酒店例会，他们对酒店动态十分熟悉，并经常主动配合、支持。桑拿浴室有新的举措，酒店其他部门了解后，也主动向客人介绍、推销。

酒店总经理办公室有正副两位主任，每天在店内巡回检查，桑拿浴室等承包部门也在检查范围之内，发现问题就及时通知承包者。例如，有一次在酒店大堂内发现一女子穿着拖鞋走来走去，被巡回检查的办公室主任发现，上前一问是桑拿浴室新来的服务员。于是立即抓住问题不放，并通知承包者。承包者赶到大堂，当场表态支持酒店的做法。双方的关系不但没有弄僵，反而更加密切了。

【评析】

近几年，像本案例中的宾馆那样把部分康乐部门和餐厅承包给个人或外单位经营的现象越来越多，这对酒店管理者来说，无疑会在内部系统管理和树立酒店整体形象方面带来一定困难。

该宾馆总经理在与承包人签署合同之前，先讲明被承包部门仍属于酒店的一部分，要求对方遵守酒店的规章制度，这对于日后互相配合、保证酒店的整体服务质量有很大的好处。

与该宾馆情况正好相反的是，不少酒店对被承包部门不闻不问，双方“鸡犬之声相闻，老死不相往来”。结果是被承包部门单干，生意不易做，而酒店却被“肢解”得七零八落，客人对被承包部门的投诉导致了酒店整体形象的损害。

让承包者遵守酒店的规章制度，参与酒店的某些管理活动，对双方均有益处。两者关系犹如毛与皮的关系。被承包部门需要依托酒店在社会上的声誉，还需要酒店全方位的支持，因为他们的客人中有相当一部分就是住店客或会议客，还有些用餐客；反之，如果被承包部门的管理与服务质量提高了，也有助于提高酒店在社会上的知名度，有助于把被承包部门的产品与酒店其他产品组合起来系统促销。

因此，酒店对被承包部门加强沟通与协调，对于双方均有百利而无一弊。

【思考题】

根据本案例所示，你认为如何让外包部门及其员工维护酒店的整体品牌形象？

案例36　员工心目中的领班

饭店的领班从管理层次来说处于饭店管理的最低层，直接面向员工和顾客，对员工进行督导管理，起着承上启下的作用，“官”微责非轻。因此，一些管理学者赋予饭店领班以多元的角色及作用：是领袖，是信息传达者，是导师，是裁判，是模范，是咨询者。

1. 有真才，能实干

一个称职的领班首先应熟悉涉及他本职工作的业务知识，有较强的操作技能，在这一方面他应该是一个“小专家”。如果一个领班对他（她）所分管的那些工作的程序、标准和质量检查规范掌握不全面或操作不熟练，是难以管好其下属的，有时甚至会给下属以笑柄。喜来登酒店对新员工能力的培训分四个层次：接受过培训；达到基本所需要的能力；达到基本所需要的能力及喜来登客人满意的标准；达到基本所需要的能力及喜来登客人满意的标准，并有效率性。作为领班，从应具备的业务知识和操作技能来说，应能达到上述第四个能力层次的要求，即使是刚换岗的领班也应努力尽快达到这一要求。

领班不仅要掌握一定的业务知识和操作技能，还应具备一定的管理理论基础。不少领班在对其下属的培训中，对某一项工作的程序、标准讲得头头是道，但“为什么要这样做”或“应注意避免些什么”却讲得很少。这是缺乏基本理论素养的一种表现，应努力加以弥补。处在管理第一线的领班，必须善于把握新情况，不断研究顾客的新需求，才能带领员工不断地进行服务创新。此外，领班能挤出一点时间带领员工干，尤其是在服务工作的紧要关头和员工一起干，能起到激励员工的作用。同时，在一起干的过程中能发现一些问题，有利于改进督导管理。那种只说不做，或只知道训斥下属的领班，要想在下属面前树立起真正的威信是困难的。

2. 公平公正，不搞亲疏

有些员工认为：“领班虽职微，但对员工来说是最直接的顶头上司，若关系处不好，‘小鞋’可能就够你穿的了！”他们对领班的一个共同心愿是：严管不怕，只要处理公正大家心里就服气。通常，员工对领班意见比较大的有两条，一是工作分派不合理，二是对问题的处理欠公正。一天，某饭店客房清扫员曾诉苦说："今天领班分派我打扫13间房，有些员工干得比我少得多，我尽了最大的努力，花了好一阵才打扫完毕，但领班查房时却抓住我清扫上的一些小毛病不放，罚我重做，我真有点不服气。"领班如果布置工作尽可能"透明"，且工作量分配大体合理，大多数员工是能通情达理的。由于种种原因，各个员工清扫的进度会不一样，快到下班时领班适当进行协调，组织员工互帮，体现班组内的团结互助精神，清扫滞后的员工也会从中得到鼓舞和教育。至于领班在查房时对一些细小的毛病抓住不放的问题，应该肯定"严"是对的，但"严"应有度，"严处"也应讲究方法。对于重要的问题，尤其是可能会引起顾客投诉的问题，要狠抓不放，严肃处理。

领班与员工能否真诚相处，员工很看重的是领班是否为人正派。领班能与下属坦诚相处，建立起友谊和信赖的关系，员工工作就积极主动，这种班组的凝聚力一般比较强。而那些欺软怕硬、搞亲亲疏疏甚至搞小圈圈的领班，大多数员工就瞧不起他（她），要搞好班组建设从何谈起？领班要赢得员工的心，还要特别尊重员工的人格，不要在员工面前摆"官"架子，动不动就训斥员工。对于犯有过失的员工，要热情地帮助而不要讽刺挖苦；对于提出一些极简单问题的新员工，要耐心地正面做出回答，而不是不屑一顾，伤了新员工的自尊心。

3. 善沟通，会协调

领班督导效果如何，能否与员工进行有效的沟通是关键。员工期望领班们能重点把握以下几方面：

（1）重视沟通的双向性。布置工作或与个别员工谈话，应注意多听听下属的意见，拓宽思路和了解员工心里究竟在想些什么，即使有时员工的意见并不正确，也应让他把话说完，然后针对不正确部分做些解释、说服工作。

（2）应意识到与下属谈话时的态度比谈话的内容更重要。例如，员工犯了错误，领班如果从关心、爱护他（她）的角度出发，即使批评得重一点，他（她）也会从内心感激你；如果埋怨、讽刺，即使他（她）内心认识到错，也会认为你是在借题整他（她）。领班还应改变吝惜表扬下属的习惯，随时注意并挖掘员工值得称赞的地方，让被称赞者感到愉快而倍加感动。

（3）培养倾听下属意见的良好习惯。有的领班自以为高明，对下属的建议往往听不进去，尤其对于那些说话抓不住重点的员工，见了他（她）提意见就心烦；有的领班心胸比较狭窄，当与自己感情不相投的员工提意见时，听了一点马上就打断，弄得对方下不了台，这些都不是广开言路的做法。

（4）讲究沟通技巧，重视语言的力量。协调是领班督导过程的另一项重要工作，除应重视搞好班组内部协调外，还要善于搞好同其他班组、部门以及上司之间的协调。那些只顾自己埋头干而不注意调动各方面积极性的领班，即使干得再苦再累往往只会落得事倍功半的结果。

4. 头脑灵活，正确贯彻上级的意图

领班对上级部署的工作应能准确领会，认真落实。在贯彻执行中不应只当传声筒，而应结合本班组的实际情况和接待宾客要求的变化，在坚持服务质量的前提下灵活把握，适当调整具体的操作程序和规范，创造性地开展工作，不断丰富班组个性化服务的特色。工作中遇到疑难问题，要细心分析、勤于思考，在尽可能满足宾客要求的前提下，及时、果断地做出处理，不要事事等待上级答复后才办，因为那样有时会延误服务时机，得罪甚至失去一部分客人。

5. 勇于承担责任，不掩饰自己错误

员工很佩服那些勇于负责、做事敢做敢当的领班。他们做对的就坚持，做错的（包括给员工指导错了的）就勇于承认和纠正自己的错误，不强调客观找借口，更不把责任推给别人。员工工作上出了错，他们不一味地责怪下属，而是从领导的角度多找原因，分析自己应负的责任，从中吸取教训、加以改进。即使是因员工的错误而受到上级的批评，也不把怨气发泄到员工身上。

【思考题】

员工心目中的领班应有哪些素质？你心目中的领班该是怎样的形象？

案例 37　领班如何在员工中树立威信

领班要在员工中树立威信，需重视以下三个方面：

1. 工作干练是领班树立威信的硬指标

在日常工作中，领班能否坚定自信地战胜各种困难、妥善自如地解决来自各

方面的矛盾、高效快捷地做好本职工作，是领班树立威信的硬指标，也是员工向你靠拢、对你信服的基础。实践证明：有威信的领班基本上都具备这些“硬功夫”；相反那些优柔寡断、工作能力不强的领班，大都难以树立威信。为此，领班在工作中一定要有良好的组织协调能力、干练利落的工作作风。

2. 忠于职守是领班树立威信的保证

作为领班，若没有对工作、对事业的责任感，就不能有积极主动的工作心态，更不可能有坚忍不拔的工作干劲。若员工在一定时间内既看不到你的干劲又看不到你的成绩，你就不可能受到他们的拥护和支持。同时，饭店的部分工作具有很大的弹性，能否把住质量关完全在于执行者敢不敢较真。如遇到那些经常违纪的“刺头钉”，领班就要不徇私情、不看情面、勇于较真、敢于碰硬。这样形形色色的“怪事”就会越来越少，风气就会越来越正，领班的威信也就会由此树立。

3. 善解人意是领班树立威信的思想基础

当员工有困难或出现过失的时候，当员工有合理要求的时候，领班要像对待自己的事情一样设身处地地理解员工的难处，多帮助员工解决一些能办得到的实际问题。事情处理好了，不仅反映出一个领班的素质和水平，而且能产生强大的向心力，从而使他们在你的领导下，聚集起一些信任你、感激你的员工，并怀有一种荣誉感、幸福感和安全感，齐心协力做好工作。另外，要关心员工的进步，积极地为表现出色的员工成长铺路搭桥。这样做得越好领班的威信就树得越高。

【思考题】

谈谈你对领班如何在员工中树立威信的看法。

案例38 领班的查房技巧

查房是酒店领班每天主要的工作内容，查房技巧也是领班所应掌握的最基础、最重要的工作技能。那么，怎样才能提高领班的查房技巧呢？这涉及以下三方面的内容。

1. 领班查房技巧的基本功是“心到、眼到、手到、嗅到”

所谓“心到”就是要用心，动脑筋，经常琢磨怎样才能又快又彻底地检查走房。例如，查房一定要按顺时针或逆时针方向，依次检查，切忌遗漏项目；但也要抓住重点，对床的检查应特别用心，无论是床单、毛毯、枕头，还是床罩的折叠都应一一过目；为提高效率，检查鞋柜时应把三只抽屉依次打开，然后一次性同时关上，避免打开一只关上一只。

“眼到”是掌握查房技巧的关键。所谓“眼到”就是要擅长用眼睛从各个角度检查同一件物品。比如，为彻底检查家具的尘埃，不但从正面看还应通过光线从侧面检查，特别是书桌的侧面、电视机的侧面是否留有手印。卫生间镜子的检查，不但要看镜子的清洁，还可以用眼睛从镜子里检查能看到的一切：浴缸、浴缸的墙壁、皂碟、花洒的位置等等。尽可能多地站在同一个位置，用眼睛检查看得见的物品，如站在床头同时检查床头柜上的用品、床头柜两侧、床底、床头灯、床头板、床头柜前的地毯，等等。

所谓“手到”就是在用心、用眼的同时应动手检查。对电器、浴室三大件之类的客房用具一定要亲手检验可否使用，特别是浴缸的花洒，得试用一下，不要怕麻烦，以避免水流不畅。当有客用品、家具位置发生偏差时应随手摆正，既可保证客房的质量，又可减轻员工的工作量。

另外，还应擅长使用嗅觉，做到“嗅到”。如果领班一进房，就闻到较浓的烟味，就应着重检查一下地毯上是否有烧焦之处，棉织品之类是否有烟洞，家具上是否有烟疤；然后，该去渍的去渍，该调换的调换；最后，喷一下空气清新剂或开窗去掉烟味。如果走进卫生间有一股难闻的气味，可能是地面需要清洁，或是地漏发出的臭味，特别是坐厕边一圈不洁，都需用水特别处理。如果闻到刺鼻的果味或咖啡味，也应仔细查看，以免疏漏。

2. 领班查房应注意酒店客房内比较隐蔽、查房容易疏忽之处

(1) 打开客房门，客人首先看到的是窗帘的整洁与否，因此领班一定要认真检查厚帘、薄帘、纱帘的钩子是否完整，滑轮有否脱落。虽然挂帘钩、整滑轮比较困难，但不能马虎。

(2) 查看客房的窗户是否锁上，且把手应朝下，以防碰到客人头部，不安全。

(3) 仔细检查垃圾筒下面的地毯以及周围的墙壁或书桌壁，这是容易弄脏的

地方。

(4) 客人容易遗忘物品的地方，如床头、床尾、床头柜两侧、衣橱内搁板等，都应一一检查。

3. 领班对查房工作，特别是在“跟进”走房过程中，必须亲历亲为

查房技巧的最后一个重要环节就是“跟进”(follow up)。所谓“跟进”就是指领班检查完走房后告诉服务员需重新整理、清洁的地方，由服务员跟进；领班应确保跟进后的房间达到标准。这就要求领班将需改进的内容写在纸上交给员工，并亲自查看跟进好的客房状况，以督促服务员。因为如果服务员未跟进，而领班没有亲历亲为，那么查到的未尽事项仍不会改善，客房的质量将得不到保证。

诚然，查房是一项体力和脑力相结合的劳动，有时由于工作量大，每间客房领班都要一丝不苟地检查必定十分累人，因此平时应注意体能锻炼，提高自身体质，才能在查房工作中切实做到亲历亲为，这是领班查房技巧的基础环节。

【思考题】

领班的查房技巧包含哪些内容？领班要掌握查房技巧，应对自己提出怎样的素质要求？

案例39 健身娱乐中心：从亏损走向盈利

如何看待作为高星级核心产品配套设施的健身、娱乐中心？如何处理这一中心不赚钱的问题？有不少高星级酒店在把健身、娱乐中心作为核心产品配套设施的同时还成功地将健身、娱乐中心也经营得有声有色，不但顾客盈门而且带来了可观的盈利。成功的事实主要是靠专业人员或专业公司对这一部门的成功经营。

要成功经营酒店内作为配套设施的健身、娱乐中心，同样需要合格的专业人士。这是满足顾客需求、使中心盈利的必要条件。要能够找到合格的健身、娱乐设施的经营管理人员并不是一件容易的事。但是有这样的专业公司，他们的员工都是这样的专业人员。

在国际上，高星级酒店对这部分内容的经营往往交给专业公司进行管理，效果很好，能够达到双赢的目的。目前在我国少部分的高星级酒店在本身没有合格的专业人员的情况下，也采用了和国际专业健身俱乐部公司合作的方法，具体的做法是：所有设备、设施由酒店提供，从专业健身俱乐部引进的是品牌和销售网络，并由他们派来专业的健身教练。酒店同时在当地招聘相当数量的员工，接受专业教练的培训，但这些员工都属于酒店的员工。酒店只要根据合同条款，每月交付俱乐部管理公司管理费用即可。这样的有品牌的专业健身俱乐部在经营上往往都采用招募会员的做法，会员费用虽然不便宜但由于有专业教练和完善的管理系统，会员的加盟极其踊跃。在一定数量会员的保证下，酒店在把这些设施作为核心产品配套设施的同时，盈利已经有了保证。还由于不菲的会员收费，会员的选择性比较强，会员的层次比较统一，这样对于酒店和顾客双方都是十分有利的。

现在不少酒店又掀起了在健身、娱乐中心增设SPA的经营业务的热潮，但真正能够做好这项业务的酒店还不多。能否做好关键是对于SPA这项业务的理解。SPA有中医式的，有水疗式的，有通过五行启发灵感的阴阳体验。无论哪种SPA，都会在整个过程中配上不同种类的按摩，这些按摩有泰式指压法按摩、运动式按摩、瑞典式按摩、协调式按摩等，主要的目的是让顾客在一个特定的环境里彻底地放松，让身心协调和平衡。这样的健身项目对于环境的要求是极其有讲究的，灯光、音乐、色彩、氛围和专业人士，一样都不能少。SPA和一般的洗浴、按摩有着质的区别，没有专业技师和专业公司的参与，一般酒店是无法、也没有条件经营SPA项目的。但仔细看一下，我们会发现不少酒店在健身、娱乐中心等处都增加了SPA这一项目，再一看价格，每位才38元，而提供按摩服务的都是不具备资质的外来妹，可想而知，此SPA一定非彼SPA了。

有了对于健身、娱乐项目的真正理解，有了专业人员或者公司的介入，像健身、娱乐中心不盈利的问题都是不难解决的。

【思考题】

如何通过专业公司（人员）的经营使健身、娱乐中心走向盈利？除本案例中提到的之外，你认为健身、娱乐中心在经营中还有哪些重要思路和关键环节？

案例40 墙上的画

在艺术界有一种老的说法：艺术为了艺术。曾几何时，艺术被当成奢侈品，艺术与商业被孤立地分离。但如今在酒店业却有了另外的一种说法：艺术为了生意。酒店的墙面从来没有空白过，但从来也没有像现在这样的装饰过。是不是酒店经营者都突然有了更多的艺术细胞，对艺术有了新的追求？墙上艺术化的选择，是酒店经营中文化内涵的表述与竞争对手相区别的方法之一，更是为了满足顾客一种高境界的精神需求。

以前酒店对于挂在墙上的画在经营中起什么作用并不在意，后来有的酒店用了一些价值上万的画挂在墙上也没有引起顾客多大的注意，一直到挂上了名家的作品，挂上了代表艺术潮流的作品，才得到了许多顾客的评论。顾客对名家的画，有赞美的、有批评的，无论哪种影响，至少在顾客的脑海中有了酒店墙上的画的印象。

现在有的酒店会花费上百万的费用去购买有说法、有意义的画，使得有的顾客见到酒店墙上的画会说："这画好像在哪儿见过？"酒店墙上的画有时候能起到一种品牌的作用，尤其是连锁酒店，但前提是各个酒店选用的画必须体现相似风格或是同一画家的作品。酒店将墙上的艺术画提升到市场战略和满足顾客期望的高度。艺术能够向顾客传递信息。作为酒店目前市场的顾客，他会记住酒店的床是否舒服、服务是否到位、客房墙上的装饰画是否有印象、大堂的雕塑如何，这样对酒店的经营者和设计者就有了这方面的新的要求。有的酒店甚至雇佣一名专业美工作为全职的员工来负责这方面的工作，因为他们认为艺术在酒店的体现已经成为酒店文化的一个重要组成部分，也是体现有别于竞争对手的一次机会。酒店购买名家的画也是一笔不菲的支出，有更精明的酒店让画家轮流来开画展，使得酒店成为另一种类的画廊，而且酒店还省去了购画的支出。将酒店办成一种画廊，还可以起到吸引非住店顾客来店消费的可能。能够欣赏名画的顾客，还能够起到抬高酒店品位和档次的作用。

也有的酒店在墙上用画装饰，并不是为了满足顾客的需求而是为了激励员工的情绪。有酒店花费了一大笔费用专门在酒店的后区——员工的餐厅和更衣室走道，挂上许多卡通名画。这样能赢得员工的愉悦，能提高员工的劳动生产率。这种结果有时候比培训还好。因为看了画而永远微笑的员工给酒店带来了意想不到的优质服务和盈利效果，这种微笑为酒店赢得了大批的顾客。后区悬挂了这些卡通画，还降低了酒店的员工流动率。

赢得顾客注意的画和赢得员工愉悦的画，其实是和顾客、员工产生了一种对话，是这种对话留住了顾客、留住了员工。不仅如此，艺术院校学生的临摹画、儿童的竞赛画、员工的业余画等，都有各自不同的作用，也可以在酒店墙上画中占有一席之地。

酒店经营管理者是否具备艺术修养将关系到一个酒店的整体品位，其中包括墙上的艺术品的选择是否能够和顾客形成对话。墙上的画选择得好，能为酒店的经营管理和企业文化起到锦上添花的作用。

【思考题】

酒店墙上挂画的艺术化选择，对酒店的经营管理和企业文化有什么积极作用？

案例41 绿灯区、红灯区和无灯区

作为酒店管理，规章制度必不可少，没有规矩，不成方圆。没有严格的制度管理就不可能有优质服务。所以任何酒店在管理上一定要有一套完整的文字化、标准化的制度体系，包括员工守则、规范服务的要求、各部门的工作要求等。工业化社会以来，普天下所有企业的管理无非八个字：行为约束，绩效考核。纵然各个企业的规章五花八门，内容各异，但抽象为本质都万变不离其宗，就归结为这两个方面。

从行为约束讲，又分为两大板块，一块是必须做的事和必须达到的要求。这在规章制度中用“必须……”“要……”“按照……”“遵守……”这类词来表述。我们把这一板块称之为“绿灯区”。另一个板块是不允许做的事，是必须令行禁止的，这是酒店的“红线”，哪位员工触碰了就是犯规。这在规章制度中用“禁止……”“不得……”“不准……”这样严厉的措辞来做出明确限制。我们把这一板块称之为“红灯区”。亮红灯，就不能逾越红线。

然而，在酒店实务中我们会发现，许多实际发生的问题既不在绿灯区又不在红灯区，严格执行“绿灯行、红灯停”的规则并没有产生让顾客满意的关联效应。尤其是在一线与顾客直接接触的服务中，顾客的大量需求都没法在“红绿灯规则”中找到答案。这种在实践中碰到的大量案例揭示了一个道理，那就是在酒店的红灯区和绿灯区之间存在着一大片空白，从管理上说这属于“管理真空地带”。如果对“真空地带”视而不见或疏于管理，那么优质服务就无从谈起。这里，我们把“绿灯区”与“绿灯区”之间的空白地带称之为“无灯区”。在现实交通中，当我们站在没有红绿灯的十字路口时，需要左右前后观望然后迅速做出判断，或急行，或缓行，或待行。其原则无非两条，首先判断是否可以行走，其次是根据车辆和行人情况，由自己做出判断如何穿越马路。

对此，引申到酒店管理的“无灯区”而言，既然规章制度没有规定“不允许”，那么就意味着“允许”，而这种“允许”又是在满足顾客需求的大前提下，就更应积极主动地去做并做好。而在做的过程中由于没有现成的规范和方法可以参照和指导，因而就需要每位员工发挥自己的聪明才智，用服务理念和满腔热情去实现顾客满意这个终极目标。应该说，只要符合法律、符合道德，“无灯区”应该畅通无阻，让顾客喜出望外，形成服务中的闪光亮点。这中间既有满足顾客的群体，也有为顾客的临时需要，也有加强与顾客的交流，更有为顾客的排忧解难。如陪客人去医院输液、替客人钉纽扣、帮客人找故友、帮会议跑腿等都是酒店真情的显露。至于在餐饮服务时说些不失品位的调侃话，甚至应客人之邀被动地敬一杯酒，也都应该属于“无灯区”通行的范畴。

酒店管理的“无灯区”区域很大，各级管理者应该在并不增加或偶尔增加少量成本的前提下，部门之间、员工之间既通力协作又各自为“战”，鼓励员工在“无灯区”里有所作为，创造更加优质完美的服务。

【思考题】

怎样理解酒店管理中“无灯区”的概念？应该以怎样的价值取向来处理酒店管理“无灯区”的各种问题？

案例42 是鲜橙汁吗

1. 案由

某日，咖啡厅来了四位本酒店的住店客人，点了四杯鲜榨橙汁。服务员按规定时间，将新榨的鲜橙汁迅速送到客人面前。当时客人处于半醉状态，其中两人还上了洗手间。等一起回座后时间大约过了20分钟。当他们刚饮用这四杯鲜橙汁后，马上投诉说："橙汁是苦涩的，不是新榨橙汁"，要求退货或换货。事情反映到领班那里，领班当即进行了耐心的解释，但由于客人酒后情绪难以控制，气粗声调高，一再坚持该橙汁不新鲜，同时要求会见店方负责人。此事一时惊动了四座宾客。焦点是：是鲜橙汁吗？

2. 案情分析

事情迅速反映到餐饮部陈经理那里。他马上赶到现场，四位客人你一言他一语，断定橙汁一事是酒店方过错。陈经理当时的反应是：

(1) 客人对新榨橙汁的习性、口感特征缺乏了解，酒店不可能出售冒牌货。

(2) 客人处于酒醉状态，且情绪"激昂"，请他们换个地方交谈、解释已不可能。

(3) 此事已惊动四座宾客，若不当场释疑必将对酒店声誉造成不良影响。

所以，陈经理决定采取现场解释、转守为攻的办法。

3. 解决的办法

陈经理平心静气地请其中一位看来较为清醒的客人到咖啡厅操作台处。他叫服务员马上再榨一杯鲜橙汁，并在客人面前表演。他诚恳地要客人品味，陈经理又有意找其他话题与客人交谈，大约过了20分钟，再请客人喝一口鲜橙汁。同时也请其他客人先后喝了两种橙汁，客人疑虑顿消。因为客人亲眼见、亲口尝、亲身辨别，一切解释都不必要了。

客人离座起身，向陈经理表示歉意。陈经理说："不怪，不怪。20分钟能使鲜橙汁逐渐转入苦涩，但20分钟却使我们之间变得融洽。"简短的话语幽默诙谐、效果良好。客人还表示这后一杯的橙汁由他们付账。陈经理谢绝了，说：

"就算酒店请客吧，今后请常来，多多关照。"就这样，没有一句责备，没有一点冲突，问题解决了。客人留住了面子，邻座客人也明白了，酒店的信誉更好了。

4. 经验与体会

(1) 作为酒店领导，特别是餐饮管理者，必须有各种商品的知识，尤其对自己经营的食品、饮料、酒水都应有足够的了解，对其特征更须有分辨能力。

(2) 餐饮服务工作由于存在生产与销售、消费与服务同时进行的特点，而宾客方面又存在众口难调、众癖难和的服务难度，对此我们必须有深刻的认识和充分的准备。同时，要很好地培训员工，包括了解服务范围内商品的特性。另外，管理人员还应有良好的个人涵养，如：敏捷的反应、多谋善断、临阵不惊、处惊不乱。

(3) 当店方与客人有争执、有误解时，必须审时度势，切不可针尖对麦芒，那样会让客人对酒店留下不良印象。

【思考题】

本案例说明了餐饮管理者和服务人员掌握餐饮产品知识的重要性，举一反三，谈谈你对掌握本岗位相关专业知识重要性的体会。

案例43 化干戈为玉帛

一位日本客人来到一家酒店的餐厅设宴请客，他向服务员要了日本料理的菜单，点了石斑鱼、宝船刺身、青瓜手卷等。宴毕结账时，服务员递上账单，客人对账单提出疑问，"这石斑鱼怎么190元?"服务员解释说："这鱼是时价，按斤两销售，需190元。"客人指着菜单说："菜单上标价不是55元吗，怎么变成190元了?"服务员说："菜单正在调整，这个价不对了。"客人更不服气了："这菜单是你给我的，怎么又不对了呢?"两人各不相让，空气顿时紧张起来。结果，那位日本客人气呼呼地向餐厅经理投诉。

餐厅经理静听不语，让客人平息了火气。心中则在进行紧张的掂量：这菜单标价有误，早两个星期就通知改了，至今未改，这是一错；服务员在客人点菜时未加说明，这是二错。责任很清楚，客人并没有错，但这100多元的差价也太大了。为了维护饭店声誉，这笔账要认下来。于是，经理笑着说："对不起，您误会了，服务员的意思是说，这菜单正在调整，但您刚好在调整前享用，当然以这菜单上的价格估算啰。"客人闻讯，大喜过望，笑着说："你们饭店讲信誉，菜也好，我们是一回生、二回熟，以后会常来的！"就这样，一场即将爆发的"战争"化为乌有。这位日本客人以后也成了酒店的常客。

但是，并不是什么事都可以满足客人的要求的。为了平息冲突事件的发展，既要使客人满意，又要维护酒店的利益，这里可就得讲点处理问题的艺术手法了。又一回，三位香港客人来餐厅吃夜宵，点了四道菜，服务员迅速地送上来。客人顿生疑窦，"这么快上菜，是不是早已烹制好了待售？"特别是当一盘白灼虾上来时，客人向服务员提出几点质疑：

(1) 他们来时10点30分，当几道菜上来时，前后不过10分钟，如此神速，原因何在？

(2) 虾体微温，色泽深浅不匀，是否是将死虾活虾参半而售？

(3) 虾身光泽暗淡，是否是冷菜重烹？

客人由此断言该虾不新鲜，要求马上退货。服务员见三人来势汹汹，不禁瞠目结舌，有理难辩，而客人更认定其中有诈。餐厅经理接受投诉后思忖，如简单退货了之，不仅徒耗物料，示己理亏，而且客人还认为餐厅有弊，张扬出去对宾馆声誉是极大的污损。所以不能简单认账。于是他让服务员上一道热毛巾，斟一圈茶，以缓和紧张气氛，一面和气地说："你们的心情我很理解，这么快上菜，上的菜又有点凉了，如果是我也会有疑问的！"

他邀请三位港客来到餐厅的操作台，叫服务员取一部卡式炉，将鸡汤烧开，让厨师拿来一些活虾，在客人面前现场烹制。然后将烹制好的虾与桌上的虾比较，结果色泽口味都一致，经理介绍说："看活虾死虾其实只需看尾翼，两尾翼分开为活虾。"客人眼见为实，心悦诚服。经理又继续解释："今天客人不多，厨师们各炒一菜，上菜的速度是快了点，这还多谢您三位的提醒，我们以后注意……"

最后，经理又让厨房加赠一盘水果给客人，以感谢他们对餐厅质量的监督。又一个化干戈为玉帛的服务实例，到此圆满地画上了句号。

【思考题】

在上述两个实例中，餐厅经理各采取何种“艺术手法”妥善处理客人不满的突发事件？

案例44 客商硬要赊账

一位美籍华人客商在上海一家宾馆入住两个半月。那天，他在两位朋友的陪同下到总台结账，账台服务小姐经查核电脑资料告诉他：“先生，您的支票只剩三百余元了，而您手头这笔账就有四百多元，请准备好现金再结账。”客商说：“那就给我赊账吧。”服务员答道：“先生，对不起，根据宾馆有关规定，您不能赊账。”客商大为不悦，觉得在朋友面前丢了面子，下不了台，便带着客人气冲冲地回到客房。

客商马上给宾馆公关销售部打电话，将刚才在总台发生的事诉说了一遍，指责服务员在他朋友面前不给他结账是对他的无礼，最后说：“难道我连这点房费都付不起吗?”接电话的小彭原来不是负责接待这位客商的，对他并不了解，因此感到很突然。但她立刻冷静下来，答道：“先生，刚才账台服务员确实对你说话态度比较生硬，有失礼之处，我代表宾馆向您道歉。不过服务员也有难处，因为按宾馆规定，凡是客人消费的钱款收不回来就由当事的服务员负责。这一点也请先生谅解。”客商情绪开始缓和，但接着又把难题扔给小彭：“那么，我现在就请您给我赊账。”小彭灵机一动，顿时有了主意，她平静地答道：“让我请示一下宾馆领导，请您过5分钟再给我打电话。”实际上她本人就有赊账权，但她不想让客商产生可以随便赊账的感觉。5分钟后客商打来电话，小彭告诉他：“宾馆领导同意给您赊账，请您写个便条承诺一下，然后在近几天内补上支票，好吗?”客商高兴地答应了。

第二天上午，小彭又给客商所在公司打电话，接电话的是他的秘书曲小姐。小彭便请曲小姐向客商转达她的建议，今后这类账目往来事宜不必劳驾老板亲自出马，可由曲小姐出面办理；也不必再找宾馆账台服务员，可直接找她处理。当天下午，曲小姐就拿了一张支票送到公关销售部小彭手里，并转达了老板对她的谢意。

【评析】

本案例中公关销售部小彭处理客商与账台服务员的赊账纠纷十分得体，关键在于把遵守宾馆规章制度与根据具体情况灵活变通很好地结合了起来。

第一，按宾馆规定，除了熟悉、了解、信誉可靠的长住客外，像美籍客商那样初入住的长住客不在赊账之列，但小彭看出客人坚持要赊账无非是怕丢面子，不像是要逃账的。为了打破僵局，破例准予赊账，在情理之中。

第二，小彭决定给客商赊账，又故意表示要请示上级，让其感觉赊账并不容易。然后很自然地请他在办个手续后及时了断，处理得很有技巧，既满足了客人要求，又保障了宾馆的利益。

第三，小彭让客商秘书与她直接办理账目往来，中断了客商与账台服务员的接触，便于缓解矛盾，有利于问题的解决，也是灵活而切实可行的措施。

总之，饭店管理者在执行规章制度时，如遇到特殊情况，要善于灵活变通，要把维护饭店的利益与满足客人的要求巧妙地结合起来。这也许就是本案例留给同行的一个有益的启示。

【思考题】

结合你的工作实践，谈谈你对遵守酒店规章制度与根据具体情况灵活变通有机结合起来的体会。

案例45 首长对VIP服务为何不满意

一位部队首长在驻地城市一家高档饭店接待某国军事代表团。对该饭店来说，这是个重大的政治任务，饭店领导非常重视，一律按VIP服务程序接待，结果首长非常满意，表扬饭店接待好，服务到位。

正因为那位部队首长对这家饭店印象好，所以当他第二次来时，饭店领导非常高兴。因为是首长又是回头客，所以作为特别重要的客人接待，不是 VIP 而是 VVIP。第二次接待更上档次，吃一桌饭安排了三位服务员陪在那里。那么这位首长这顿饭是什么背景呢？是请一些曾在枪林弹雨中一起出生入死过来的老战友。他们有的离休了，有的还在位，分散在全国各地，这次在该城市相聚很不容易，大家都很感慨，也有几分激动。尤其是军人特别豪爽，开怀畅饮间更显得无拘无束。可是两位服务员全然不顾现场的气氛，只是认真地按照规范服务，因为他们还是 VVIP 呀，更是不敢有半点差池。客人要碰杯了——哎呀，慢点，还要分这道菜呢；客人要自己倒酒了，她还是毕恭毕敬地要替客人斟酒；客人不要菜的时候，她还是严格按照规范上菜……结果，屡屡弄得客人很扫兴。最后，首长发脾气了：统统走开！不要你们服务！

事后饭店老总得知首长对这次宴请服务很不满意时，就开始找原因：任务布置得很仔细呀，三位服务员也是经过精心挑选的呀，这次接待服务的规格比上次提高了呀……百思不得其解。他恰恰没有意识到：同一位客人的两顿饭，需求完全不一样。第一次的服务符合他外交礼仪的要求，第二次则不符合他热烈的欢聚气氛的要求，所以他才对第二次不满意。因而，我们常说的优质服务不是一成不变的，它是一个动态、变化、因人而异并最终由顾客决定的概念。灵活服务也是可以入规范的。一些酒店就把那些重复出现乃至大量重复出现的服务当做规范。比如在上面的例子中，客人坚持两次不让服务员倒酒，第一次不让倒酒可能是出于礼貌，第二次则可能是嫌你烦了，这时服务员就要灵活点让客人自己倒酒。从管理制度上看，“客人两次坚持自己倒酒之后”，灵活服务就可以形成规范。所以优质服务的最高境界应是：投客所好，恰到好处。

【思考题】

如何处理好标准化服务与个性化服务的关系？如何把良好的服务愿望转化为让客人满意的服务效果？

案例46 总台为何食言

一天下午，一位香港客人来到上海某饭店总台问讯处，怒气冲冲地责问接待员："你们为什么拒绝把我留下的一包东西转交给我的朋友?"当班接待员小祝连忙查阅值班记录，未见有关此事的记载，便对客人说："对不起，先生，请您先把这件事的经过告诉我好吗?"客人便讲述了此事的原委。

原来他两天前住在这家饭店，接着便去苏州办事，离店前把一双用盒子装好的皮鞋交给总台服务员，告诉他在自己离店期间他朋友×××先生将会到这儿来取皮鞋，希望酒店代为保管、转交，服务员满口答应了但未在值班簿上做记录。第二天当客人的朋友来取皮鞋时，另一位当班服务员见没有上一班的留言交代，虽然找到了那双皮鞋但还是没让他取走，而是请他等那位服务员上班后直接向他领取。香港客人回店后知道此事十分恼火，认为酒店这样做是言而无信，于是便有了本文开头的一幕。

小祝听了香港客人的陈述，对这件事有了一个基本判断，马上对客人说："很抱歉，先生，这件事的责任在我们饭店。当时，值台服务员虽然已经答应了您的要求，但他没有把此事在值班簿上记录，造成脱节，使您的朋友没有领到东西，实在对不起，请原谅。"客人听到小祝的道歉话语，气也消了。小祝接着说："先生，话又得说回来，后来那位服务员不肯把东西交给您的朋友做得还是对的，因为在没有得到上一班交代的情况下，如果贸然把皮鞋交出去，那是对客人财物的不负责任，您说是吗?"客人点头表示同意。小祝随后便到储存柜里找出了那盒皮鞋，问客人道："先生，这双皮鞋是继续放在这儿等您朋友来取呢，还是您现在拿回去?"客人答道："不必留下了，还是让我拿走吧。"小祝遂将皮鞋交给了客人。客人见小祝态度诚恳，说得也在理，心情已平静下来，也就打消了向酒店领导投诉的念头。

【评析】

本案例中酒店接待员小祝处理这一事件的方式方法值得肯定，但由此暴露的酒店前台工作脱节造成不良后果的教训更值得吸取。酒店总台工作一定要避免此类事件的发生，同时员工应树立整体意识，各个岗位之间，上一班与下一班之间都要做好衔接（包括认真做好值班记录），以保证接待服务工作环环相扣，正常进行。总台应这样做，其他各部门内部应这样做，总台和其他部门之间也应这样做，整个酒店的工作要像工厂的流水线那样井然有序地运转。酒店领导务必让每个员工明白，岗位职责还应包括上下班的交接与同一班员工前后左右的协调工作在内。

【思考题】

结合本职工作，谈谈你对酒店整体意识的认识。

案例47 有人监听电话

隆冬的一天深夜，某四星级大酒店值班经理收到A客房客人打来的电话。

“我很气愤地告诉你，酒店晚上居然有人监听客人的电话，这还像四星级大酒店吗?”客人在电话中怒吼道。

值班经理挂上电话马上着手调查，他打开电脑，意外地发现A房竟是空房，该房客人下午已经结账离店了。

“空房怎么还会有人住?”值班经理大为不解。他到各有关部门去查看记录后，才真相大白。

原来那天下午，行李员领班接到A房客人电话，要他办两件事。一是派行李员前去房间取行李，另一件事是通知前台收银处准备账单，以便办理离店手续。领班随即派一名行李员前去A房，客人是位年近花甲的日本客人，见到行李员在门口便领他到B房去取行李，而A房的行李仍留在那儿。行李员接到客人指令便取走了B房的行李。

与此同时收银处开始准备账单，发现A、B两个房间的费用都是由A房客人支付的，而且两房今天一起到了结账日期。于是便顺理成章地把A、B两房的账单准备妥当，等客人来结算。

一会儿，日本客人到收银处，接过递给他的两个房间的账单便在账单和信用卡上签了名字，接着转身便离开了总台。

收银员因此在电脑中为这两个房做了退房手续，这样电脑便取消了从这两个房间向外打电话的功能。但是这里存在一个问题，即如果已经结了账的房间内仍有人向外打电话，电话会自动转到接线员那里，一定要通过接线员才能与外界接上线。

这就是A房客人向酒店提出的“有人监听客人电话”的投诉的来龙去脉。事实上A房客人仍住在酒店里，只是B房的客人先离店去了。客人发觉自己打出的电话转到总机那儿便火冒三丈，以为有人在监听。值班经理当晚便去A房向客人道歉，第二天还通过有关部门送去鲜花和水果，客人的火气才慢慢消去。

【评析】

外国客人很重视隐私权，所以在为他们服务时对他们私人的事务尽量不要干涉，让他们下榻在酒店里有像在家里一样的感觉，这是国际酒店业的“宾至如归”的含义之一。

本案例中日本客人向该酒店投诉有人监听他的电话，尽管酒店没有这样的意图与行为，然而客人却怀疑有人侵犯他的隐私权，这是涉外酒店的一大忌讳，当尽力避免这样的事情。

就本例的经过看，该酒店确有需要改进的地方：

第一，当行李员接到领班指令要他去取A房的行李，但实际上却被客人引领到了B房。当发觉指令不符时他应及时向领班汇报，但他没有这样做，仍是从B房取走了行李。

第二，收银员在为客人办理离店手续时，应进一步向客人确认并核实是否A、B两房客人都将离店；同时收银员应收回客房钥匙。

第三，总台接到客人已退房的通知却没有收到钥匙，应该及时与客房联系，这一点总台给忽略了。

由此可见，日本客人这一投诉的根本起因在于该酒店服务程序上的漏洞，避免此类投诉的关键在于健全总台服务的操作程序。

【思考题】

酒店与客人之间信息传递的差错，是造成客人投诉的一个重要原因，结合你的岗位工作，谈谈如何在制度设计上避免这类差错。

案例48 客人行李被错拿

一天上午，西安一家大酒店大堂内，各国客人来来往往，熙熙攘攘。一位新加坡客人提着旅行箱走出电梯，准备离店，正在值勤的保安员小徐见行李员都在忙着为其他客人服务，便热情地迎上前去，帮新加坡客人提起旅行箱往大门走去。快到行李值台时，他发现电梯口又有离店客人出来需要帮助，就把行李提到行李值台处放下，并请值台人员代办，即回电梯口为其他客人服务。

这时，又有一批日本客人离店，他们将行李放在新加坡客人旅行箱旁，由于陪同的疏忽，既未指定服务员照看行李，又没有拿行李牌注明就去收款处结账。因此，当日本客人离店时，不知哪位客人“顺手”把新加坡客人的旅行箱一起带走了。新加坡客人为寻找自己的行李急得团团转，而这时离其乘坐的赴北京的火车开车时间只有55分钟了。

面对这突如其来的紧急情况，大堂副理当即安慰客人，再三请他放心，一定设法找回失物，不误火车。接着马上向酒店有关方面了解日本团队的去向。得知他们正要乘火车去兰州，便当机立断派保安员小徐随新加坡客人一起乘坐酒店的轿车去火车站寻找日本客人。结果不到半小时就在车站候车室找到了日本客人。新加坡客人拿到失而复得的旅行箱，转忧为喜，连声称谢。

【评析】

这件事从意外发生到妥善解决，反映了西安这家大酒店的高服务水准，同时也暴露了酒店在执行服务规程上存在的问题。

第一，酒店方面为维护客人的行李财产安全，对这一突发事件采取的应变措施是及时而正确的。首先安慰客人，稳定其情绪，紧接着摸清日本团队的去向，然后带着客人“跟踪追击”，追上了日本团队，终于找回了客人行李，又不误其旅程。酒店急客人所急，想客人所想，并以较强的应变能力“亡羊补牢”，使客人的损失减少到了最低限度，是值得称道的。

第二，为了保障客人行李财产的安全，酒店应加强对员工有关服务程序的检查与监督。保安员小徐主动补位帮助客人搬运行李，这种精神值得肯定。他为了进一步为其他客人服务将手头客人行李半途转交行李值台处理，固然出于工作热情无可厚非，但从严密的工作程序上推敲似有不妥，最好将客人的行李一手处理完毕再去为别的客人服务，较为稳妥。日本团队的行李放在新加坡客人的行李旁，造成错觉，固然是由于陪同疏忽，既未指定服务员照看行李又没有拿出行李牌做标记，但值台服务员也负有一定责任。值台服务员既然接受了小徐的委托，就应该保管好客人的行李，当时他可以及时地把客人的行李挪开，不使其混淆，或者提醒日本团陪同拿出行李牌以示区别，这样就可以避免错拿行李的事故发生了。

【思考题】

本案例暴露了酒店在执行服务规程上存在的问题，你认为应该如何从管理制度上堵塞这类漏洞？

案例49 处惊不变，化险为夷

上海一家四星级大酒店三楼气派豪华的宴会厅内正在举办规模盛大的宴会。这次活动参与人数多、规格高，因此餐饮部不得不临时抽调了几名实习生前来帮忙。

席间，一切按计划进行，客人的欢声笑语不断。忽然，离主桌最远的一张桌前有位女客人发出尖叫声，宴会领班小丁和公关部朱经理闻声同时赶去，发现那位女客人的一身套装湿淋淋的，一个实习生手里托着倾翻的汤碗，脸色苍白，呆立一旁，手足无措。朱经理立即明白了一切，她一面安排另外几名服务员收拾被女客人带落到地上的筷子、酒杯等杂物，一面与小丁用身体挡住女客，将其护送出宴会厅。一路上女客少不了埋怨声。

朱经理关照小丁先安排客人到房间里淋浴，压压惊，她自己到客房部暂借一套干净的酒店制服请女客人先穿一穿。小丁又转弯抹角问清了女客人内衣的尺寸，接着一个电话打到公关部，请秘书小姐以最快的速度到附近的大商场购买高档内衣。朱经理另派人将女客人换下的脏衣送到洗衣房快洗。在这些工作分头进行的同时，小丁已陪送梳妆完毕的女客人到一楼餐厅单独用餐，并代表酒店向她表示真切的歉意。女客人很快便恢复了平静。

再说三楼宴会厅，由于处理及时客人又开怀畅饮，重现热烈的气氛。此时大酒店外方总经理正好前来敬酒，朱经理把事情经过向他报告后，他旋即同朱经理一起来到一楼餐厅，向女客人郑重致歉，后来又特地向女客人的上司表示歉意。女客人反而感到不好意思了，她指指身上的酒店制服，不无幽默地说："我也成了酒店的一员，自己人嘛，还用这么客气?"

半小时后，洗衣房把女客人的衣服洗净烫平，公关部秘书早已买好了内衣。女客人高高兴兴换上自己的套装，还不时向朱经理和小丁道谢。临出门时，朱经理还为她叫了一辆出租车……

【评析】

本案例的处理显然是极其成功的，体现了这家四星级大酒店处理突发事件的非凡能力。其成功经验至少有以下几条：

第一，当酒店服务员工因过失而造成客人不悦时，有一定级别的负责人诚心诚意代表酒店向客人道歉，可以缓解客人的愤懑。这是至关重要的。不然的话事故影响极可能会扩大，甚至会波及整个大厅，到那时再收拾已为时太晚。宴会厅经理，乃至外方总经理亲自、主动前往道歉，有助于消除客人感情上的对立。

第二，发生了这类不愉快的事情，不必先责怪自己的员工，当务之急是解决摆在面前的具体问题。宴会厅朱经理和小丁的种种措施都是不可缺少的。尤其是遇到这类事情，酒店不可过多计较经济损失大小，必要的支出可换来巨大的社会效益。

第三，该酒店部门之间的协调能力与合作精神由此可见一斑。洗衣房、公关部、客房部、宴会厅、一楼餐厅直至总经理，上下拧成一股绳，同心合力只为一个目标，即搞好服务、维护酒店形象，这是一家酒店成败的关键。

当然，该酒店在抽调人员支援时，不得已把缺乏经验的实习生放在大型宴会的第一线，是造成这一事故的导火线。事后应认真总结经验教训，提出今后加强实习生服务操作培训的措施，或避免在这样的场合把实习生推上一线，这是十分必要的。

【思考题】

案例中酒店处理突发事件的能力体现在哪些方面？你觉得还有什么可以进一步完善的地方？

案例50 为什么不让叫出租车

位于市中心的某大酒店内，大堂副理正在接受一对葡萄牙夫妇的投诉。

“你们酒店的门卫竟然不让我们叫出租车。”头发略微灰白的丈夫怒气冲冲地告诉大堂副理。

“还不让出租车朝我们开来，难道我们欠了酒店的房租?”妻子火气更大，夺过话头冲口而出。

大堂副理见状便先让这对年届半百的夫妇在沙发上坐下，让服务员送来毛巾，稳定一下他们的情绪，接着又让服务员把那个门卫叫来。

门卫走到沙发前，大堂副理当着客人面先批评他不该让客人生气，接着查问为何阻拦客人乘车。

门卫有点紧张，但看到大堂副理温和的眼睛似在鼓励他大胆解释，便一板一眼地说：“首先请两位客人原谅，我刚才也许没有讲清，因此惹恼了两位。事情是这样的，我们酒店为了维护周围环境的秩序，减少各方矛盾，最近特设了出租车调度。我的本意不是不让两位乘车，而是请你们到酒店指定的地点，让调度员为你们安排车辆。由于当时等车客人较多，我对两位失礼，请多多原谅。现在调度员已为两位安排了一辆车子，就在门外等候。”

葡萄牙客人通过翻译弄清事情原委后，怒气顿时冰释。

【评析】

这是一件很小的事，但由于门卫的意思表达不清，致使客人不悦，这是务须避免的。在酒店里，尤其在涉外酒店里，任何误会都是不允许的，即使酒店员工是出于善意。

本案例中最耐人寻味的是大堂副理的巧思。整顿车场秩序，新设汽车调度一事他知道得清清楚楚，但他明白客人对门卫有意见，解决这个矛盾的最理想办法就是让门卫自己来解释这一切，这无疑将比他向客人说明情况有用得多。他相信门卫一定也试图做过解释，但因客人过于激动，加上门外比较嘈杂，不适宜道歉或解释，所以他把门卫找来，给了他说话的机会。

当然，门卫的确也有缺点。酒店员工应该执行制度这是无可非议的，但执行制度时切忌冷、硬、碰。社会上有些服务行业的员工与客人发生争执，起因往往是僵硬的执行制度，或是员工倚仗有制度撑腰而得罪客人。制度的根本目的在于提高服务质量，酒店的服务准则或规范都是基于这一思想的。该酒店的那位门卫如果一开始便找机会讲清道理，并主动把客人引向调度处，这场冲突本来是可以避免的，所以大堂副理对他的批评是正确的。

【思考题】

规章制度的设立，是为了更好地为客人服务，结合你的本职工作，谈谈你在执行制度的过程中，如何让这种良好的愿望为客人理解和接受？

案例 51　不懂外语引起误会

案例一

一天，一位美国客人到内地某宾馆总台登记住宿，用英语顺便询问服务员小杨：“贵店的房费是否包括早餐？”小杨英语才C级水平，没有听明白客人的意思便随口回答了个“Yes”。次日早晨，客人去西式餐厅用自助餐，出于细心，向服务员小贾提出了同样的问题。不料小贾的英语也欠佳，慌忙中又随便回答了个“Yes”。

几天以后美国客人离店前到前台结账，一看账单上他每顿早餐一笔不漏，客人越想越糊涂：明明总台和餐厅服务员两次答“Yes”，怎么还是要他付早餐的费用呢？他百思不得其解。经再三追问，总台才告诉他：“我们酒店的早餐历来不包括在房费内。”客人将初来时两次获得“Yes”答复的原委告诉总台服务员，希望免费供应早餐的许诺能得到兑现，但遭到拒绝。客人于无奈中只得付了早餐费，然后怒气冲冲地向酒店投诉。酒店重申了总台的意见，仍没有同意退款。美国客人心里不服，怀着一肚怨气离开了酒店。

案例二

某日上午约 9 点 30 分，服务员小张清扫客房时正在擦拭电话机，恰好被进房的日本客人看见，以为小张在打电话，对她讲了几句日语，小张听不懂日语，看了看日本客人没有回答，更谈不上做解释，又继续打扫房间。

日本客人十分生气，随即跑到大堂向大堂副理王先生投诉，并表示拒付任何电话费。王经理热情接待，耐心倾听，表示马上调查此事，半小时以后给出处理结果，并送走了日本客人。

王经理立即到客房部找到小张，搞清了事情的原委，接着又到总机查询了电脑记录，发现该房当时 9 点以后并无任何电话记录，心里有了底。

半小时后，王经理准时来到日本客人房间，向客人解释了真实情况，并拿出了客人住店三天的电话记录，请他核对，并特别提醒客人当日 9 点以后房内没有电话记录。客人表示没有意见，并且面露歉意。王经理也对酒店由于对服务员日语水平培训不够而造成失误表示歉意。一场投诉圆满了结。

【评析】

随着我国旅游业的迅速发展，越来越多的外国客人进入了我国涉外旅游饭店，掌握好外语已成为旅游饭店员工日益迫切的任务。案例一反映了内地某酒店两位服务员英语水平不过关，没听懂外国人说话却胡乱回答“Yes”，给客人造成意外的困惑和麻烦，直接影响了酒店的服务质量和信誉。为了能适应我国涉外旅游业的发展，各地酒店要有一种紧迫感，尽快制订外语培训计划，大力加强对员工的英语在岗培训，使之掌握扎实的英语基本功。

案例二则告诉我们，酒店的外语培训如果只注重英语也是不够的，根据我国境外客源市场的实际情况，日本客源占了很大比重，应该及时加强对员工日语的培训，以提高酒店的接待服务质量。

【思考题】

谈谈你对如何提高英语等外语接待水平的体会。

案例52 住一天，还是住三天

正值旅游旺季，两位外籍专家出现在杭州某大宾馆的总台前。总台服务员小刘是个新手，他查阅了一下订房登记单，马上简单地对客人说："你们预订了一个标准间B档的客房，明天一早退房。"

客人听后脸色陡然一变，很不高兴地说："接待单位在为我们预订客房时曾经问过我们要住几天，我们明明说好住三天，怎么现在变成了仅住一天呢？"

小刘仍用呆板的毫无变通的语气说："我们这两天房间特别紧张，明天已经没有标B的房间了。当时你们接待单位来订房时已经跟他们说过了，他们也同意了。你们有意见可以直接向接待单位提。"

客人听罢更加恼火，大声讲："我们要解决住宿问题！我们根本没有兴趣也没有必要去追究预订客房差错的责任问题。"

正当小刘与客人形成僵局之际，前厅值班经理闻声前来，首先向客人表明他是代表总经理来听取意见的。他先让客人慢慢地把意见说完，然后以抱歉的口吻说："你们提的意见是正确的，眼下追究接待单位的责任并不是主要的。这几天正当旅游旺季，双人标准间B档很紧张，我设法安排一间套房，请你们明后天继续在我们宾馆做客，虽然套房房金要高一些，但设备条件较好，我可以给你们打个八折。"

客人觉得这位值班经理的态度是诚恳的，提出的补救办法也合乎情理，于是同意了。

【评析】

订房时，由于种种原因常会造成差错。总台服务员应立足于问题的解决，而不是与客人争论谁是谁非的问题，本案例有三点值得思考。

第一，酒店对新员工进行培训时，有必要让他们懂得“客人永远是对的”这一道理，并要求他们了解客人投诉的常见原因以及处理的方式方法。服务员和客人是两种不同的社会角色，他们之间的关系是角色关系，而不是个人关系。当客人投诉时，服务员只能从酒店自身的工作上去寻找原因，就是有理也要让三分。

第二，上述那位前厅值班经理能够把握客人的心理，即客人认为没有得到应有的礼遇服务，坚信错在接待单位和酒店，并希望自己的意见能得到应有的重视。因此，这位值班经理首先设法稳定客人的情绪，使其倾吐意见，并以高姿态的道歉语气婉转地加以解释，从而打下了解决问题的基础。

第三，前厅值班经理很理解投诉客人希望得到补偿的想法，不但在心理上希望得到慰藉，而且在物质利益上也不要受损。当客人感到满意、问题得到合情合理的解决时，酒店的服务也就到位了。

【思考题】

客人入住登记时，若提出的要求与预订情况不符而酒店又一时难以完全满足其要求时，前台人员应该如何灵活应变，宽慰客人？请以身边发生的几个事例予以说明。

案例 *53* 开房的两难之间

圣诞节前的一个下午，南京一家酒店公关销售部史经理正在大堂忙碌地张罗圣诞节的环境布置。只见一位穿西装的先生带着一位身着夹克衫的男子急匆匆地走到他跟前对他说：“史经理，有件事跟您商量一下。我是北京××公司的总经理，这几天和另一位同事住在贵店。这位先生是我的南京客户，刚才和我一起吃完饭，多喝了点酒，我想给他另开一间房，让他休息一下，晚上住一宿，顺便谈点生意。可总台服务员说我已经开了一间房，不能再开了。而这位客人正好没带身份证，总台也不让登记，这就麻烦了。史经理，您就帮忙让再开一间房吧。您看，这是我的身份证。”他边说边递上身份证，下面还衬着一张没有填写的住房登记表。“史经理，您就行个方便吧。”旁边那位男子也递上名片求情。

此刻，史经理感到很为难：这位北京某大公司的总经理是本酒店的常客，他的要求应该尽量满足，如果处理不当，就会失掉一个很有潜力的常客，但如果让其客户无身份证入住又不符合饭店的住宿规定。他试图找到一个变通办法，便询问南京客户：“您有没有证明身份的其他证件？”那位先生摇了摇头。“那可不行啊。”史经理显得无可奈何。北京的总经理着急了，赶紧说：“这是特殊情况嘛，请允许用我的身份证来担保他入住吧。”史经理略一沉思，最后还是下了决心答应下来：“好，就这么办吧。”两位客人喜出望外，连声道谢，表示今后有机会一定再住这家酒店。

史经理领两位客人到总台办完入住登记后，又给楼层服务员挂了个电话，向值台服务员介绍了那位新入住客人的特殊情况，请她特别多加注意。

【评析】

本案例中史经理对特殊客人的特殊处理，既稳定了一个重要客源，又确保了酒店安全无恙。

第一，史经理照顾的客人是一个熟悉的信得过的大公司总经理，解决此事有相当可靠的基础。

第二，公司总经理以自己的身份证担保客户入住的安全，并办理了有效的登记手续，就正式承担了相应的责任，有据可凭，有案可查。

第三，史经理最后又请楼层服务员对新入住客人特别多加注意，再增加了一条保险措施，可以说是慎之又慎，万无一失了。

本案例实际上提出了酒店管理者和服务员如何在维护酒店利益的前提下灵活掌握规章制度的问题，值得引起酒店同行的思考。有关的例子是不少的，比如：酒店除了对少数熟悉而又有信誉的客人，原则上是不予赊账的，住店客人进房时钥匙给同房朋友带走且身边未带住房卡，但服务员认得此客人，宜先开房让其进去休息，等等。

【思考题】

如何在开房、赊账等问题上既满足客户非常规要求，又维护酒店利益？请谈谈你在实际工作中的心得体会。

案例54 OK房不OK

一辆进口大型豪华巴士包车在华北某一刚被评上三星级的新饭店门前停下。车上50余位德国客人鱼贯而下，大堂里接待员、行李员、保安员互相配合，客人很快便一一被安排进了房间。

20分钟后，大堂副理接到612房一位老太太打来的电话，投诉说洗手间马桶水箱里没水。大堂副理答应马上派人前去修理。不到5分钟，一个工程维修人员出现在612房间。他先代表饭店向客人道歉，接着便熟练地动手干起来。一会儿，故障就全部排除，水箱里很快便注满了水。

大堂副理做出修理安排后又立即与客房部联系，了解该房情况。后查明此系一领班的责任：把非OK房报了OK房。

这支德国团队早在两周前就在该饭店预订了房间，前厅部在前一天已做了安排。612房原住着一对西班牙夫妇，今天中午前办了离店手续。早上服务员清扫过房间后，领班已按程序检查过了，没发现抽水马桶水箱无水的问题，便报告说这间走客房一切正常。中午客人走后，前厅部又一次通知客房部，证实612房确为走客房，便要求再检查一遍，岂知领班又把水箱给疏忽了。领班两次查房均未发现洗手间的问题，最后导致客人投诉，情况是很严重的。事后大堂副理赶到612房，再次郑重地向德国老太太致歉，同时要求客房部按程序再认真检查一遍所有客房，并把该事情经过写进当天的大事记录本中。

【评析】

酒店领班的责任非常重大，身兼服务员、指挥员和检查员数职，是酒店第一线基层管理者。以客房部为例，每天一早领班应给服务员和小时工安排清扫房间的任务。由于每个房间清扫的工作量不完全一样，领班还要合理调配，做好协调工作。清扫完毕，领班要逐间检查。一般说来每个房间的检查项目在150个到200个之间，每个领班一天一般要检查六七十个房间，其工作强度是够大的。但是不能因为领班工作繁忙劳累便可以降低要求。本案例中由于领班的疏忽给客人带来了不便，酒店有关部门一定会对领班做出适当的处理。但与此同时，酒店各级领导也应多关心领班的思想动态和工作情况，还要注意他们的身体健康。只有把领班的积极性调动起来了，班内的服务员才能齐心协力，密切配合，最大限度地为客人服务好。

【思考题】

联系酒店实际，就更好地关心领班的思想动态、工作情况和身体健康，拟订一些积极的措施供领导参考。

案例55 客人离房被阻

北方某宾馆。一位40来岁的客人陈先生提着旅行包从512号房间匆匆走出，走到楼层中间拐弯处服务台前，将房间钥匙放到台上，对值班服务员说："小姐，这把钥匙交给您，我这就下楼去总台结账。"却不料服务员小余不冷不热地告诉他："先生，请您稍等，等查完您的房后再走。"说完便给同伴打电话。陈先生顿时显得十分尴尬，心里很不高兴，只得无可奈何地说："那就请便吧。"这时，另一位服务员小赵从工作间出来，走到陈先生跟前，将他上下打量一番，又扫视了一下那只旅行包，陈先生觉得受到侮辱，气得脸色都变了，大声嚷道："你们太不尊重人了！"

小赵也不答理，拿了钥匙，径直往512号房间走去。她打开房门，进去不紧不慢地检查：从床上用品到立柜内的衣架，从冰箱里的食品到盥洗室的毛巾，一一清查，还打开电控柜的电视机开关看看屏幕。然后，她离房回到服务台前，对陈先生说："先生，您现在可以走了。"陈先生早就等得不耐烦了，听到了放行的"关照"更觉恼火，待要发作，又想到要去赶火车，只得作罢。他带着一肚子怨气离开了宾馆。

【评析】

服务员在客人离店前检查客房的设备、用品是否受损或遭窃，以保护酒店的财产安全，这本来是无可非议的，也是服务员应尽的职责。然而本案例中服务员小余、小赵的处理方法是错误的。在任何情况下都不能对客人说"不"，这是酒店服务员对待客人的一项基本准则。客人要离房去总台结账，这完全是正常的行为，服务员无权也没有理由限制客人的自由。随便阻拦客人，对客人投以不信任的目光，这是对客人的不礼貌甚至是一种侮辱。正确的做法应该是：

第一，楼层值台服务员应收下客人钥匙，请他下楼结账，并立即打电话通知总台服务员。总台服务员在结账时有意稍稍拖延时间，或与客人多聊几句，如："先生，这几天下榻酒店感觉如何？欢迎您提出批评"，"欢迎您下次光临"，或者在查电脑资料时放慢节奏，等等，意在让服务员有足够时间检查房内物品有无缺损。

第二，客房服务员也应积极配合，以提高工作效率。她应迅速清点客房内的设备和用品，重点检查易携带、可供消费的用品，如浴巾，冰箱内的饮料、食品等，随即将结果报告楼层服务台，值班服务员则应迅即打电话转告总台。

第三，总台服务员得到楼层服务台"平安无事"的信息，即可与客人了结离店手续。

总之，这一连串活动都应环环紧扣，在极短的时间内完成，同时又必须保持对客人的尊重。

【思考题】

本案例中服务员错在哪里，应该如何纠正？怎样从根本上转变服务理念？

案例56 两瓶热水

一位来自日本的女商人下榻在黑龙江牡丹江市一家宾馆。这位女客人的脾气十分古怪，不好侍候。她动辄瞪眼睛，口里还时常叽里咕噜地骂人。服务员在她房里打扫时备加小心，唯恐招惹麻烦。

这天早上七八点钟，女客人找到楼层服务员，气势汹汹地责问当班的小罗，为什么今天只送来一瓶热水。

按照宾馆常规，每个客房都是送一瓶热水，服务员小罗不知道给这位客人送一瓶热水有什么过错。她正要发问，日本客人连珠炮似地责备道："昨天上午我给你们讲好的，我每天都要把这儿的茶杯、盥洗盆、浴缸用开水烫洗，一瓶水怎么够用？你们还满口答应从今天起送两瓶热水来，可是今天只送一瓶。你们答应时倒挺爽快，办起事来却统统给忘了，这也算优质服务？"

这番话好像一盆冷水浇到小罗头上，她全然不知这位女士要两瓶热水的事情。当时她想告诉客人，她并不知道这件事。后来转念一想，肯定是昨天来顶班的小侯忘了交代，引起客人如此大的火气。"可是，错在小侯，不在我身上，为何要我去受这个气呢？"小罗伤心透顶，恨不得找个地方去痛哭一场，发泄发泄满腹的委屈。然而，她还是强忍住委屈，微笑着告诉日本客人，她马上再去拿一瓶热水来，保证明天早上一定送上两瓶，并诚恳地表示歉意。

不一会，小罗又拎了一瓶热水送到客房。日本客人的怒火还未消尽，嘴里还是嘀咕了好一阵子，而小罗的眼里已隐约可见闪烁的泪花。

【评析】

本案例中的小罗为了酒店的声誉与形象受了委屈，这是难能可贵的，说明她具有高度的酒店整体意识。

确实，在客人眼里，如果对一家酒店的个别服务员满意，他们的头脑中会留下酒店良好的整体形象。同样，如果一个服务员对客人无礼了，这位客人便会留下"酒店服务差"的印象。从这个意义上讲，服务员是代表酒店在为客人提供服务，因此在与客人打交道时，每个岗位上的员工都应明确自己的角色定位，时刻站在酒店整体利益的立场上去处理每个细节。如果发现店内别的服务员疏忽了某个环节，便应主动、及时地补救，不能让客人吃亏。如果小罗受到日本客人指责后，当着客人的面把责任推给服务员小侯便是极不明智的，这只会给酒店的形象带来负面影响。照此办理，到头来酒店少了回头客，经济效益下降，员工利益也会蒙受损害。

因此在培训员工时要灌输整体意识，要像美国里兹—卡尔顿酒店公司“黄金标准”那样，不管哪个员工，一旦接到客人投诉，他便“拥有”这个投诉，他有权也有义务去处理它。在一家高水准的大酒店里，员工头脑中只有酒店没有个人，个人可以为了酒店的声誉忍受委屈，毫无怨言。

【思考题】

在你们酒店的培训中，除了岗位技能的培训外，是否把酒店整体意识的培训放到重要位置？你认为应该如何实施对员工整体意识的培训？

案例 57 质量黑点制度

上午9时许，上海一家三星级饭店总经理办公室内，正、副总经理们正在与酒店质量管理部施经理研究酒店的质量管理计划及其实施。

“我们现有的质量管理制度仍有若干不足之处。”年轻的施经理在总经理讲完会议目的后，紧接着发言。

总经理听了此话，微微点头，鼓励他大胆往下说。

“我认为最主要的不在于发现问题后的处理。以前我们在各部门检查质量时往往就事论事地对当事人处罚一通……”他说到此处，略一停顿，呷一口热茶，接着又说道，“我认为一个部门发生质量问题不应光从当事人身上找原因。部门经理质量意识谈薄，或者说管理不严、培养不力，是员工发生质量差错的主要根子之一，因此……”

一直在倾听施经理发言的总经理微露赞许的笑容，此时他禁不住插话道：“我们部门经理的工资与奖金都高于一般员工，那是因为他们肩负的担子比员工重。他们有一个很重要的任务就是培训员工，不仅要提高他们的技术素质，而且还要让他们逐步增强质量意识。一个部门经理如果做不到这一点，他就不是称职的经理。如果员工发生质量差错，他显然应承担一定责任。”

“对，这正是我要讲的话。我今天要向各位总经理汇报一个想法。”施经理一口气说了下去，“我提出一项‘质量黑点制度’，它将部门的质量状况与部门经理和分管总经理的利益直接挂钩。我提议，一个月内被质量管理部查出质量问题满30条，便记该部门经理一个‘黑点’；凡一个月内发现重复发生质量问题，或经指出后仍未整改的问题满5次，也记该部门经理一个‘黑点’；凡一个月内被总经理查到严重质量问题3条或被市旅游局在星级复核中查到质量问题3条，记该部门经理一个‘黑点’；凡所分管部门一个月被记6个‘黑点’，有关总经理须记一个‘黑点’；凡一个月内部门经理被记两个‘黑点’，奖金须扣5%；凡满3个‘黑点’，记过失分1分；分管总经理一月被记3个‘黑点’，记过失分1分。这个意见是否妥当，请各位领导决定。”

会议就施经理的建议进行了细致深入的讨论。一个半小时后，该饭店“质量黑点制度”出台了。

【评析】

目前大多数酒店的质量管理制度中都有奖惩条例。条例内容几无例外地都是直接针对当事人的，该当事人的上级以及分管该部门的总经理则丝毫不被涉及，这样做显然是欠妥的。事实上，由于我国许多酒店把质量问题统统推在有关员工身上，不去追究领导责任，造成广大员工心存不满。被领导者也不服气，进而影响服务质量，最后导致员工受重罚或流往他处。

上海这家饭店质量管理部的“株连三族”制度符合企业管理原理。大凡员工发生质量问题无不与有关领导有联系，但在具体实施惩罚措施时往往忽略了这一点。该饭店总经理说得好，部门经理和总经理的工资与奖金高于一般员工，他们对下属部门员工的服务质量负有责任，当员工的工作发生差错，他们责无旁贷地应受到处罚。

该饭店自实施质量黑点制度之后，各岗位的职责更加明确，大大提高了部门经理与分管总经理的工作主动性与责任心。各部门的质量管理工作由被动转变为主动，广大员工的积极性进一步调动，原有的“多发病”“常见病”以及种种“顽疾”逐步消失，提高了酒店管理与服务的整体质量。

【思考题】

“质量黑点制度”创造性地将质量问题当事人与有关管理者的责任和利益直接挂钩，你们酒店是否也有其他类似创新举措？或可尝试做一设计。

案例58 干洗还是湿洗

江苏省某市一家酒店住着某台湾公司的一批长住客。那天一位台湾客人的一件名贵西装弄脏了，需要清洗，当见服务员小江进房送开水时，便招呼她说：“小姐，我要洗这件西装，请帮我填一张洗衣单。”小江想客人也许是累了，就爽快地答应了。随即按她所领会的客人的意思帮客人在洗衣单湿洗一栏中填上，然后将西装和单子送进洗衣房。接手的洗衣工恰恰也是刚进洗衣房工作不久的新员工，她毫不犹豫地按单上的要求，对这件名贵西装进行了湿洗，结果在口袋盖背面造成了一点破损。

台湾客人收到西装发现有破损，十分恼火，责备小江说：“这件西装价值4万日元，理应干洗，为何湿洗?”小江连忙解释说：“先生，真对不起，不过我是照您交代填写湿洗的，没想到会……”客人更加气愤，打断她的话说：“我明明告诉你要干洗，怎么硬说我要湿洗呢?”小江感到很委屈“先生，实在抱歉，可我确实……”客人气愤之极，抢过话头，大声嚷道：“真不讲理，我要向你上司投诉!”

客房部曹经理接到台湾客人投诉——要求赔偿西装价格的一半（2万日元）。他吃了一惊，立刻找小江了解事情原委，但究竟是交代干洗还是湿洗，双方各执一词，无法查证。曹经理十分为难，他感到问题的严重性，便向主持酒店工作的蒋副总经理做了汇报。蒋副总经理也感到事情十分棘手，便召集酒店领导做了反复研究。考虑到这家台湾公司在酒店有一批长住客，尽管客人索取的赔款大大超出了酒店规定的赔偿标准，但为了彻底平息这场风波，稳住这批长住客，最后他们还是接受了客人过分的要求，赔偿2万日元，并留下了这套西装。

【评析】

本案例中将名贵衣服干洗错作湿洗处理引起的赔偿纠纷，虽然起因于客房服务员代填洗衣单，造成责任纠缠不清，但主要责任仍在宾馆方面。

第一，客房服务员不应接受替客人代写的要求，而应婉转地加以拒绝。在为客人服务的过程中严格执行酒店的规章制度和服务程序，这是对客人真正的负责。

第二，即使代客人填写了洗衣单，也应该请客人过目后予以确认，并亲自签名，以作依据。

第三，洗衣房的责任，首先是洗衣单上没有客人签名不该贸然下水；其次，洗衣工对名贵西服要湿洗的不正常情况若能敏锐发现问题，重新向客人了解核实，则可避免差错，弥补损失，这就要求洗衣工熟悉洗衣业务，工作作风细致严谨。

就本案例的情况而言，酒店一般可按规定适当赔偿客人的损失，同时尽可能将客人小损的衣服修补好。由于投诉客人是长包房客，为了稳住这批长包房客源，这家酒店领导采取了同意客人巨额赔款要求的处理方法，这是完全可以理解的。另外，尽管客人的确也有责任，但酒店应本着“客人永远是对的”原则，严格要求自己，并从中吸取教训，加强服务程序和员工培训，这也是很有必要的。

【思考题】

客房服务员因“好心”为客人代填洗衣单造成酒店巨额损失，从中应该吸取什么教训？

案例59 客人要取遗忘物品

盛夏的一天下午，上海某旅游研究机构的刘先生与一位同事因组织一个全国性会议入住山西太原一家大酒店508房间。由于代表报到踊跃，报名人数一再突破，使本已排满的客房压力骤增。于是几位会务人员决定采取“紧缩政策”，连夜搬出各自的标准房间，挤进一间套房凑合。由于当晚刘先生搬迁匆忙，把一双洗净的袜子遗留在客房卫生间里。当第二天想起后，他便直奔508房取袜，正好房客不在，就只好请服务员帮忙了。——当然他知道，现在他已失去该房主人的身份，要取回遗忘物品并不那么简单。不过东西还是要取的，顺便也想体验一下服务员是如何处理这个特例的。

他找到楼层服务员——一位朴实而秀气的山西姑娘，请她打开508房取件东西。只见她和颜悦色地点了点头，随即请他出示住房卡。他连忙向她解释了原委，说明自己是昨天曾入住的会务组工作人员。那姑娘表示知道这件事，接着她问清他要取的是晾在浴巾架上的一双灰色丝袜后，便爽快地把他领到508房门口。当她打开房门后，刘先生试着想跟她进房，立即被她礼貌地制止，请他在门外稍候。接着她只身进房，很快从卫生间拿出一双灰袜子，问他是不是这双。他一边称是，一边连声道谢。那姑娘出来将袜子交到刘先生手中，只是平静地说了声“不用谢”，随即关上房门，道别后往服务台去了。

【评析】

山西这家大酒店的服务员，体现了比较完美的客房服务水准。第一，服务员先请客人出示住房卡，以便确认其房主身份后再开门；第二，当她得知客人（会务人员）昨晚在客房遗留物品（普通的袜子）这一特殊情况后，并没有死抠住房卡不放，而是根据情况，站在客人的立场积极为客人排忧解难，去开门取物；第三，为了尊重客房主人，并保障他们的利益，服务员又很有原则地阻止了并非房主的客人进房；最后，当客人确认遗忘物品后，她便果断地将物品归还客人，既及时满足了客人领回遗忘物品的愿望，又符合酒店的有关规定。这样处理，每一个环节都合情合理而又无懈可击。

当然，服务员也完全可以循规蹈矩，拒绝为刘先生开房取物，请他等候房主回来后再来取。这样的处理原则上也没有错，完全合乎酒店规范，客人也无话可说，但缺点是给取物客人带来了不便。相比之下，还是上述处理方法更好。因为它抓住了酒店规章制度的精神实质，根据具体情况做了灵活处理。山西服务员姑娘在确认了取物客人的身份，又判断其不可能为一双普通的袜子“冒领”的情况下，亲自为客人开房取出遗忘物品，使其物归原主，这种做法是十分积极而稳妥的。

【思考题】

为什么说案例中服务员为迁出客人开房取回遗忘物品的做法是“积极而稳妥”的？你从中获得了什么启示？

案例60　服务规范要强调定量化

酒店的服务规范可以、而且必须尽可能地予以定量化。服务规范定量化的最大好处有两点：一是确定服务质量，使服务员的行为培养有一个标准；二是为服务实绩考核提供依据。

1. 时间的定量化。许多服务操作工艺和程序都可以用时间长短来规定，这与工厂生产流水线的情况十分雷同。规范制定者必须持严谨、科学的态度，既不允许使用“很快”“不久”“在较短的时间内”之类模糊的时间概念，也不允许凭经验、拍脑袋，随意规定时间量。

上海衡山集团在一部《上海市人代会膳食服务规范》中，不少款项都有十分明确的时间规定。现摘数例：“蔬菜按先拣后洗的顺序操作，蔬菜清洁时应在水中浸泡30分钟左右，换水二次以上”；“煮沸消毒时间应在1分钟以上，蒸汽消毒时间不少于15分钟”；“每道菜都要由食品卫生医生负责留样24小时”，等等。

国外不少先进的酒店管理公司都有如下的规定：客房登记手续全过程必须在10分钟以内完成；客人进房间3分钟后热水送到；客人步入餐厅1分钟后必须把菜单送到客人手里；电话总机接线员必须在铃响后3秒钟内拎起电话应答；服务员拾到客人失物交客房部存放，如3日后无失主前去领取，交饭店领导，饭店保存失物期为1年，保存期过后交国家处理。

日本新大谷饭店的餐厅服务规程中写明，须让点三明治的客人在10分钟内进餐，如果客人想在房内用餐，预订后30分钟内饭菜必须送到房间。日本许多饭店有一些共同的规定：在店内遇突发事故或临时需见服务员，打出电话后90秒内服务员必须赶到现场；茶几上的电话每周消毒一次；商务中心收到外面发来的加急传真，须在30分钟内送到客房；洗衣服务，傍晚5时送出，次日早晨9

时必须送回，等等。

时间规定一旦公布必须严格遵守。江苏无锡的无锡大饭店尊重国际惯例，以高标准对待本饭店的服务，赢得了广大国内外宾客的一片赞誉之声。按照国际上通常的做法，星级饭店的餐厅客人点菜后 15 分钟内出菜，而我国有关部门对此的要求是 20 分钟。某晚 8 点半，四位香港客人进饭店用餐，点了五菜一汤。由于当时正是交接班，服务员又正忙于换桌面，客人等了足足 15 分钟之后菜才一个个“姗姗来迟”。按我国标准不算误时，但无锡大饭店坚持国际标准，由餐饮部经理亲自出面向客人道歉，并主动签字免去这顿 200 余元的用餐费。

一般说来，管理越是严格的饭店计算时间越是精确，规范中不少款项都是以“滴答”来计时的。

2. 空间的定量化。为使客人饮食起居便利，并使客人有舒适感、美感，服务员为宾客提供的种种服务中还需对长度、宽度、高度、厚度、间距等空间尺寸予以定量化。

先以餐饮为例。铺台时台布要求平挺、四角相等；餐具放于客人座位的正中，各种盆、碗、筷、匙之间均成等距离。这是基本要求。譬如西式早餐摆台规定，餐叉应置于客人的左手边，离台边一个手指位；刀与叉之间距离 12 英寸左右，能够安放一个直径为 10 英寸的碟子；面包碟放于叉的左边，离台边二个手指位；杯碟放在刀的右边，离台边二个手指位；水杯放于离刀尖顶约为 1 英寸的地方；黄油碟离餐叉约 2 英寸。

整理与打扫客房时也有不少尺寸定量。例如做床时，第二条床单须伸出床垫 20 厘米左右；用清洁剂清洗浴缸时，还需在浴缸上面 3 块瓷片的高度范围内喷洒；整理房间须将冰壶撤出，并补以冰块，以 2/3 满为宜；房内的空气调节器一般应拨在平行线之下 1/3 的地方等。

广州白天鹅宾馆对于绿化做出明确无误的规定。例如，夏季 419 草地割草深 20 毫米，冬季 30 毫米；台湾草夏季割 35～40 毫米，冬季停割。

空间定量的例子还有如：西餐的面包每片约为 1 厘米厚；游泳池畔太阳伞离地面约为 1.7 米；客人进入店门，行李员须引客人到登记处办理住宿手续，自己应以正确的姿势站于客人身后 1.5 米处。

规范中还有“平整”“匀称”“对齐”“对称”“正中”等要求，其实也属空间的定量标准。

3. 其他方面的定量化。度量的概念除时间和空间外，还包含温度、湿度、频度、角度、速度等内容。酒店服务的质量与这些内容同样息息相关，因此一部好的服务规范必然还应有这方面的定量化。

客房内一般都有空调装置，要求空调装置的高、中、低各档的调温都能达到标准；客房热水供应应保持一定的温度；当天不用的鲜花应放入冰箱，在6℃左右保存；客房服务一天需3次检查房态（指检查空房还是实房，住宿还是外宿，设备完好状况、维修状况、安全状况等）；清理房间每天一般为两次，早、中班各一次；服务员如要进客房，须敲门3次，待有回答方可入内；抹酒柜、门窗须将抹布浸湿，拧干后再擦，第一遍初擦，第二遍清洗抹布后再擦一次。又如电梯地板打蜡后，用1000转/分速度的抛光机抛光；游泳池的水质须符合国际卫生标准，pH值在7～7.8之间。

酒店必须对服务质量的标准规定得尽可能精确，凡能以数量表示的均应写明数量要求，让每个管理人员与服务员心中牢牢印进“度”的概念。我国饭店业已向市场经济转型，但过去以招待内宾为主的宾馆、饭店，各级管理人员和服务员长期来习惯于凭经验实行管理与操作，定性说明的多，主观判断的多，不善于定量分析。一些中、老年服务员当初学艺时，师傅手把手地把自己日积月累的经验传授给他们，教会他们用脑估、用手掂、用眼看，这样他们的思维方式也就被限制在经验的框子内。饭店业走向国际市场，定量化也必将逐渐渗透到酒店业的各个部门。

【思考题】

服务规范定量化包括哪些方面？结合自己的工作岗位谈谈服务规范定量化的实例。

案例61 奥林匹克大赛与西式服务

团中央、全国总工会、劳动人事部、国家旅游局等曾共同组办了中国首届奥林匹克青工技能大赛，这是我国服务业与国际接轨的重大举措。这次奥林匹克大赛的主要比赛项目之一是西餐服务，因此本案例以西餐服务为例进行剖析。

在传统的观念中，始终把餐饮服务分为中餐服务与西餐服务，并从民族自尊心出发把中餐服务与西餐服务放在平起平坐的地位，只是说西餐服务“套路”与中餐服务不同而已，始终不承认中式服务与西式服务的差距。在这次大赛中暴露出了中餐服务与国际接轨的差距。说得实在一点，迄今为止中餐服务从西餐服务中借鉴了不少东西过来，反之却没有。如中餐中的“派菜”和“每人每”，就是从西餐每人一份中得到的启示。即使在西方国家，中国烹饪也是很有名的，味道也有特色，但从未有过对中国餐馆（尤其是大陆人在外国开的餐馆）的服务有好的赞扬和评价。因此，客观、冷静、实事求是地分析一下西餐服务的特点很有必要。

西餐服务有着明显高于中餐服务的特点：

1. 西餐服务中任何东西都征求并服从客人的选择（Choice），如牛排需加工到几成熟，是嫩（Tender）、中等熟（Medium），还是老一点（Well - done）。上一道菜调料也有多种选择。上酒也有选择。“选择”一多，客人得到的热情服务的机会就多。相对于服务员来说，要求高、劳动强度大，动作也需要更麻利。

2. 对服务员的知识和技能要求高，因此服务难度大。以酒来说，中国仅白酒、黄酒、葡萄酒几大类，而西餐市场上流行的酒有3000多种，什么菜配什么酒颇有讲究，从开瓶、掀瓶、用杯到斟酒的姿势和深浅都各不相同。如白葡萄酒要当场开，红葡萄酒要提前半小时开，让酒中微生物与空气接触，产生第二次化学反应，味道更醇。中餐就简单得多，大多数场合一句“满上”可以解决所有问题，没有更深的、可推敲的学问。中餐配调料，无非酱油、醋等有限的几种。有名的涮羊肉，虽然有几十种调料，但事先调好，对服务员来说，只是“一种”或“几种”而已。而西餐每道菜上来配调料，如上大马哈鱼（Salmon），要给客人上芥末、黑胡椒、柠檬、小洋葱等的专门配料，服务员就要懂。

从更高要求看，说西餐服务员相当于半个厨师决不过誉。正规的法式扒房，服务员要掌握面对客人切、煎牛排，做沙律，自制甜品（如美酒浜格、红酒车厘子等）的技能。

3. 西餐服务标准化、规范化程度高。4位客人就是4人台，8位客人就是8人台，无论客人多少，每位客人占有桌面的宽度是一样的。不像中餐圆台，10人一桌可挤到12人，也可减到8人。西餐若8人减到4人，服务员就会另外安排4人就餐桌。这次奥林匹克大赛中比赛斟酒，西餐出身的服务员走三步倒一杯酒，步法一点不差，而从中餐转行西餐服务的代表，没有精确走步的习惯，不是走步过头就是走步不够，结果造成心理紧张，影响了服务质量。茶是中国人最常喝的饮料，但茶的沏泡方法却从未有过标准。西方酒店沏红茶用漏格、勺子量出茶叶用量或用袋泡茶。一壶一沏，倒光了再新来一壶。中国的茶泡几遍无定数。这个问题有争议，说第一道与第二道味道不一样，第二道味道最好，如果这样的话，也可以标准化，高档次的酒店就供应最有味道的第二道茶，这样沏茶就没有随意性了。

标准化的概念就是指时时、人人一样；今天、明天、天天一样；换了服务员也是一样。只有这样才有固定的客源。中国人讲“回头客”，认为有回头客就算不错了。西方酒店讲“常客”，即几乎天天都来。

4. 注重服饰的变化，养成整洁卫生的习惯。西餐服务，白天的服装与晚上的服装有严格的区别，这势必造成服务员每开一顿饭必须换一次衣服。这样多样性、整洁性就出来了，服务员养成了定期换衣洗衣的好习惯。中餐服务服饰虽也不错，若细看整洁性就差远了，大大影响了酒店文明。

【思考题】

西餐服务有哪些特点或优点？举一反三，你认为中餐服务和其他中式服务应该如何借鉴西餐服务的优点？

案例62 无缺点服务与补位服务

广东胜利宾馆就在广州沙面大名鼎鼎的白天鹅宾馆后面，其点心部被评为全国旅游系统先进集体。宾馆点心品种多、质量好，一百多种早点全部标准化制作，色、味、形均不走样。然而最使客人钦佩的，还是宾馆那天衣无缝的服务。日本人创造了“无缺点产品”，而在这里客人体验到了“无缺点服务”。坐下就餐的时间，餐厅服务有条不紊，滴水不漏，很难“挑剔”出一项差错。

服务员个个精神饱满，聚精会神，托盘不离手，不停地穿梭于餐桌之间，目光逡巡环顾，决不遗漏一点服务细节。餐桌上的烟缸有两个烟头必定换，既不会一个烟头就换，也从不超过两个烟头。客人喝了一口茶，马上会上来给你沏满，柔声传语“请用茶”；吃包子刚剥下粘在包子下的垫纸，服务员会迅速地用镊子悄然取走；客人刚从烟盒里取出一支烟，打火机已在面前点燃……服务员并不是围站在身边使人感到不自在，感到厌烦，而是当客人需要服务和应该服务的时候，服务员总是适时出现了，这真是“奇迹”。

全店餐厅 280 个餐位，在管理上划分为四个区，每个区仅由三名服务员负责。要使服务准确、及时、到位，很重要的一点就是“补位”。在这里有三重补位。一是三名服务员在服务责任区互相补位，不停走动，不停观察；二是三人中有一人需兼顾周围其他区内的服务，以弥补邻区可能因忙碌而出现的疏漏；三是领班、主管和部门经理各级管理人员的补位。管理人员主要从事现场管理，并不确定具体的岗位，但对现场服务也必须及时补位。发生问题决不暴露在客人面前，而是由管理人员无声无息地抢先补位满足客人需要。事后记下来，在以后的班前会和班后会上找出症结，提出解决办法。

胜利宾馆招聘服务员有一个信条，那就是素质第一。他们认为客人来店首先是享受服务，而不是来“选美”。若服务员相貌虽然漂亮，但冷漠、懒惰、服务态度差，是不会受欢迎的。因此，招工时在符合身高、体重、体形和相貌等基本身体条件下，着重看其道德修养，并通过 3 个月的试用期来观察员工素质水平，最终是否签录用合同需征得第一线部门经理的同意。

胜利宾馆依靠传统作风、严格制度、感情管理和素质选拔这四条，产生了凝聚力，提供了无缺点服务与补位服务，同时也取得了可观的经济效益。

【思考题】

什么是补位服务？你认为实施补位服务的要点和难点是什么？

案例 63　床头悬挂画框有隐患

张先生因工作关系经常入住酒店。他有个习惯，临睡之前都要看一眼床头上方的墙上是否挂有画框，若有，就会取下置于墙边地上，这样才能安心睡下。因为他担心画框有可能安装不牢固，万一遇上震动，会有随时掉下来砸到自己的危险。即使被告知安装已十分牢固，但张先生还是没有安全感。

在床头上方悬挂画框虽然不多见，但少部分酒店还是有的，然而，对客人将画框取下之后的反应，这些酒店一线人员是不一样的。有的酒店的服务员会问客人：是不是怕画框掉下来？如果是，那就不挂了。有的管理人员对张先生的“床头上方不宜挂画”的建议十分重视，表示马上取下，改挂其他地方。而有的酒店一线人员似乎对此不以为然，到了第二天仍然将之挂上，也许还认为这位客人真是怪异呢！

【评析】

每个人都有自己的生活习惯，酒店的任务就是尽自己最大的努力来满足客人的需要。立即响应并满足客人的要求，这是酒店的服务宗旨所决定的，也是酒店员工的职责。优质服务的重要表现就看服务的细致周到、反应迅速、善解人意。满足了客人的这些要求，客人就会称赞；客人被感动了，不怕成不了回头客。

客人“异常”行为的同一种表现，在不同酒店或不同的一线人员中反应却不一样，这里多少可以折射出员工对客人态度的不同，或至少表现出对客人“异常”行为的敏感度及反应能力的差别。由此，应注意以下三点：

第一，对员工宾客意识的灌输应当常抓不懈。只有让员工时刻把客人装在心中，才可能对客人的异常表现去敏感察觉、细心揣摩，继而做出适时和适当的反应，以满足客人的特殊需求。

第二，管理人员必须经常深入现场，倾听客人意见，了解员工的发现和反馈信息，对设施设备的改进、服务标准的修订做出及时的反映和决策。

第三，管理人员应当允许和鼓励一线员工在规范服务的基础上，对有异常表现的客人给予个性化或特殊化的处理。某些问题的处理需要一定的权限，这就要求管理人员必须给予适当的授权和放权，以加强一线人员对宾客服务的主动性和反应能力。

【思考题】

为什么对待“异常”表现的客人，会有两种截然不同的反应和表现？酒店管理者应该做出何种反思？

案例64 关注细节

服务质量是饭店生存和发展的根本，尤其是个性化的细节服务最能打动宾客，它是饭店追求成功、出奇制胜的法宝。细节能看出一个服务员素质的高低，能检验酒店对客服务的水准，能掂量一个酒店的成功与否。细节抓住了，优质服务就变得简单了。

希尔顿酒店对员工执行服务流程时的细节要求就很有独创性。如前台接待。客人问："有房间吗？"如果没有怎么说？"对不起，我们最后的两间保留房已经售出了，很抱歉。"作为五星级酒店希尔顿的员工如果只说这句话，那他只说了一半。还有一半怎么说呢？应该说："我给您推荐另一家酒店的两间客房，档次跟我们差不多，而且价格还低 20 元，要不帮您看看？"客人听到这话，能不要吗？接待员于是马上电话连线其他酒店的客房预订中心，直到把客人送上车。可以想象，客人即使没能在希尔顿酒店住下来，也享受到了希尔顿酒店员工热心细致的服务。这种出乎客人意料的服务一下子就激起了客人下次一定要住希尔顿酒店的欲望。细节最能抓住人，最能感动人。

寻找细节主要有两条路径：一是重温过去曾经制定的经过时间检验完全正确、适用的流程细节。这些细节在日积月累的工作中慢慢变了形，或淡化，或丢弃，或搁置一边，需要重新整理后编入程序中。这是一个温习的过程，费力也较少。二是在已保存的基础上继续挖掘寻找，有以下四种方法：

1. 培养细节意识

员工的细节意识靠管理者培养，管理者的细节意识呢？要靠自我学习和对酒店的高度负责态度。认识到了细节在优质服务中的作用和在当今酒店竞争中的重要性，管理者就应带着忧患意识投入到狠抓细节的工作中去。这种忧患意识不仅自己要有，还要通过各种途径、办法让全体员工都有。让他们从强制到自觉，从被动到主动，真正从思想上绷紧细节这根弦。

2. 量化

有一家酒店硬性规定每个部门每月必须有 1～3 个服务细节出台，或者在已实施的细节中有新的亮点。这种看似强硬的做法其实很有好处，即强化部门和员工的细节意识，同时对提升酒店的整体细节服务有很大帮助。量化最多的还是要用在一线员工身上。流程制定好了，员工照本宣科，熟练后再生巧，从规范中透出灵活，是量化所要达到的目的。

3. 因人而用

细节工作需要心细的人去做，需要对工作充满热情的人去做，需要性情开朗的人去做。大部分员工通过学习培训都可以做到。而对于少数经过培训仍不能达到要求的员工必须坚决调离，不能放在一线部门。那些所谓边干边学的做法只能招致投诉或服务水平的平庸，对做好细节没有半点益处。

4. 激励

激励主要是让员工多想、多做、做好。身处一线的员工深知客人在想什么、需要什么，在细节服务上他们也最有发言权。一些酒店花钱买员工的细节点子，对做得好的员工、受到客人赞扬的员工给予工资、职务或荣誉上的奖励，这些办法除对本人工作的激励外，更重要的也是对其他员工的激励。要在整个酒店形成一种想细节、做细节的氛围。只有这样，才能使酒店的服务质量大大提高，客人满意、酒店满意的双赢局面才会出现。

【思考题】

寻找细节有哪些方法？请结合自己的管理实践谈谈细节服务的作用和效果。

案例65　为续一口茶产生的不快

2006年某日，一位酒店业的资深专家受美国朋友邀请，到上海浦东某五星级著名国际品牌酒店29楼的意大利餐厅就餐，这里提供正宗的意大利餐食。最后埋单4500元，人均消费比外滩3号还要贵出许多。但他们既是专程有意而来，而且各道菜肴和酒水都堪称上乘，还是觉得物有所值。

然而，不愉快就在最后一刻发生了。埋单前，其他三位点了冰淇淋，而这位酒店专家因胃稍有不适，点了一份红茶，45 元。红茶就是袋泡茶泡在壶里，然后给其端上来小小的一盅。专家喝了后还想续一点，于是礼貌地问了一声："再加一点还要 45 元吗?"服务员毫不含糊地回答说："再要 45 元。"专家感到纳闷，全世界包括地处上海黄金地段的全球顶级品牌的丽嘉和四季这样的酒店，茶也没卖得这么贵和这样的卖法，这个价格是前两家的 3 倍都不止。

就餐已经结束，而且他们已大大方方出手付了 4500 元，哪会来计较这区区 45 元钱吗？无非只是再要一口茶（实际上热水也可以）润润嘴而已，却被拒绝了，客人是什么心情？况且，整个餐厅就他们 4 个人，那壶里的袋泡茶若不续杯，最后就是倒掉的，给客人多喝一口又不增加酒店的成本。4500 元钱赚进了，还为这一口茶去抠，酒店如此贪小失大，太不值得了。

当这位专家把心中的不平倒给服务员后，服务员走过去商量了一下，回来对专家说："那就给你再加点吧。"听到这带有明显"恩赐"口气的话语，这位专家的自尊受到了极大的侮辱。他们花了 4500 元（注：这顿饭是美国朋友付账，专家没有任何心态问题）是来享受的，而不是来乞讨一口茶的，所以断然拒绝了，而且下决心今后决不会再光顾这家酒店。

毫无疑问，该酒店品牌整体上是很好的，在国际上也有颇响的口碑，但也就是在类似卖茶这样的小细节上，显露出了其与国际顶级酒店管理上的差距。细节不仅决定成败，也决定差距。回到酒店的专业问题上来评述，从根本上说，这问题并不出在服务上，而是出在管理上。

1. 茶价虽可以定高，但要满足一般常见的需求，一小盅茶对大多数客人来说是不够的，就应该考虑续杯（注：上海波特曼丽嘉酒店就是如此）。更何况从实际操作层面看，袋泡茶不喝白不喝，更应续杯。

2. 茶盅可改为稍大一点的咖啡杯，这符合国际常规，这样一次性出售后不续杯，还可讲得过去。

3. 用盅喝茶，不符合中国人的习惯。

4. 如论盅卖茶的话，价格应降低。

5. 对服务员培训不够，员工培训最重要的不是服务技巧，而是服务理念。对这样一个消费大客户，为一小杯茶去计较，连灵活斡旋致歉的意识都没有，源头在于酒店培训，缺失的是企业文化。

【思考题】

从管理上看，宾客为续一口茶产生不快的问题出在哪里？接待员工服务理念上的问题又在哪里？

案例66 麦当劳的对客情感沟通

比之饭店的餐饮而言，麦当劳快餐店要简单得多，更何况麦当劳Q（质量）、S（服务）、C（清洁）、V（价值）的经营方针亦早已为业内人士所熟知。作为快餐店，麦当劳同样十分强调沟通，在公司总部制定的待客要求中就提出："即使有空闲时间，也不可松懈，必须加强与客人的交流沟通。"我们可以从发生在世界各地麦当劳的大量实例中，感受到麦当劳服务沟通的巨大力量。

——在日本，麦当劳是大、中学生们的天下，考试前的复习也在店堂里进行。服务员会亲切地对某学生说一句："快期末考试了，要加油哦！"一会儿又关心另一位看上去精神不佳的学生："怎么啦，身体不舒服？快大考了，身体不能出毛病啊！"

——一天下课后学生都聚到了麦当劳，不知有什么好事，学生们特别兴奋，忘乎所以地大声喧哗，影响了他人。一位20出头的女服务员走过来，满脸微笑，眨眨眼睛，用食指竖在嘴前，扮个鬼脸，轻轻"嘘"了一声。孩子们都静了下来，也报之以调皮的一笑。

——一位客人在店里打投币电话，没有零钱。服务员发现，马上帮忙去换零钱。一家麦当劳店堂内是插卡电话机，有一次，客人有急事没卡打电话，服务员去拿了卡给客人打。后来一问，是店里为应急客人特备的。

——麦当劳的玩具不全是为抽奖用的。一次，孩子哭闹不停，妈妈束手无策。一位"星级服务员"*，拿来一个卡通玩具送到孩子眼前，半蹲着说："多可爱的小熊，跟它玩，小熊归你了！"还耐心地教孩子怎么玩儿。孩子破涕为笑，

* 麦当劳店的高级专职服务员，英文为Store Activities Representative，简称STAR。

母亲谢声不迭。

——一位客人买汉堡包要加番茄酱，服务员亲切地问："前两次你都不加，这次怎么要加番茄酱了?"客人高兴地说："你的记性不错，今天换换口味。"服务员马上又向客人介绍新推出的一种汉堡包："加了番茄酱更好吃。"客人欣然接受。

——美国当天正在举行一场橄榄球赛，两位球迷边吃边津津乐道。服务员应客人要求给咖啡续杯（有些地方麦当劳可以续杯），不失时机地插上几句对球队和球员的评论，但绝不停下来与客人聊天。

——一位顾客临走时桌上剩下许多食品，"星级服务员"马上走上前去，笑盈盈地说："哎哟，这么多没吃掉，肯定我们的出品不合您的口味，请批评。可能的话，赐张名片，我们改进后，下次一定请您再来品尝、提意见。"

——一位并不吃快餐的过路人推门而入，询问如何去某旅游点，服务员拿出店内备有的地图耐心告知，并陪客人出门，指明方向。

——母亲要热水给孩子的奶瓶冲牛奶。服务员不仅马上照办，而且还用手试试瓶温，问妈妈水温是否合适。

……

诸如此类的小例子，在世界各地的麦当劳时时可见。每一位员工进入麦当劳会同时被灌输一个理念，那就是"一切看你自己"（Everything is up to you.）。它的内涵就是指：在你的职责和权力范围内，如何发挥积极性和灵活性，使顾客获得最大程度的满意。而这个"积极性"和"灵活性"，只有通过与顾客的沟通才能得以实现。改革开放 20 多年，我国饭店业大力贯彻实施星级标准，与国际服务水平接轨，并在中国的服务业中成为开放程度最大、规范化程度最高的先驱和楷模。但在饭店业竞争日趋激烈、顾客需求越来越呈现个性化和多元化的今天，我们要认识到规范化和标准化只是优质服务必不可少的基本条件，而不是充分条件，更不是最高境界。标准化虽是科学管理的基础，但在人与人直接面对面接触的服务业中尚显出两点不足：一是没有瞬间的顾客信息反馈与调整，二是缺乏情感交流。这两项正是需要凭借沟通来解决的。通过沟通来留住顾客，这才是麦当劳服务内功的最高心法。我们的饭店业应该悟得麦当劳经营理念的真谛，以"顾客满意"作为企业文化建设的核心，把规范服务、个性服务和情感服务融为一体，使饭店的优质服务跃上一个更高的平台。

【思考题】

麦当劳大量与客人沟通实例反映了怎样的服务理念？本酒店在管理理念和制度安排上是否鼓励店客之间的各种沟通？

案例67　一封商务信函的失误

一位长住某酒店的客商，对该酒店各方面都深感满意，而且因为住得时间久了，和酒店员工都很熟悉。一次因商务洽谈，客商需去另一城市工作一段时间，就退了房。临行前，他担心会有业务函件寄到该店原长住房，特地写下他去另一城市入住的酒店名称，拟交给总台代为转函。只因时间仓促，又见总台很忙，就将条子交给一位熟悉的行李员小王。小王当时见总台很忙也未转交，事后自己一忙就把这件事忘了。后来，果真有一封商务信函寄给这位客人，而且是封特别重要的信函。总台人员见该客人未留“将来地址”，搁了几天就作了“退回”处理。一笔大生意也就这样给耽误了。

虽然客人也有粗心之处，但因为坏了大生意，该客人在老板和同行面前很难堪，以后不再入住该酒店了。而且，他的几位朋友了解此事后，也产生了该店不可靠的印象。

【评析】

这个案例说明，客人期望的不仅仅是某个或某些时点上的“满意”。往往100件事，99件做得客人满意了，由于最后一件客人不满意就会前功尽弃。推而广之，酒店是由各个环节组成的，如果客人在某个环节感到满意，在另一个环节感到不满意，就不是真正的“完全满意”。或者这次满意了，下一次又不满意了，也不是“完全满意”。“让客人完全满意”是一种时空概念上的整体满意，这种整体满意非一朝一夕所能达到的。这种循环往复、充满可变因素和不断提升的从时点满意到时段完全满意的过程，正是酒店经营的长远理念和追求。

“让客人完全满意”是以酒店自身的客源对象为前提的。酒店在为目标市场客人提供规范化服务的同时，也应对这一客人群体再细分，针对他们的细小差异提供个性化服务。各类酒店都做到了使自己目标市场客人的“完全满意”，整个酒店业就有可能让所有入住客人感到“完全满意”了。

【思考题】

找出本案例一封商务信函失误在管理上的原因，并提出相应的改进措施。

案例68　给顾客面子

某天晚上，合肥一家酒店的陈总经理正在办公室翻阅当天的报纸，突然手机响了，“某包厢有位姓×的客人说是您的朋友，非要找您不可”，是服务员打来的。平时，一般情况服务员是不会给陈总打电话的。于是陈总立即放下手中报纸，匆匆下楼，直奔某包厢。刚一进门，一桌客人中有一位正对着服务员大声喊叫，他一见陈总就放了连珠炮：“我是来给你捧场的，以前还好，今天的菜做得太差，还有一根头发，让我在朋友面前丢了脸面，下次我们还能来吗?”陈总首先向在场的客人致歉，主动承担责任，并感谢朋友们给他提意见，使他了解到服务现场的失误。又表示今天的餐费由他个人埋单，保证下次各位来不会再出现这种现象。平时不胜酒力的陈总，特意斟满一杯啤酒，敬在座各位宾客，以示自罚。这位总经理的朋友顿时眉开眼笑，气氛也随之缓和，刚才的不愉快随之烟消云散。在座的一位先生风趣地说：“总经理来了，给我们带来了一道可口的菜。”大家表示，老总很给面子，今天的事就算了，下次若请客还要到这里来。

类似的例子，在酒店服务实践中并不少见，只要酒店高级管理人员能亲自到场，处置得当，一般都能化险为夷。总经理到场本身就是一道菜，让食客“吃”出味来，这就是面子的作用。常言道：有人气才会有财气。酒店是靠顾客来创造效益的。酒店的顾客有性别、年龄、民族、文化程度、身份地位之分，性格各异，具有多样性或多面性。按顾客的消费动态来细分，大体可以分为两类，一类是尝试性顾客，一类是重复性顾客。对尝试性顾客给足面子非常重要，他们怀着求新、求异的心理，充分地比较，甚至百般挑剔。如果酒店高级管理人员到场致意，给予问候，服务员做好现场的规范化和个性化服务（当然还有其他因素），使他们留下美好的第一印象，往往就能够成为酒店的重复性顾客。对重复性顾客要做好售后服务，经常上门征询意见和要求，在他们请新客户时给足面子，让他们备感亲切，成为酒店的忠实顾客。比如，这位陈总还曾用两句话给一位回头客捧足了场，而使他所请的客人也成为酒店的回头客。一句是对主人说的："你平时很少请客，今天一定是请贵宾"；另一句是对客人说的："只有贵宾才有资格被他请。"在服务实践中，顾客购买的是服务而且期望优质服务。服务中出现差错是难免的，但只要把面子留给客人，就会使差错服务转为优质服务。正如人们常说的：不怕客人吵闹，就怕客人不吭声。投诉的客人往往会成为酒店的回头客和忠实顾客。

中国人受传统文化影响较深，很讲人情，视面子如生命。面子有了，什么事情都好办。给顾客面子，这是酒店职业所要求的，也是员工做出的专业奉献。

【思考题】

为什么酒店经营、服务要给顾客面子？谈谈你在经营服务中这方面的体会。

案例69 服务员请动大厨赔礼

一位宾客参加在某五星级酒店举行的一次鸡尾酒会。当时，他与朋友正边吃边聊，嘴里突然"咔嚓"一声，咬到了一块小铁皮，于是招来服务员，告诉他点心里有一块小铁片。服务员立即十分内疚地表示歉意。客人看到其真诚道歉的样子，而自己并没有受到损伤，就没再说什么，也不打算投诉了。

服务员向宾客道歉之后离去，这位客人以为这件事就这样了结了。但令他惊讶的是大约过了五分钟，服务员竟然带来主厨向他表示歉意，并主动提出让他到酒店的医务室或当地医院去检查。这家酒店如此郑重其事令客人感到极受尊重，有一种温馨的感觉，也忘了小铁片曾给他带来的不快。

【评析】

这家酒店之所以能成为著名的五星级酒店，其关键不在于不会出任何差错，而是在其面对差错、面对客人抱怨时的态度。每位员工都能以尊重客户权益的态度去面对差错，这就是五星级的品位。有了这种品位，就能自然地把酒店的产品与服务推到炉火纯青的境界。五星级品位的形成来自管理制度的熏陶，来自各级领导的行事风格的感召，这就是企业文化的源头。这家五星级饭店“位卑言轻”的服务员能叫动“位高权重”的大厨负起责任，这在酒店业内按传统“行规”是不可思议的事。但是，这位服务员做到了。在这位服务员请出大厨的不寻常举动的背后，根本上是靠酒店打破常规的管理制度和企业文化的强力支持。

事实上，要真正在激烈的市场竞争中把高境界服务落到实处并非易事。高境界品质管理目标的落实必须由优良的企业文化与严谨的管理制度两者相互作用才能克竟其功；“零缺点”目标的发扬，必须使每位员工都有正确、积极的营销理念，才能在面对偶发性的品质问题时自信地、从容地以“尊重顾客权益就是维护酒店利益”的态度去解决问题。换言之，就是形成五星级的品位。只有如此，才能意识到偶发性品质问题的发生是酒店求精的契机，坦然面对。反之，只是一味地隐瞒、逃避，留给社会大众的将是一个极不好的企业形象。得失之间，取决于酒店的管理制度、企业文化是否有让每位员工养成五星级品位的服务态度的内涵和底蕴。

【思考题】

为什么说本案中酒店对客人吃到小铁片的不寻常处理，反映了五星级品位的服务？其中包括了怎样的管理制度和企业文化？

案例70 串味的鱼排该不该换

广西某地宾馆，住1007房的南宁客人林先生退房时留下一封给总经理的投诉信，说他是第五次下榻该宾馆，宾馆的气派和服务都是令人满意的，但昨晚与朋友到夜总会消费“却一夜令我好不开心”，因他觉得所点的一客鱼排味道变了，叫服务员告知经理调换，服务员说没变味，也未过保质期，并且开了包就不能退了。他只好于11点15分结账回房，连夜写了投诉信。信中还质问，在夜总会那么长时间为什么没有一个真正的主管人员过来处理问题呢？

事后经鉴定，该鱼排虽未变质，但已有小小串味；也得知服务员只是据实说话，没有顶撞客人；顾客也没有吵闹；当时领班知道此事，但没有插手，认为服务员能处理的就放手让他们处理，领班尽量不插手，以免问题复杂化；此事当时也没有向经理汇报，经理在接待和陪伴重要客人，未来巡视，事后才知道此事。

宾馆质量管理办认为，这个案例反映了宾馆服务和管理的问题。为了听听班组长的见解，让他们互相交流启发，便组织了班组长对该案例的研讨会。40余人到会，大家各抒己见，发言踊跃。

1. 该鱼排该不该换

有些班组长说，不变质、不过期就不该换，但服务员自己不能下结论，要送主厨或有关领导鉴定，然后将情况转告客人；并且要讲究说话艺术，既要尊重事实，又要尊重客人，使客人心服口服。西厨主厨说，串味就是变味，变味就是变质，该换。有些班组长认为，客人觉得味道变了是对的，即使不变质，客人有意见也可以换，但要请示领导同意，这样使客人满意，也争取了回头客。

2. 关于如何让客人开心的问题

班组长认为，服务质量就是客人对服务在生理上、物质上和心理上、精神上的满意程度，星级宾馆更应注重心理、精神层次的满意。夜总会是以出售精神产品为主的，顾客来夜总会就是来买开心。客人的经济账已给我们结清了，我们又该如何给客人结清精神账呢？我们应开展心理服务，把服务做到客人心坎上，让客人都开心。

3. 关于服务员处理问题班组长要不要插手。许多同志认为放手让服务员处理，让他们在实践中锻炼提高是对的，但班组长也要关心处理情况和效果，因此再与客人谈谈也很有必要。如果客人满意，服务员就得到肯定和鼓励；如果客人再提出问题，恰恰说明服务员处理得不彻底，正需要班组长接过来处理。因此插手的说法欠妥。林先生最大的意见也就是领导没过问，感到没受到尊重。

4. 关于领导如何抓全面服务工作的问题。大家认为领导要会“弹钢琴”。重点客人要重点照顾，一般客人也要照顾。抓点不能丢面，在营业时间内领导要多巡视，与员工碰头，及时处理面上的问题，防止顾此失彼。下级也要及时向领导汇报情况，上下级之间应进行有效沟通。

【思考题】

你认为案例中服务员不给客人调换串味的鱼排有没有道理？贵酒店若遇到“疑难”投诉，该如何群策群力，共商解决办法？

案例71 客人清晨来开房

某宾馆总台，一位客人清晨5点40分左右到总台开房间。服务员让他登记后问他住几天，客人说当天就走，服务员在抵离日期上写了12月3日～12月3日，并收了一天预付款。办好手续后，客人进房休息了。晚上18点，客人还未退房，说是马上退，结果到了20点才来退房。收款员按规定要收取他一天半房费，客人跳了起来。虽然服务员耐心解释，根据宾馆规定，6点前进店、18点后退房要收1天半房费，但客人认为我今天来今天走，房卡上也只有一天，只肯付一天房费，并在总台大声争辩，说宾馆存心宰他。收款员只好请示值班经理。值班经理问清事情的来龙去脉后，免去了客人半天房费，但客人还是余怒未消，愤然离去。

同样，总台另一名服务员也碰到这类事。一位客人也是早晨6点以前约5点40分左右来开房间。服务员不但熟悉宾馆规定，而且责任心强，便预先将收费规定告诉客人，让客人有个准备。客人看了一下手表，笑着说：“那我晚点进房好了”，并由衷地夸奖服务员：“您想得很周到，我觉得你们宾馆很有人情味，并不仅仅为了赚钱。”随后又询问了一些宾馆的设备设施情况，服务员趁机向他介绍了宾馆的餐饮、娱乐项目，然后才请他办理登记手续。客人愉快地办好了入住手续。

同样的一件事，给客人的印象是完全不同的。前一位服务员责任心不强，事先也没跟客人说清楚，晚上 18 点客人未退房时也没有及时提醒他要加收半天房费，两次疏忽埋下了隐患，虽然收费是按规定办事，但客人却有被骗的感觉；后一位服务员似乎有点“越轨”，但他“为客人着想，使客人满意”的行为给客人的印象是深刻的，很容易使该客人成为宾馆的回头客。所以灵活加上不失原则的服务技巧，才能成为总台的一流员工。

尽管客房产品要通过买卖行为来实现其价值，但宾馆利益与客人利益是相辅相成、缺一不可的，总台服务员必须权衡得失，兼顾两头。显然，5 点 40 分入住，20 分钟时间收半天房费，客人不满意是可以理解的，确有“宰客”之嫌。

【思考题】

同是清晨来开房，两位客人的印象为何截然不同？辨析两位服务员在执行酒店同一收费规定中不同的服务理念和服务技巧。

案例 72　多此一举的优待与“特品”

某侨乡曾举行一次大型招商会，吸引了大批华侨回乡参加投资洽谈。当地一家最好的酒店是主要接待单位。该酒店除了接待大批回乡华侨外还接待了不少地方政府的高级官员。酒店为了显示地方官员有别于其他宾客，将之视为酒店 VIP，房内鲜花水果自不用说，在许多公众场合，酒店中高层管理者对这些官员更是热情有加，见面握手问好，餐餐上桌敬酒，嘴上这个“长”那个“长”地呼唤。相比之下，对回乡华侨视同陌路，无人上前照应，使客人大有被冷落之感。就连服务员也顾此失彼，连起码的“对客一视同仁”之训也丢之脑后，面对远方归来的华侨难以一展笑容。不少华侨见此情形甚为不满，一气之下纷纷退房改住他店。其他酒店也许平日少有长官光顾，还算“民风”纯朴，视远方游子如亲人，而且一视同仁，热情备至。因此其中有的酒店在招商会后收到华侨的感谢信，甚至还有一家酒店正愁于二期工程资金缺乏无法上马而得到一位华侨的投资入股！

不少酒店老总接待某些“准贵宾”时图方便，于是安排吃自助餐。但又为了显示对“准贵宾”的敬重和热情，在用餐过程中时不时地从厨房里取来一两道名贵菜肴，或到海鲜池捞一些名贵海鲜下火锅。而这些举动自然引来旁桌普通宾客诧异的目光。之所以目光异样，大概是因为大家心里不平衡——都是吃同一价格的自助餐，凭什么服务员可以往你桌上送“特品”？

【评析】

接待 VIP，尤其是酒店请来的 VIP，在公众场合该如何表现及怎样把握热情程度？如何做到既不怠慢 VIP，又不让众顾客产生亲疏有别之感？

VIP 的接待规格当然应与普通宾客有别，对重要客人表示特别的尊重也在情理之中。但这样区别和特别表示尽可能不要在公开场合张扬和渲染，似乎可以“悄悄进行”。譬如，在客房内配备和摆放的物品，或增加品种，或在花样上显示其尊贵感，甚至在服务方式上独具创意。再如，重要客人用餐一般在包厢，向重要客人敬酒不必成群结队穿堂而过、蜂拥而入，只要派代表悄悄进入以示敬意足矣。即使在公众场合遇上酒店请来的客人或地方领导，上前与之握手致意即可，何必大声喧哗而引来其他客人的侧目甚至反感？那种以自助餐招待酒店请来的客人又另外加菜的做法，实为不妥——虽然吃的是店家的东西，却难免引起普通客人的误会。如果请贵宾吃自助餐是为了让人家评判菜肴，或是为了方便省事，或是体现朋友间的随意，就更没有必要“多此一菜”，假如一定要表现热情的话，建议还是把贵宾请到包厢去。

应该说个性化服务与一视同仁待客并不矛盾，只不过高明的饭店对每位客人在同样施以感情化服务的同时，会注意不动声色地体现其个性化的特点罢了。

【思考题】

以本案两例阐述对客一视同仁原则的重要性。

案例73 缓解顾客等待

饭店里让顾客等待的现象似乎处处可见，比如，客人在总台等待登记入住或结账离店、在餐厅等待上菜、等电梯、等电话等。对于顾客来说，等待意味着在一段时间必须放弃做其他事情，这会使人厌烦、焦虑甚至恼怒。对于饭店来说，过长时间的等待或者即使是预计较长时间的等待都会导致失去顾客。作为管理者应想方设法缩短让顾客等待的时间，或者至少使等待变得容易忍受，最好是变得令人愉快或者能满足人们此刻的某种需求。概括起来，应考虑顾客等待心理的以下几个方面：

1. 精神上的等待时间

顾客精神上的等待时间通常比实际的等待时间更重要。因此，应关注顾客对服务时间的期望与感知。可以考虑：其一，使顾客明白你知道他正在等待。例如，纽约的奥姆尼公园中心酒店，当排队超过6人时，经理助理就会跑到酒店餐厅拿来橙汁和葡萄汁送给排队的客人。总经理菲力普·乔治说："我们努力使客人们感到，我们知道你正在等待。"当然，这类信息最理想的应是通过此时站在柜台后为客人提供服务的员工体贴的服务态度与理解的表情透露出来。设想一下，在饭店傍晚时分，正是饭店登记入住最拥挤的时间，总台柜台前排着成队的顾客，可接待员只顾招呼眼前的顾客，并在表情和态度上表现出"没看见这么忙吗？有什么办法!""这个时间段里，等是当然的!"之类的情绪，顾客必定会感到等待时间比实际时间要长好多倍。相反，如果接待员此时向顾客传送"让您久等了，很抱歉!""您能等待我们，从心里感谢!"之类的信息，一定会大大减少顾客心理上的等待时间。其二，告诉顾客他还需要等多久。不确定的等待使顾客不能形成对等待时间的合理期望，会使顾客产生焦虑与不满。让客人明确还需要等多久，使他相信到某一时刻等待就会结束能够有效地消除其顾虑。有的餐厅甚至故意告诉顾客需要等待很长时间，这样当实际的等待时间比被告知的时间要短时，顾客就会高兴。

2. 无聊的时间

等待的时间给人无聊的感觉，等待者无所事事，似乎只能任凭提供服务者的摆布，而且等待似乎将永远持续下去。没有人喜欢这种无聊的时间。饭店管理者必须以积极的方式填充顾客等待的时间，转移其注意力，尽量使等待时间令人愉快。对于等电梯的客人，如果酒店在电梯间周围镶嵌镜子，那么关于等电梯时间太久的抱怨就会减少很多。等电梯时，客人可以对着镜子检查一下自己的服饰、打扮是否得体，还可以从镜子里偷偷观察其他正在等电梯的人。对于打电话占线的客人，一段音乐录音就足以填补等待的时间，同时使客人知道电话还未接通。对于在餐厅等待用餐的客人，可以建议先到酒吧小坐片刻，这也可使餐厅增加收入；或者可以让客人在操作间的玻璃窗边观看厨师烹制菜肴、调制新鲜的调味酱。对于在大堂等待登记入住或等待楼层服务员整理出客房的顾客，可以为他们提供免费茶或咖啡以及报纸等读物，或建议客人先把行李寄存后去餐厅就餐。总之，这些转移注意力的方法需要管理者发挥想象力，尽量填充顾客无聊的等待时间。

3. 服务已经开始

饭店服务中一个经验事实是：如果顾客感到服务已经开始，那么与服务还没有开始的时候相比，他们通常会更能容忍较长时间的等待。因此，对于可分为几个阶段的服务，可以采取先实施某个步骤的方法，使等待变得不那么引人注意。这种“与服务相关的”转移注意力的方法向顾客传达的就是“服务已经开始”这样一种信息。例如，餐厅里把菜单递给等待中的顾客。一旦开始接受服务，顾客的焦虑程度就会大大减轻，就容易忍受较长时间的等待。

4. 先到达者先接受服务

在等待者心中都有一个排队规则：先到达者先接受服务。当一位顾客看到后到的人比自己还早接受服务时，纵然他不暴跳如雷，至少也会很恼火。而提供服务者此时则可能会被当做主谋，成为顾客发泄怒火的对象。因此，应尽力避免先到达先服务的排队规则被破坏。一个简单的方法就是领号。到达者按顺序领到一个号码，然后等待被叫号。随时公布正在接受服务的号码，这样，管理者可以减轻顾客对于可能被不公平对待的担心，而且新到达的顾客可以估计自己需要等多久。另外，饭店应该考虑自己的一些服务可能会优先对待如 VIP 客人、常客等特殊顾客时，这种特殊的“照顾”会使那些在旁边排着长队、没有得到特别优待的顾客产生心理不平衡甚至恼怒。管理者应敏锐察觉顾客的担心，并采取必要的措施，避免顾客产生受歧视的感觉。最好是不要当着一般顾客的面优待特殊顾客。

【思考题】

对饭店等待现象有哪些缓解方法？根据自己的实践经验，你还有哪些有效方法可以补充？

案例74　一份商务套餐引起投诉的管理原因

某日晚上7时50分左右，来自上海一家公司的四位长住客人在宜宾市某家三星级饭店中餐厅就餐。作为饭店协议客人，他们中、晚两餐均享用每人15元标准的公司商务套餐。用餐期间，其中一位女性客人发觉自己的那一份商务套餐基本上是冷的，就要求餐厅服务员端回厨房重新加热。然而加热后套餐里的“田蛙”却已换成了“红烧肉”（事后了解是厨师回炉重蒸“田蛙”时火候没有掌握好而走形换菜所致），而且她还怀疑“红烧肉”是剩菜。联想到当天中午，因为餐厅正值营业高峰期，她和同事在等了一个小时以后才用套餐，尚未平息的怨气又油然而生。她在询问身边的餐厅服务员却又不得要领后，就索性端着这一份商务套餐，径直闯入了厨房。然而厨房当值厨师的答复并不能使这位客人满意。盛怒之下，她又端起套餐来到了餐厅厅面的酒水服务台，并与当值的厅面主管展开了如下一段对话：

客人：“你们为什么把冷的菜端上来给我吃，而且还更换菜的品种，这肯定是以前会议餐剩下来的，你们难道就用别人剩下来的菜来对付我们吗？”

主管：“很抱歉发生了冷菜上桌的事情，但我保证这不是会议剩下来的菜。作为厅面主管我没有权力将菜退回厨房重新烹饪或换菜。但我可以请示部门经理免去您这顿饭菜的费用。”随后这位主管转身用吧台上的内部电话寻找餐饮部经理并向他汇报此事。

然而，第三次“端菜投诉”的举动又发生了。这一次是客人端着这份商务套餐，从二楼走下一楼，由大堂后侧送到了大堂副理处的值班台上。交涉、解释、道歉在投诉客人与饭店大堂副理之间又重复了一次。此时，餐饮部经理也赶到了大堂向客人致歉，并再次承诺免除客人这顿饭菜的费用。当餐饮部经理提议，请客人重新回餐厅用餐时，该投诉客人则以“已在外面用过了”表示谢绝。

在上述用餐投诉事件发生后第二天的饭店晨会上，由当值大堂副理对此事作了通报并公布了质检处分的初步结果：对厨房烹饪那份商务套餐的厨师给予相应的罚款处分。

然而，主持晨会的饭店总经理对于这次客人投诉事件的质检处理结果并不满意，认为相关责任人和直级上级也应受到处罚。她还就此次发生的客人投诉事件提出了让饭店各部门，尤其是餐饮部举一反三地思考和分析如下三个问题：

其一，为什么投诉客人可以接二连三地端着托盘里的商务套餐从厅面走进厨房，又从厨房转到吧台，最后则由吧台端到了大堂副理处？在这一过程中，前台一线在岗的餐厅领班、主管又在哪里？在目睹投诉的“第一时间”里又采取了什么措施，以尽快消弭客人投诉的愤怒情绪？

其二，假使这位客人继续端着这份商务套餐走进宜宾电视台的大门向社会曝光投诉内情，这又意味着什么？饭店所有相关部门又将如何应对这个局面？

其三，引起这场客人投诉的最终原因难道仅仅是厨房当值厨师未按用餐标准烹饪，并用会议餐备料凑成一份商务套餐所致的吗？餐厅方面一线服务的工作人员，从服务员、领班、主管直至部门经理又负有什么样的责任呢？

……

【评析】

对于上述一份商务套餐所引起的客人投诉，除了从饭店全局的高度和完善服务质量的视角来看待和处理外，尚须进一步从管理背景的因素予以剖析，因为它涉及企业管理的大课题。

这家饭店的总经理应该说是相当有水平的。她不只是对当事厨师作就事论事的处罚，而是从全店的整体荣誉出发，针对服务价值链中一切有关环节的人员进行“以儆效尤”的处理。再从这个案例的特殊性上升到管理理论的一般性来看传统管理的缺陷，以及突出改革的必要性。

1. 从规范与标准来看

中餐制作历来随意性大，这与中国餐饮烹饪没有经历过大工业的洗礼直接有关。这份商务套餐制作引出这样几个疑问：每天的商务套餐有没有明确的菜谱及所用原料？有否规定端上桌的套餐必须是热的？菜谱是否可由厨师随意变换？若有变换，是否规定须向客人打招呼，表示歉意？从事端的发生来看，以上这些规定是没有的，厨房制作套餐有极大的随意性。即便是一些职工食堂，套餐也都明示几种菜谱，供客人自选。作为三星级饭店，套餐至少不能只有一种搭配，如果客人不喜欢吃红烧肉呢？给顾客有2～3种的选择余地是完全必要的，也应是三星级饭店的起码标准。所以，从亡羊补牢和持续改进的角度讲，这家饭店应对商务套餐制定明确的烹制规范、原料标准以及相应的服务程序，并严格执行，这也是对商务套餐质量的考核依据。

2. 从整体服务质量来看

饭店明显缺乏保证整体质量的制度，从而也就不可能有团队协作。树立团队精神固然需要理念宣传和培训支持，但更重要的是必须有制度保障。值得注意的是，当客人到餐厅服务台投诉时，主管无奈地回答他没有权力将菜退回厨房重新烹饪或换菜。以这样落后的制度去服务，再怎么培训员工也是无济于事的。厨房在二线，那么一线的管理人员和服务人员在做出正确判断后，就应该有权代表客人到厨房去退换。这种对一线授权、让顾客满意的制度，在不少饭店已经实施了。厨房必须听顾客的，厨师不是老大！确实有问题的，当然必须退换。正因为这家饭店的餐厅服务人员无权，因而造成客人既冲进厨房，又端托盘下大堂的尴尬。这里不禁要问，一份不合格的商务套餐究竟谁有权来处理退换？面对面为客人服务的餐厅人员若无权，难道连这样的小问题也非要总经理亲自出面来解决？可见，该饭店在处理客人投诉的链条中出现授权真空。制度保证不了，任何“化干戈为玉帛”的理论分析到了服务实践中成了谁也无法执行的“空手道”。因此，该饭店必须建立确保整体服务质量的制度，其中“厨房必须无条件接受一线员工代表客人的退换要求”应是一条铁律。在服务价值链中，餐厅一线员工是厨房的下道工序，而顾客又是餐厅一线员工的服务对象。因此，只有落实对餐厅一线员工的授权，才可能迅速在第一时间里确保投诉的最优处理。实际上自古以来的中国餐馆服务，退换和按客人意愿定制是很寻常的事，顾客与餐馆的情感沟通很融洽，这种颇具历史传统的服务的长处在今天应该继续弘扬，更上一层楼。

3. 从奖惩方法来看

原来饭店的质检处分只是针对那位厨师，这显然是不够的。后来饭店从全店荣誉出发，对相关责任人和直接上级做出处罚，这应该说是对的，是具有震撼作用的。

在市场经济环境中，企业员工的行为在很大程度上是受到利益导向的。该饭店在发生这一投诉时，为什么周围看到的员工都没有努力去化解呢？在科学管理中，对企业而言首先是制度保证，有了奖惩制度的激励导向，然后具有职业素质和专业技巧的督导，才能在制度下充分发挥积极作用。反之，若没有奖惩激励，有素质也不会去通力配合，而只会冷眼旁观，甚至就是想让别人出洋相，自己看笑话。因此，该饭店在做出这次特殊的处罚后，应建立考核整体服务质量的奖惩制度。顾客严重不满意，乃至投诉处理不当、不及时，相关人员都要受“株连”。上海有一家三星级饭店采用了一种简单的“不讲理”的奖惩办法：客人有投诉，若两个相关部门不是去安抚好客人，而是扯皮各自的责任，那么饭店先不问原由，“不讲道理”地对这两个部门都各打五十大板，都扣奖金。这种做法虽未必值得完全效仿，但其以“顾客满意”为鲜明导向的强制化奖惩的思路则是很有启发意义的。

以上三点，归于一理：任何服务问题都要到管理上找原因，首先从制度化着手去持续改进。思想教育和业务培训固然必不可少，但制度化无论如何都应放在第一位。唯有如此，服务质量才能有坚实的、统一的和科学的保障。

【思考题】

简述一份商务套餐引起客人投诉的管理原因。举一反三，如何从制度化着手持续改进，以避免类似事件的发生？

案例75 酒店服务中的首问负责制

首问负责制是酒店为了不断提高和完善服务水平和服务质量所采取的一项高标准、严要求的服务规范。实践证明，首问负责制不仅是推出了一种酒店服务形式，而且通过这种形式折射出了酒店为宾客服务的真实内涵。

首问负责制是指酒店在岗工作的员工，凡是第一个接受宾客咨询或要求的人就是“首问责任者”，首问责任者必须尽自己所能给宾客提供满意的服务，直至问题最后解决或给予明确答复。首问责任者的主要职责是接受并尽可能快速、圆满解答宾客提出的问题，处理解决好客人的合理要求，或指引给“后续服务者”。提供协助或后续服务的人员或部门为“后续服务者”，是接受“首问责任者”提出合理的协作帮助要求后第二层次的“首问责任者”。不论“首问责任者”还是“后续服务者”，都应当以顾客需求和服务职责为工作导向，不能以任何理由推脱、拒绝、搪塞、转移或拖延时间。

具体有以下五个环节：一是接受。“首问责任者”必须接受宾客的问题，并全程负责，直到圆满解决，不能以任何理由推脱、拒绝或转移。二是解决。“首问责任者”应选择最为快捷、恰当和巧妙的解决办法，使宾客在第一时间内得到帮助。三是协作。需要得到有关服务人员或部门即后续服务者协作或帮助的，后续服务者要积极帮助给予解决，不得以任何借口推脱、拒绝。这一环节很复杂，但是特别重要。四是追踪。不论事情如何复杂曲折，“首问责任者”都应尽最大努力追踪和争取解决问题。五是反馈。不论结果如何，都要在第一时间回复反馈结果，包括向宾客和上一环节“首问责任者”反馈。总的来说就是要有响应、有行动、有协作、有追踪、有反馈。

首问负责制的优越性，首先体现在提倡为宾客提供“一步到位”的服务。最理想的服务效果应是饭店每位员工均能就宾客提出的任何问题尽量一次性给予满意答复，最大限度地缩短宾客获得服务的路径。首问负责制是优质服务的前提。作为一种先进的服务理念和制度在全员中推行，必定能极大地促进员工的整体素质，使服务水平和管理手段更加优化，对改进工作作风、增强服务意识、提高服务效率和服务质量大有裨益。如果客人问客房服务员：“今天是否还有房间出租?”如果服务员不清楚的话，不少人可能会礼貌地回答：“对不起，这是总台安排的，您问一下他们吧。”这是看似礼貌，实际上令客人很失望的回答。如果用“首问责任制”的标准来要求的话，服务员就应该请客人稍候，立即打电话到总台问清楚后，再给客人以完整准确的答复。

要想顺利推行“首问负责制”，管理人员特别是主要管理岗位的人员，思想上首先要引起高度重视，切实地认识到推行“首问负责制”并不是简单地改变为客人服务的方法问题，实质上是服务质量和服务水准的提升。“首问负责制”要求主要领导及管理人员首先要完成自我认识上的转变和超越，只有使自己的服务观念与国际上的服务要求接轨吻合才能自上而下地带动“首问负责制”的推行。同时，应该使每一名员工明了服务是商品的实际内容。作为一种特殊商品的服务，是把优质的规范加亲情提供给宾客，让宾客在享受这种特殊服务商品的同时不断地提出新的需求，构成酒店应对的服务系列。故只有从领导到员工、从二线到一线都能提高对“首问负责制”的认识，才能解决行动问题。

首问负责制运行当中需要注意解决几个问题：一是在员工日常培训中，让每一名员工特别是一线员工，全面清楚地了解酒店不同岗位的服务内容和服务项目以及相互衔接的关系，并在为宾客服务中熟练运用，这是做好首问负责制的基础。二是把首问负责制作为员工日常工作量化考评的一项内容与员工奖罚机制挂起钩来。对优质服务标兵作为典型推广，以点带面，推动首问负责制向纵深发展，使酒店管理不断产生更科学、更规范的新内容。三是检查监督机制。酒店管理人员是首问负责制的执行者，也是当然的检查监督者，而部门与部门间的实际情况，则由质检部负责检查监督，将每日检查情况及时反馈给总经理办公室，总经理办公室应利用每日晨会做出对各部门具体的工作指导和评定。

【思考题】

什么是酒店服务中的首问负责制？首问负责制的优越性体现在什么地方？首问负责制包括哪几个环节，运行当中需要注意解决哪几个问题？

案例76 “承租人”栏无签名

11月中旬，我国大部分地区的旅游旺季已悄悄进入尾声，冬日的寒意已侵袭人间，各大酒店的客房出租率开始逐步下降，北方某饭店似乎并未受到季节的影响，生意仍然十分红火，甚至连正在大规模进行的土建工程都没给店内的经营产生任何负面影响。

某日下午3点半，一批法国客人刚离店，前厅部接待员小盛总算有时间可以舒口气了。他刚准备进后面的办公室喝口水，猛然想起刚下班的小曹交给他的几张“宾客住房单”还未复核过，于是从专放“宾客住房单”的架内抽出那一小叠单子，一张张仔细地审核起来。

“这三位客人办理的是续住手续。”小盛翻开1911、1913和1930三张住房单时自言自语地说。他对住在这三间房里的客人印象很深，5天前办入店手续时是他接待的，酒店的老客户某经贸公司的董事长还特地赶来陪他们到这儿办理入住登记。

“咦，不对！”小盛的目光扫到“承租人”栏，那儿应该是负责付款客人的签名，而这三张单子上此栏却都是空白。他觉得其中有问题，很可能这三个空白栏隐藏着潜在的问题。他的头脑里顿时映现出去年夏天的一个场景：当时有四位海南客人来店住宿，是他给办的入住手续，由于一时疏忽，忘了请客人在“承租人”栏中签名。两天后，其中二位客人离店，退了一个房间。当时他想，反正一起来的还有二位客人留下，让他们算个总账便是了。不料第三天，另外二位客人来办离店手续，当他提出要他们为先行的两位伙伴付房租时，他们不肯，说他们四人不是同一公司的，只是在飞机上才相识……这件事一直拖了近半年才解决，酒店前厅部为此对几位总台接待员加强了培训，要求牢牢把住租房承付签名这一关。

小盛手持三张单子怔了一阵子，他决定立刻给小曹打电话，询问签名一事。当他获知确系小曹一时粗心忘了让客人签名后，即刻来到客人房中，请他们补上了签名。

【评析】

酒店因接待人员疏于验核最终导致客人赖账、逃账的事情时有发生，所以现在酒店运作都有一整套非常规范的表格，要求对外营业部门在岗人员一丝不苟地办好填写手续。

上述实例中的这家饭店，管理与服务水准提高很快。一年前，小盛接待那四位海南客人时，因忘了让他们在“承租人”一栏中签名，致使索讨欠账遇到不少麻烦。该店闻过即改，强化员工严格把关意识，使小盛在此项复核中发现前一班员工的疏漏，及时补全手续，消除了一大隐患。

导致客人拖欠客房租金，除了本例中因酒店员工疏忽造成表格填写不齐这一原因外，还有另外几种原因：

一是住店客人为熟人，或为熟人的朋友、同事，酒店员工看到熟面孔往往会放松要求，失于严格核对。尤其当知道客人是酒店某领导的亲朋，更是碍于情面，不好意思秉公办事。众所周知，酒店规定就是酒店运营的“法律”，在“法律”面前人人平等，连总经理都不能例外。酒店管理人员更应以高标准要求自己，不要对自己网开一面而使有关员工执行规定时犯难。“网开一面”一方面坏了酒店规矩，另一方面降低了自身的形象，削弱了领导的威望。

二是客人办理续住手续时，接待人员往往不如办理初次入住手续时仔细。事实证明，续住手续不严引起日后酒店与宾客的矛盾为数不少。其中比较常见的情况是新旧房单上填写的租住日期有时出现空当，有时却重复计算。

该店的小盛能从失误中吸取教训，对饭店同行避免类似失误，很有启示。

【思考题】

从上述“承租人”栏无签名的案例中，你认为总台接待应如何从管理制度上堵塞类似的疏漏？

案例77　一张《宾客意见卡》的启示

一位上了年纪的外宾来到某饭店大堂，走到大堂经理面前，告诉大堂经理他在该饭店住了一个星期，今天将要离店回国。他表示在住饭店期间，不论他走到哪里都受到了服务员无微不至的照顾。虽然饭店的硬件一般但服务很好，服务人员在举止、礼貌和服务等方面都表现出较高的素质，给他留下了深刻的印象。因此在离店前特地找到大堂经理，表达他对饭店和服务人员的感激之情。

外宾拿出了一张客房内的《宾客意见卡》并打开，大堂经理看到客人在上面的满意栏上都画上了钩，并在空白处写下了对饭店的赞美之言。这位外宾对大堂经理说：“在这一个星期当中，我对贵饭店的各方面都很满意，就是这张意见卡给我留下了一点点遗憾。希望贵饭店在管理上能做得更细一点。”

大堂经理从外宾手中接过意见卡一看，明白了。客房内的《宾客意见卡》是折成三角形放在写字台上的，由于长时间没有打开过，在三角形的空间内积有一些灰尘。外宾打开意见卡写完后，抬起手一看，这些灰尘蹭到了手上和衣服的袖口上。就是这一点灰尘，在这位对饭店评价很高的外国老人心中留下了遗憾。

【评析】

意见卡上有一点灰尘，从表面看不是什么大问题，擦干净也很简单，但就是这一点点灰尘，使客人对整个饭店的良好印象打了折扣。往深里分析，这就不是小事了。

服务员在做房间卫生时，每天都要擦写字台，可是放在写字台上面的意见卡却不知有多长时间没有动过，忽视了这个细节。管理人员在检查中也没有发现这个小问题，因此，这就不仅仅是卫生的问题，而是从服务上升到管理上的问题。

管理者都知道“细节决定成败”这一名言，但真正做到却不易，以上案例足以说明。通过这个意见卡，给了我们一些启示：

第一，无论是在服务上还是管理上都要重视细节。一家饭店管理和服务水平的高低，就是通过一些细节体现出来的。服务重视了细节，客人才会有细致、周到、体贴入微的感觉。管理重视了细节，才能体现管理的规范、细致、严谨。

第二，管理人员要能发现细节。发现了细节问题就是发现了管理和服务上的漏洞和培训需求。

第三，管理者要督导员工关注细节。饭店这类微小的细节太多了：圆珠笔上的油渍、厨师衣袖上的污痕、挂在客房墙上的装饰画有点歪，等等。予以纠正应是举手之劳，但往往会疏忽。

饭店管理是由许多细节组成的，一家成功的饭店往往是由于其注重每一个细节。管理人员和检查人员要学会做挑剔的宾客，努力对饭店的各个区域、每一项设施吹毛求疵。饭店的细节管理作为评价饭店管理是否成功的一项重要标准，作为提高宾客满意程度的重要环节，理应引起饭店管理者的高度重视。可以肯定地说：细节绝不是小节。

【思考题】

服务无小节，对此你是如何理解的？举例谈谈你的体会。

案例78 客人需要延伸服务

内地有一家二星级饭店，本来以接待会议为主，生意挺好。不料近年来会议都到郊区去开了，现在接待比较多的是独联体国家的商务散客。有一天，一位哈萨克斯坦的客人在饭店副总经理、销售经理、办公室主任面前表示不满。原来是客人买了很多东西要保存到仓库，仓库门没开，钥匙也找不到，外国客人急得不得了。该饭店仓库的条件确实很差，很潮湿，也不干净。这就涉及到了延伸服务的概念。

讲标准，星级标准不可能制定仓储服务标准。可是这位独联体客人主要不是来游览的，而是来做生意、做贸易的。这家饭店有很好的地理位置，它旁边就是这座省会城市最大的一个贸易市场。客人在这里买货物，需要饭店为他提供放心的仓储服务。这家饭店里的潮州菜做得很好，可是一般独联体的客人能懂潮州菜吗？给他吃潮州菜，口味再好也没用，买来货物才是他的命根子。在这种情况下，饭店为客人提供周到的仓储服务就成为首要的服务项目了。这就是延伸服务。

【评析】

服务是无止境的。管理者的任务是根据酒店能力和供求关系设计服务产品，规划产品线，将服务做长、做深、做宽，并将其作为展示酒店服务质量和员工技能的平台。

延伸服务就是在标准服务的基础上，根据客人的需要提供的标准以外的服务项目。标准是基础的、起码的、共同的。譬如客房、餐饮、娱乐、商场等服务都有基本的要求。现在随着客源市场的变化，客人的需求变得越来越多样化了。许多的需求远远超出了标准的范围。如果酒店拘泥于标准服务，就无法满足客人的特殊需求。本案例说明酒店能为客人提供周到的仓储服务，并变成首要的服务项目，这就是成功的延伸服务。

可以说延伸服务的内容包罗万象，在什么情况下提供什么样的延伸服务只有一个依据——就是从顾客角度考虑，服从顾客的需要。

【思考题】

什么是延伸服务？如何针对本店的细分市场设计相应的延伸服务？

案例79 吹风机损坏该赔50元吗

早上，某酒店大堂总服务台前，一位女客人与正在办理退房手续的服务员发生了争执。这位手里拿着火车票的客人着急地，好像又很无奈地对服务员说："你们抓紧点，不就是50元钱吗？我给你们!"客人将50元钱递给了服务员后转身疾走，把总服务台的一声"小姐，您的50元发票"甩在身后。在进入出租车前，她撂了一句让大堂副理目瞪口呆的话："不就是50元钱吗？说什么下次我也不来这儿了。"

原来，这位匆忙离店的客人在到总台结账退房时，查房服务员发现该客人住过的房间内吹风机按钮无法使用了，于是打电话到总台告知。按照规定客人应当赔偿200元。但这位客人认为吹风机不是她弄坏的，拒不赔偿，并投诉到饭店大堂副理处。10分钟后，大堂副理了解了情况，告诉总台服务员，仅仅是一个按钮坏了，赔偿50元就足够了。但客房服务员仍然坚持按照规定须赔偿200元，最后经值班经理处理后总台服务员收了客人赔偿金50元钱。

当这件事在办公例会上通报后，总经理在经理会议上提出了三个问题供与会人员讨论：第一，吹风机到底是什么原因坏的？第二，赔偿200元与50元的依据是什么？在紧急情况下，总台服务员处理类似情况有多大权限？谁在扯皮？第三，如果不让客人支付赔偿金的话，后果是什么？

针对这几个问题，有关人员在复查客房内吹风机后，发现上述客房内的吹风机按钮损坏，并不是客人的原因，而是设备上的原因。对此，饭店管理层提出了三点改正意见：一是按照客人登记的地址将50元钱邮寄给客人；二是将赔偿金额定为由总台说了算，客房服务员只提参考意见，赔偿不赔偿由总台人员酌情处理；三是对此类问题，只要投诉到大堂副理处，大堂副理可以全权解决，尽量让客人满意。

【评析】

酒店客房用品和设施损坏的赔偿较为复杂，在管理上应采取分类处理、尺度设置和适度授权方式。赔偿既要掌握原则，又要视情况灵活处理，切不可采用酒店单方面设定的格式条款。

其一，低值用品，如客人否认，总台人员有权见机处理。

其二，电器既不应原价赔偿，也不应在50～200元之间浮动，尤其是能修复的，应让客人支付修理费用。

其三，大堂副理有权视客人在店消费额和信誉，免除客人某些赔偿责任。

【思考题】

从本案例中，谈谈你对酒店对总台人员和大堂副理授权的认识。

案例80 “怪异”消费激发创新灵感

案例一

福建某酒店曾接待过一位参与设计长乐国际机场的外国专家。一天房务员向客房部经理报告一件怪事：该客人房内的化妆台的四个脚被用易拉罐高高垫起，房务员断定客人有“神经病”。但客房部经理经过冷静分析认为，由于该专家个高近2米，进出房门都要低头，估计是在做案头工作时脚伸不进台下才出此下策；于是报经总经理批准，请家具厂赶制一张高脚化妆台（也可当做写字台用），放进了那位专家的长住房里，得到了专家的称赞。

案例二

某酒店接待过一位我军高级将领。他的秘书忘了为这位领导带来他所习惯使用的荞麦枕头，遂向酒店询问是否有这种枕头提供。该酒店立即千方百计托人买来了这种枕头。而且管理层十分重视这一信息，通过几位管理人员的试用，觉得这种枕头虽然沉甸硬实，但让人睡得踏实平稳不“落枕”，确实有它的优点和特色，于是大批量购进。现在每间客房既保留着以往的松软枕头，同时还增添了这种硬实的荞麦枕头。客人纷纷反映这种枕头好用，称赞酒店考虑周到。

案例三

一家酒店老总某日接待一位朋友，不曾想这位客人点了一道本酒店从未做过的“油炸冰淇淋”甜食。点菜员反问客人：“冰淇淋怎么能油炸?”从点菜员脸上的笑意看，显然她是觉得客人要求简直怪异好笑。倒是总经理非常认真地请厨师长到场。厨师长答复说没有加工过，不过可以根据这位客人对此甜食特点的描述试一试，明天试做后邀请客人来品尝。次日客人吃上这道甜点并基本给予认可，总经理乐得眉开眼笑——又“逼”出一道新菜啦!

【评析】

这三个案例说明了同一个道理：服务创新、产品创新的灵感应当从客人的个性需求及其变化的信息上去寻找，从揣摩客人潜在需求的心理中去酝酿。以上实例的成功，究其原因，主要有以下几个方面：

第一，面对客人挑剔、怪异难伺候，应该寻找其原因。外国专家用易拉罐垫起化妆台四脚的似乎“神经病”的举动，在客房部经理眼中已经意识到这是客人的“无奈之策”；“油炸冰淇淋”在点菜员看来是怪异好笑，而总经理却请厨师长到场，并“逼”出一道新菜来。

第二，当员工发现“怪”“异”的事情时，管理层人员应该及时观察、追究其原因。以上案例中客房部经理的冷静思考、管理层人员对荞麦枕头的试用、总经理认真请来厨师长，表明对这些事情管理层的思维是高出一般员工一筹的。

第三，个别客人的个性需求可能就是一个树形象的亮点或创效益的商机。荞麦枕头的添置赢得了客人好评，酒店美誉在外；新菜“油炸冰淇淋”的出现将满足更多消费者的需求。

服务创新的成功与否也应该从管理上来找原因。管理得当，服务创新也就不是难题了。首先，激励员工了解客人的“异常”举动。不仅管理人员自己要善于观察了解客人的情况，同时也要鼓励员工具备这种意识。其次，管理层之间信息互动。当员工了解到了客人的“异常”举动后，自己又不能解决，那么就立即通知上层领导，直到事情解决为止。再次，管理者应鼓励一线员工不间断地搜集客人的建议和消费信息，由总办汇总后，择优通过酒店文化橱窗、店报和E-mail发布，并定期进行评比，给予奖励。

【思考题】

你认为酒店服务创新、产品创新源于何处？如果你是酒店管理者，请对自己酒店的创新管理提出一些建议或想法。

案例81 退房的客人又返回

济南某四星级酒店，地处泉城广场，政务接待活动频繁。入住2206房的是市政府接待的客人，原定5月8日退房。5月7日10点20分，市政府接待科胡科长电话通知总台接待员小李：2206房客人提前至今日退房，房内已无行李，请先做退房处理，费用由市政府结算。由于房间IC门卡在客人身上，而客人要到15点左右返回酒店，拟届时再将IC门卡归还总台；同时保证客人回酒店后不会再进房间。

小李便按胡科长所说，立即通知收银员，总台将该房作退房处理，通知楼层将该房做退房打扫。同时交代中午接班人小吴下午找胡科长要门卡。

15点25分楼层主管拨电话至总台询问：2206住客走了怎么未通知？小吴立即核对，发现该房并未住客，早上10点30分便已退房。但主管言，巡视楼层听见房内有哗哗的流水声，可能客人正在洗澡。小吴正纳闷着，突然想到是否原2206房客人又进房了？便立即拨打胡科长的手机询问情况，方知该客人至开发区工厂考察回来后便进房淋浴了。由于总台将该房作退房处理时未将原门卡注销，致使该客人返回时能够顺利打开客房。

【评析】

按酒店规定，客人应将IC门卡归还总台并将所有费用结清方可做退房处理。但因该客人是由市政府负责接待，客房IC门卡未到期（因原订8日退房），而科长又亲自交代了，小李在手续未办理的情况下便先做退房处理。楼层主管非常负责，及时发现了问题，如主管未发现而总台又安排其他客人入住，则后果可想而知。今后如酒店再出现这种特殊情况，总台应立即在电脑上将门卡作挂失处理，则该门卡无法再开启该房门。

该案例又说明，酒店总台在制度流程上应加强规范化建设，并予以严格执行，以防止在类似特殊情况下出现漏洞和差错。

【思考题】

当本案例电话通知退房的情形发生时，总台应如何处理？

案例82 被延误的客人快件

南京某酒店地理位置优越，紧邻火车站，距高速公路入口处也只有十分钟车程，当地和外地的不少公司都将这里作为他们安排客人住宿、用餐以及召开会议的首选之地。

Jack 先生是酒店的老顾客之一，这次是 5 月 15 日开始入住的，算起来已有半个多月了。Jack 为人很好，与酒店员工之间已经建立起了深厚的友谊。但这两天该店大堂副理小李发现 Jack 先生一直愁眉不展，就请其到咖啡厅坐下，真诚地询问，Jack 先生终于道出了原委。原来他患有心脏病，服的药基本上都是由美国医生特配。这次因为工期延长，所带的药量不够，十天前要求太太从美国寄些药过来，但十天过去了，从美国寄来的药品快件却还没有收到。

经了解，快件是 5 月 22 日从美国寄出的，从 5 月 30 日这天开始，Jack 先生就每天到礼宾台查询。虽然礼宾部员工每天都在密切注意所有寄到酒店的快件，甚至普通邮件，但又一个十天过去了，仍然没有 Jack 先生所需要的快件。

小李便安抚 Jack，告诉他不要着急，酒店将尽快帮助寻找。事后小李立即向经理作了汇报。6 月 14 日，酒店通过关系查询了快递公司的收发件记录，得知 Jack 先生的快件已于 5 月 28 日由酒店门卫人员签收并被总办人员领走。小李迅速到总办取回邮件，并通知相关部门准备了精美的礼品，亲自送到 Jack 先生的房间。考虑到酒店一贯良好的服务，Jack 先生最终原谅了酒店的失误。

【评析】

信息时代，酒店需要满足客人的不仅仅是住宿、用餐等方面的要求，更多的是在此基础上酒店能够提供更多细节上的服务。日常的宾客投诉多以酒店提供的服务与星级不相称较多，客人邮件丢失或不及时送达就是其中一种。

酒店邮件一般都是由礼宾部负责分发、邮寄。上述案例中酒店遵循的也是这一原则，不同的是寄到酒店的所有信件必须先在酒店门卫那里登记，而后由门卫通知礼宾部等相关部门前去领取。此法细化了服务流程，也避免了过多的外来人员进出大堂，在实际工作中也体现出相当多的优点。

门卫是酒店的重要岗位之一，其工作一般由责任心强的人员担任。但通过统计分析，他们普遍文化程度不高，尤其是中老年工作人员。该酒店是涉外酒店，免不了有些国际信件，至于它们是酒店人员信件还是客人信件，对于门卫人员来说区分有些难度。此事的责任不在门卫，而在于酒店人员的招聘或是对门卫分发邮件技巧培训不够。事情发生后，该酒店采取了将不易区分收件人是客人还是酒店工作人员的信件，尤其是国际信件，统一交给礼宾部进行具体的分发，有效杜绝了此类事件的再次发生。

总办人员领走快件可能是由于一时疏忽，但常识告诉每一位酒店员工，邮件没有找到收件人就应当做退回处理，相关人员未履行这一程序是造成案例中失误的最大原因。

另外，礼宾部员工查询快件的技巧还有待提高。根据邮政快递公司介绍，国际快件一般在一周左右到达。该酒店礼宾部工作人员只是查找了5月30日以后的快件到店情况，并没有查找5月30日之前的快件到达情况，更没有对5月30日之前所有到达酒店的快件，特别是没有对详细登记收件人姓名的快件情况进行摸底跟踪。假如这样去做了，结果将会大不一样。

【思考题】

结合本案例，重新审视本酒店邮件收送的各项制度、操作规范，是否存在责任不明确、衔接不紧密的地方？应如何改进？

案例83 出错惹祸的电脑

初冬时分，郑州的天气让人感到了丝丝凉意。在一个天空晴朗的上午，郑州一家三星级酒店的大堂内，客人来来往往，服务人员忙碌有序。

9点15分，随着电梯“当”的一声响，电梯到达了一楼，从电梯内走出一位客人，他径直走向总台，总台服务员小周迎着客人微笑着说：“李先生，早上好！”李先生点头示意并把钥匙放在台面上说：“我准备去广州，帮我把房退了。”“现在就为您办理，马上就好。”说完之后，小周便进行查房、核实、打账单，很快账单就放在了李先生的面前，请客人核查并签字认可。客人看完账单之后，紧锁眉头严肃地对小周说：“我昨天早上入住的，怎么给我算了两天的房费？”小周微笑着说：“李先生，是这样的，携程为您预订3点入住，而您入住的时间是4点30分，酒店规定凌晨5点钟以前入住至当日12点算一天，因此算您住了两天。”李先生听了解释之后，情绪有些缓和，并说：“当时你们服务员怎么没有讲明5点钟以前入住要算一天房费？……算了，算了，账单给我。”

客人十分不悦地拿着账单又看了一下，正欲提笔签字时，突然抬头，略显生气地说：“这账单上明明写的入住时间是5点18分，你怎么说是4点30分呢？”面对客人的质疑，小周耐心地对客人说：“我们电脑上的时间比正常的北京时间快了48分钟，没有调整过来，您的确是4点30分入住的。”在向客人解释的同时，小周又把电脑显示屏转过去让客人看，又拿出了客人入住登记单上接待员填写的入住时间让客人看，客人仍不能理解地反问道：“酒店规定凌晨5点钟以前入住算一天，账单上白纸黑字打印的是5点18分，电脑上的时间不准确，是你们的责任，入住登记单是手写的，真实性有待考察，如果让我付两天的房费，这不成了欺诈，就凭这张账单上的入住时间5点18分，我不会结账的。”小周在客人有理有据的陈述面前，觉得所有的解释都不能成为有力的证据，便打电话将这件事情上报了相关的领导，在得到领导的批准之后，让客人付了一天的房费，并且很有礼貌地向客人道了歉。

【评析】

这是一个典型的有关管理失误的案例。

客人对房价这个问题是十分敏感的。对凌晨入住的客人，在时间的界限上一定要讲明入住时间与房费的关系，不能回避这个敏感话题，以免造成工作的被动。

酒店值夜班的前台工作人员事先并未在李先生入住时告知其有关规定，即清晨5点钟以前入住要付一天房费，致使客人事后有疑。而且由于当时没有提醒客人并且与客人核对时间，造成了后面一系列不必要问题的发生。这在管理上是不该出现的严重错误。即使是行规和常识也必须重复，因为客人有知情权。

由于电脑上的时间没有调准，造成了最致命的失误——使账单上打印出了不正确的时间，成为客人拒付房费的有力证据。

作为总台服务员小周，只有入住登记单可以作为说服客人4点30分入住的证据，但是客人对入住登记单上的填写时间，依据电脑上比标准时间快48分钟的真实性、可靠性持怀疑态度，认定对他有利的电脑打印时间成了最终的决胜筹码，说明酒店在电脑的使用、管理上存在漏洞。而正是一个小的疏忽，给酒店造成了一定的经济损失，给服务人员造成了工作上的被动。

由于电脑及收银机等产生的差错越来越多，酒店的软件必须不断完善、更新。

【思考题】

你认为本例中小周及为客人办理登记入住手续的服务员的操作存在哪些不当之处？应如何改进和完善？

案例84 客人脚被扎伤

深圳某酒店质量管理部经理从4月9日下午回收的顾客满意度调查表中发现，2303房间客人Lead在调查表中写道，4月8日他们在餐厅用餐，他的右脚被钉子扎伤了，流了很多血，但是在那儿的服务员认为无所谓，他们想以人身伤害投诉，并保留对餐厅的索赔权。

质量管理部到前台调客史档案，了解到Lead来自香港，是多次入住酒店的常客，以前并没有投诉记录，现在客人还没有退房。大堂副理说昨天晚上22点30分，他们接到行政楼层的电话说客人的脚在餐厅扎破了，当时一个行李员和餐厅的人陪着客人到医院去看了，客人现在满意不满意她还不知道，她答应一会给客人打个电话跟踪一下结果。到餐厅调查当晚的情况，餐厅王经理说，当晚21点30分左右客人来用餐，一到就被榻榻米上露出来的钉子扎破了脚。本来钉子是不会露出来的，那块木板不知道什么时候断了，所以露出了钉子。当晚他们出钱让客人打了一针破伤风针，客人就回房间了。其实客人一来就被扎破了脚，他夫人也说没有事，直到吃完饭结账，客人要打折时才不满意，共消费了585元，给打了8.5折。王经理答应等酒店总经理回来后打个电话向客人道歉，但总经理到调查时还不知道这件事。

【评析】

仔细分析整个事件的始末，我们不难发现，客人之所以投诉是因为他受伤后个性化需求没有得到满足，是因为酒店对客人的关注和重视程度不够，没有让客人感觉到他在酒店受到了应有的尊敬和理解。没有人真正关注客人的实际需求，没有人对整个事件进行跟踪服务和检查，而更深层次上说，是酒店的管理检查机制上出了问题。为什么会发生客人被钉子扎破脚的事呢？很简单，班前工作时从员工到管理人员都没有认真地做班前检查。客人为什么结账时投诉呢？那确实是因为服务人员对他的受伤没有给予足够重视，等到客人提出来打折又没有痛快地给客人打折，所以客人给行政楼层的人投诉，投诉完还是没有人给客人满意的答复，所以客人又在满意度调查表中写下了自己的不满，这样到了事件发生后的第二天下午才被酒店质管部知道并采取措施。幸好客人并没有退房离开酒店，酒店还可以采取一些补救措施，防止客人带着遗憾和抱怨离开。有抱怨的顾客的意见最真实，酒店只有满足了他们的要求甚至给予超过他们的期望的补偿，他们才容易成为酒店的回头客。顾客对酒店的意见实际上是对酒店的帮助，可以促使酒店不断地根据客人的需要提高酒店的服务质量。

我们知道，全面质量管理就是以顾客需求为导向的全面质量提升和跟踪，而不是低层次上的谁是谁非的争论和计较。酒店的一切工作都要围绕着顾客的高度满意来做，只有让顾客满意、惊喜甚至感动，客人才会成为酒店的回头客，否则，一批一批的客人都将会离酒店而去。从客人反复多次提起和投诉扎破脚的事我们不难看出，酒店服务无小事，100减1不等于99也不等于0，而是负数。客人在酒店里就非常在意地反复提起，离开酒店后更会反复地向他周围的人说这个酒店的种种不好，酒店虽然其他各方面都做得非常好，可能就会因为一件小事，让客人给酒店做负面宣传，这就是负数。因此，对于客人身上发生的服务质量问题和种种意外之事，不论大小酒店一定要给予足够重视，及时把客人的信息反馈给相关部门，及时地采取相关措施，并把顾客是不是最终满意作为最终目标，全面跟踪服务结果，真正把全面质量管理落到实处。

【思考题】

试从质量管理角度谈谈本例中钉子扎人事件的起因、处理过程及后续改进措施。

案例85　一道菜吃出大生意

一位在某五星级商务酒店入住数日的客人，离店的前一天，偶尔在电梯里碰到进店时送他进房间的行李员。两人打过招呼后，行李员问他这几天对酒店的服务是否满意，客人直率地表示酒店各部门的服务都比较好，只是对中餐厅的某道菜不太满意，觉得现在菜的味道不如从前，因为他在几年前曾多次在此品尝过。

当晚这位客人再到中餐厅用餐时，中餐厅经理专门准备了这道菜请他免费品尝。原来，说者无心，但听者有意，与客人分开后，行李员马上用电话将此事告知了中餐厅经理。当客人了解事情的原委后，非常高兴，他没有想到随便说说，酒店居然如此重视。客人真诚地说："这件小事充分体现出贵店员工的素质及对客人负责的程度。"

几天后，这位客人的秘书打来预订电话，将下半年公司的3天研讨会及100多间客房的生意放在该酒店。秘书还说，上次在酒店下榻的这位客人是他们集团公司的总经理，他回到公司后，高度赞扬了酒店员工的素质，并决定将研讨会及入住预订从另一家商务酒店更改到该酒店。几乎是不费吹灰之力，酒店就得到了一笔可观的生意。

【评析】

本案例中行李员和中餐厅经理的行为之所以能得到客人如此的称赞，是由于酒店提供的服务已超过了客人的期望，即服务出色得令客人事先不能想象时客人的感情才会受到震撼，并会由此带来对酒店的忠诚与信任。此案例顾客的满意是在前厅的行李员和中餐厅经理的通力合作下完成的。可见，酒店内部成员之间的配合是至关重要的，在酒店以各种形式销售产品的过程中都必须由各部门共同努力，通力配合去实现，最终才能取得树立整体品牌的效果。

其实，顾客的经历是由顾客与服务员的每一次接触构成的。这些接触分别是：门童欢迎并协助顾客进入酒店；前台服务员为顾客办理入住手续；行李员引导顾客进入客房并向客人介绍酒店服务设施；客人享用客房内各项服务设施和用品；在餐厅服务员引导并帮助客人进餐；等等。最后，当顾客离店时快速为客人结账，并真诚感谢顾客的光临。在整个服务过程中，客人接受了前厅、客房、餐厅等多个部门的服务，任何环节出现差错都会影响整个酒店的服务质量。只有当以上的任何接触点均能由有经验的服务员自始至终为顾客负责时，才能保证顾客有一个良好的感受。为此，酒店部门之间要进行密切的配合和沟通，避免部门之间各自为政，才是上上之策。

【思考题】

请谈谈顾客的经历、满意度与服务过程中的接触点之间的关系。酒店服务一连串的接触点之间又有什么关联？

案例86 离奇的分重房事件

一天早晨，一位姓董的客人到总台要求办理815房结账手续，接待客人的是总台接待员小魏。董先生表示，该房由他和朋友共同住宿，他的朋友中午12点离开，而他因要赶往外地签合同，必须马上离开。因房间费用由董先生支付，所以要求立即结账。小魏犯了难，按照酒店规定，客人必须完全离开房间，方可作退房处理，客人将所有费用结清后，才能取走剩余押金。经协商董先生同意在其朋友中午12点离开房间后退房，剩余的押金待其返回饭店后取走。因害怕押金单丢失，董先生执意将其留在总台。接待员小魏请董先生将身份证号码和电话号码写在押金单背面，以便下次办理退款手续时核查客人信息，便收下了客人的押金单。

临近中午，另一位客人汪先生到总台办理815房退房手续，接待客人的是总台接待员小王。小王并不知道董先生的情况，于是按照酒店程序，开始为汪先生办理退房手续。楼层服务员查房后告诉小王，房内有客人睡觉，等候在总台结账的汪先生得知此情况后立即跳了起来，他情绪激动地嚷着："不可能，815房是我昨晚给客户开的房间，客户因故未来酒店住宿，房间怎么会有人呢？"汪先生认为酒店存在安全隐患，要求报案，并拒付房费。

汪先生的怒吼声惊动了总台接待员小魏，当他得知客人要办理815房退房手续时，猛地想起早上接待过的董先生，于是急忙找出董先生的押金单查看，原来董先生押金单上的房号是805房。接下来又有一件麻烦事发生了，正在815房休息的客人因楼层服务员查房时打扰了他的睡眠，便气冲冲地来到总台，质问接待员为什么没有按照事先约定的中午12点结账。客人认为酒店不讲信誉，出尔反尔，一气之下将房卡甩给了总台，小王拿起房卡一看房号是815房。顿时，两位接待员陷入了尴尬的境地。

就在客人在总台争执不休时，大堂副理赶了过来。经过反复核查，事情真相水落石出。前一天晚上10点，汪先生在总台开了815房，3小时后，董先生到总台登记入住，接待员为其开了805房，客人的押金单、登记单、电脑信息的房号均是805房，但房卡、钥匙却被接待员做成了815房。幸好汪先生的客户因故未到酒店住宿，董先生和他的朋友才未受到惊扰。两位客人均要求减免房费，无奈之下酒店只得让步。

【评析】

这是一起十分蹊跷的分重房案例。董先生深夜赶到饭店，拿到房间钥匙后恨不得马上进房休息，哪里顾得上查看酒店的单据，结果稀里糊涂地住进了815房。汪先生开了房间，自己的客户没来住宿，房间却被陌生人享用了一晚，怎能不生气？造成这些问题的根本原因是酒店总台接待员分重了房。客人登记入住时，接待员开完房后没有进行检查，没能及时发现问题、及时补漏；客人结账时，接待员没有核查客人身份和押金单，想当然地认可了客人的信息，加之同班接待员之间又缺乏交流、沟通，以至错过了最后补台的机会，使酒店的问题彻底暴露在客人面前，引起两批客人的投诉。

总台接待员之所以开重房，是因为工作中不够仔细，开完房没有检查的习惯。同班的两位接待员之所以陷入了尴尬的场面，是因为给客人办理相关手续时，考虑问题欠周全，又缺乏沟通，造成工作上的错上加错。这些工作失误最终给酒店带来了无法弥补的损失。

开重房是总台日常工作中的一大忌，这种错误不但给前后两批入住客人造成不便，更容易将客人的隐私暴露在别人面前，引起客人的极大不满和投诉，让客人产生不信任感，导致酒店蒙受损失。为了避免开重房，在工作中必须做到以下几点：一是要仔细，为客人开完房后要细心核对各项信息；为客人结账时，也要核对相关信息；拿到客人的押金单、房卡等物品后更要仔细查看。二是要沟通，当班期间一项工作完成后，一定要相互沟通，并详细说明接待情况和未办事项，以便为下一次接待打好基础。三是要定时核对房态，要一间房一间房进行核对，确保登记单、电脑信息、楼层房态表一致。

【思考题】

案例中的两位接待员应当如何做，才能避免后来发生的分重房事件？从中你能得到什么启发？

案例 87　一站化服务给客人惊喜

9 月 30 日晚，总台接待员小林接到客人吴先生打来的订房电话，吴先生要在国庆期间自驾车携带一家人出门旅游，在了解了吴先生的目的和要求后，小林热情、专业地向吴先生推荐酒店三房一厅的公寓，表示这种公寓正是为家庭式的客人准备的。在小林热情细心的推荐下，吴先生订了房间并询问了小林的姓名。

第二天吴先生依约而至，客人一踏入大堂，小林马上热情地迎上前向吴先生问好并用客人的姓氏称呼。这时吴先生心里既感到满足又感到奇怪，心想眼前这位姑娘的声音为何这么熟悉，她怎么知道我姓吴，我可是第一次来酒店啊！“吴先生，您预订的是一套三房一厅的公寓房，房卡、钥匙、早餐券等我已准备好了，您只要把您的证件交给我们登记就行了。”客人终于按捺不住心中的疑问了，“您怎么知道我姓吴？又怎么知道我预订了一套三房一厅的房间？”小林娓娓道来：“您在门口时，我就注意到您的车牌号是‘粤A’开头的，属于广州；另外，您订房时说是与家人一起自驾车过来的，看到您这一家老小，我肯定您是吴先生了。”“这么说来你就是昨天接我电话的那位小林了，难怪声音这么熟悉。”——吴先生为自己终于解开疑团而高兴。“正是在下，昨天我了解到您这次是携带家人来过节，向领导汇报后，房间已备了鲜花、水果，希望您能喜欢。”“肯定，肯定，你们酒店想得可真周到啊！林小姐，我先去办理交押金手续，回头再来取钥匙吧。”说着吴先生就准备去找结账处。“吴先生，请留步，您只要把押金交给我就行了，我可以为您办理。”“哇，怎么这么方便，你真行，又能接订房，又能办理接待手续，居然还能办理交押金业务，你真是多才多能啊！”小林自豪地回答道：“其实我们总台每位员工都具备这样的技能。”小林一边利索熟练地办理手续，一边热情地与客人进行交流，“吴先生，这是您的押金单，我现在送您和您的家人到房间吧。”小林一边说着一边走出了柜台。小林又了解到客人尚未用餐，于是向客人推荐了酒店的中餐厅，同时又将客人要求逛夜市的地点一一为客人写下，并留名片请客人需要时再与自己联系，祝客人在酒店能度过一个愉快的节日。

10月2日清晨，小林依旧在柜台内值岗，笑迎客人，一见到吴先生拉着行李来到柜台，小林马上上前问候，询问客人入住的感受。“吴先生，早！昨晚住得可习惯？睡得可好？”吴先生竖起大拇指，满意地说道：“周到，服务真到家！”正当吴先生想找小林隔壁的同事办理退房时，小林已把结账单送到了吴先生面前。吴先生显得有点惊讶了，“难道你还会结账，你提供的可是周到的一条龙服务啊！好，就凭你这技能，你这周到的服务态度，你的热情与活力，贵酒店的方便快捷服务，我认准你们了……”

在欢笑中小林又送走了一位客人。

【评析】

在总台，常有客人碰上在结账处开不了房、在接待处无法结账的麻烦，当客人需要入住登记或结账退房时，柜台内的员工却因业务技能有限而无法给客人提供相关的服务。此时的客人会因此产生被冷落的感觉，进而认为酒店的员工素质、技能还有待提高；而员工也会由于自己的业务技能有限而产生自卑感。

本案例中小林的一条龙服务反映了该酒店所实施的总台一站化服务的高效。总台一站化就是通过将接待处、结账处的业务整合，总台接待与结账合并为一体，那种客人不便、员工尴尬的情境就会随之消失了，而且员工更有可能服务于同一位客人进而加强与客人的沟通，使客人与酒店建立起互信和亲切的关系，进而体验到酒店温馨细微和个性化的服务；而员工从原有单一的业务能力变为综合业务能力，素质得到了提高，实现了自我价值；对企业而言，则节约了人力，降低了成本，赢得了口碑，从而实现了“三赢”的服务一站化整合。

要有效实现一站化服务的功效，需要把结账处从财务部划归前厅部管辖，经过严格的交叉培训，再将接待处与结账处打通连成一片，实现接待、收银一站化，为开房和退房的客人提供一步到位的服务。其要点如下：

1. 交叉培训，实现接待、结账的业务融合

通过交叉培训的方式，让接待处和结账处的业务骨干率先离开自己熟悉的工作流程，去学习另一岗位的业务知识，并且通过一带一的方式逐渐将学习方式扩大为二带二、三带三的梯形模式，保证了接待、结账业务融合的快速顺利进行。

2. 统一编制、统一排班、统一运行

业务融合后，大部分员工已经掌握了两方面的业务知识，酒店把接待处和结账处统编为接待结账处，统一管理层次和管理职责，并实行统一排班。

3. 科学设置岗位，各有侧重不同

每天每个员工的工作侧重应有不同，比如，设立A、B、C、D岗，A、B岗员工的工作侧重为结账，而C、D岗的员工的工作侧重在接待；另外每班设一名订房员和一名领班。这样基本保证每班6个人的总台队伍，既有分工，岗位职责明确，又有交叉互联，最大限度地方便了客人，同时，总台内部的管理也有条不紊。

4. 一岗多职，一职多能，主动热情

所有员工都成为一专多能的多面手，当客人走到总台时，每个员工都应主动迎上前去，承担起从订房到接待、从问询到结账等所有需在总台完成的业务，热情地提供优质便利的服务。

【思考题】

什么是总台一站化服务？其服务效能有哪些？其基本做法有哪些？

案例88 客房宠物风波

M饭店的一个豪华套房内住着一对来华投资建厂的德国经理和他中国籍的太太。德国经理整天忙于工作，早出晚归。白天，只有他的太太独自待在套房内闲散无聊，于是买了一条小狗养在房里，取乐消遣。M饭店服务员进房清洁时，发现该套房内臭气难闻，地上到处是狗屎，小狗瞪着眼睛，张着大嘴冲着她汪汪大叫。突如其来的情景，使这位服务员十分惊恐，她转身跑出房间，立刻找到本楼层的G领班，将此事作了汇报。G领班得知后，带着这位服务员急冲冲地来到该套房里，对着德国经理的妻子，十分严肃地说："我们饭店有规定，房客不能在房间里养宠物，请尽快把小狗处理了。"太太十分傲慢地说："这是我自己的房间，我并没有影响别人啊！"G领班态度强硬地说："那也不行。希望你按照饭店的规定做。"说完，转身走出了房间。

两天后，小狗仍然在房内大叫奔跑，G领班得知后，气冲冲地来到该套房，义正词严地对这位太太说："前几天我们已经给你讲过了，为什么到今天仍然这样？"得到的回答是："这个房是我买下的，我愿意怎样就怎样，你管不着。"太太的傲慢无礼使得G领班越发激动："你有什么了不起的，无非嫁了一个老外！"G领班的这句话，一下子把这位太太激怒了。于是争论变成争吵，双方不欢而散。

当晚，劳累一天的德国经理回到M饭店后，其妻夸大其词地将自己的"遭遇"告诉了他。他听后感到愤怒和难以忍受，认为对他妻子的无礼就是对他本人的不尊重。当晚即写了一封致当地最高行政长官的投诉信。在信中讲述了妻子在M饭店的不愉快"遭遇"，认为自己到中国来是为了帮助中国发展和提高工业化水平的，不应该受到如此对待，并且提出三项赔偿要求：第一，G领班当面向其妻子赔礼道歉；第二，扣发G领班当月全部奖金；第三，撤销G领班的职务。如果三项要求中有一项未被满足，将会向更高一级行政当局投诉。市长收到这封信后，立即批示："高度重视，妥善处理"，有关部门很快将信转到M饭店总经理手上。总经理指示公关部经理立即着手调查，尽快拿出一个处理方案来。

公关部经理经认真调查后了解了整个事情的经过，发现德国经理的投诉与事实有出入，认为所提出的赔偿要求不完全合理。因为G领班是出于工作责任心，认真履行自己的工作职责，不足之处在于，当自己不能处理这件事情时，没有及时向上级主管汇报，更不应该与顾客争吵，出言不逊。而德国经理的妻子，违反饭店规定，私自在房间里养狗，在G领班向其提出将狗尽快处理的要求后仍然我行我素，并且态度傲慢。如果要让这对德国夫妇满意，三项赔偿要求都必须答应，这样将会挫伤G领班及M饭店员工的积极性，饭店的利益将受到损害。但是如果三项赔偿要求中只要有一项不答应，德国经理还会向更高一级行政机关投诉，势必会影响饭店的声誉，使事态进一步扩大。那么，如何解决让这对德国夫妇满意和维护饭店利益之间的矛盾呢？M饭店认为必须采用更加灵活的、具有艺术和智慧的方法。

通过对G领班进行深入细致的思想工作后，G领班不仅认识到自己在这个事件中的错误，并且答应积极配合饭店处理好这起投诉。第二天晚上，M饭店总经理、公关部经理和G领班来到德国经理的套房内，公关部经理首先说明来意后，表示饭店答应其提出的三项赔偿要求；G领班当面向德国经理的太太赔礼道歉。此后，总经理宣布从明天起撤销G领班的职务，调离这个楼层并扣发当月全部奖金。此时，德国经理也表示将遵守饭店规定，尽快将房内的狗处理掉。第二天，德国经理的妻子专门进行了暗访，发现G领班已调到其他楼层，并且系的是领结而不是领带，正在做服务员的工作，于是很快将房内的狗卖掉了。并且，德国经理不久又写了一封致当地最高行政长官的感谢信。信中对市长的关怀及M饭店的高效率改进工作表示了感谢。市长甚为满意。到此，事件已告平息。

两个月后，德国经理完成了在中国的全部工作动身回国。M饭店在送走这对客人后，立即做出决定，从次日起恢复G领班的职务，补发所扣除的全部奖金。

【评析】

在客房里养狗引起一场大风波，这是因为理直的G领班“气壮”过了头，涉外服务的纠纷惊动了市政府。本则案例中，M饭店为了让客人满意而又维护饭店利益，采取了更加灵活、具有艺术和智慧的方法其实也是不得已的。凡事都要未雨绸缪，要善于了解客房动态，掌控各类事态发展。客人在客房养狗固然必须劝阻，但闹得水火不相容，仿佛成了邻里纠纷，而且一投诉就闹到市政府，这种被动局面可一而不可再。饭店各级人员应引以为戒。

作为一份案例，除了肯定G领班的责任心外，需要反省的地方也不少。领班听了服务员的反映能及时处理，无可厚非。“顾客是上帝”就意味着“客人永远是对的”。在处理时，要委婉些、机智些，而不是像对邻人养恶狗那样正言厉色，容不得别人拒绝，其效果适得其反。实在处理不了，应该及时汇报上级。

这位德国经理来中国是做投资建设的，受到当地政府的高度重视，故一投诉就上告到当地最高行政长官。这也是可以理解的，他毕竟人生地不熟。酒店管理层应在争吵后即上门探访，争取对方的谅解并共同讨论解决之策。这方面是有先例的。

代为寄养宠物和宠物的养护，解决主人短期无法照料宠物之需。北京、上海等地已开设宠物客房，代客寄养狗、猫、鸟、小猪等宠物。

【思考题】

在酒店，客人也有无理的时候，甚至客人的无理还会影响到其他客人的利益，这就需要有技巧地化解矛盾。试举一个这方面自己亲历的例子，谈谈体会。

案例89 外宾对洋酒账单说“NO”

南方某旅游城市的一家三星级酒店，大厅结账台前一位外宾指着账单大为生气。结账员循着客人的手指处看去，原来是一瓶洋酒的支付款项。客人连连叫着：“No! No!”结账台立即向客房部了解情况，证实外宾用房的酒柜里有一瓶洋酒外包装被打开，因此这瓶酒已被记入账内。但是外宾摇摇头、摊摊手说，自己打开外包装想饮酒，却发现房间内没有配置开启红酒的启瓶器。打不开酒瓶，没喝上一滴酒，怎么要付酒钱？客人不愿支付没有消费过的酒钱。酒店拿着拆了封的酒瓶甚是尴尬。碰到这样的事，酒店只好承担损失，并划去了账单上洋酒的费用。

这件事是该店第一次碰到，确实给酒店上了生动的一课。此后不仅学会了处理类似的事件，而且能够举一反三：发现客人买了水果，马上给客人准备一把水果刀，甚至餐巾纸；发现客人带了商用小电器，马上给客人递上一个多功能的接线板；发现客人有许多朋友来访，马上给客人多准备一些椅子、茶叶、开水；等等。

【评析】

拆了封的酒收不回钱，这个损失是小。客人在房间里想饮酒，摸着酒瓶饮不上，大煞酒兴。没有喝上酒，还要掏腰包，碰上这么堵心的事，影响客人住店的情绪，对酒店的负面影响不小。然而问题仅仅出在客房酒柜里少了一把小小的启瓶器。这家酒店善于接受教训，并且能够举一反三从细节服务着手，一把水果刀、一叠餐巾纸、一块接线板，有备无患，不但能杜绝本案例一类的酒钱纠纷，而且能让客人事事称心如意，值得称道。

对管理者而言，应该举一反三，对全店所有产品的加工生产、配套、提供、收银结算、消费的舒适性做一次全面的审查，做到ISO服务质量认证体系提倡的自检自查，找出问题，分析原因，提出整改计划，并从制度、流程、技能等方面加以完善，以提高服务质量和管理水准。

【思考题】

客房用品的配置不仅要满足客人需要，也要方便客人使用。结合本酒店的实际，谈谈本酒店是否也存在案例中存在的类似情况？应如何改进？

案例90 出现预订差错怎么办

宋先生是一家大公司驻某市的代表，最近他的上司要来该市视察其业务开展情况。为了做好接待工作，宋先生提前十天在市内一家高档酒店预订了一个商务套间。宋先生是位办事谨慎的人，虽然预订了房间，但是次日他还是打电话到酒店总台与接待员再次确认，当得知房间已经安排妥当后，宋先生总算放了心。哪知天有不测风云，就在宋先生与总台接待员电话确认订房的第二天，他接到了总台预订员的电话，被告知商务套间已满，建议其入住豪华套间。因存在房费差价，宋先生拒绝了酒店的提议并取消了在该酒店的订房，改住到其他饭店。

【评析】

饭店客房是一种很脆弱的特殊商品，具有不可储存性。为了获取最大利益，经营者总是希望住店客人越多越好。但是，一年365天，哪天盈、哪天缺，饭店很难了如指掌，这就给客房预订增加了难度。客人事先订好了房间，因客满而住不上房的现象有时也是难免的，但是饭店却不能以此为由，把不便留给客人。应该热情相待，妥善处理。按照国际旅游协会规定，订房是受法律保护的，客人一般不会因预订问题起诉饭店，但是信誉对饭店来说是最重要的。面对客满，订房客人可能不声不响地离去，表面上看一场纠纷似乎平息了，但饭店却很可能永远失去了一位顾客，这个损失用眼前利益是无法衡量的。

因此，对预订某类型房间而无此类型房住的客人，应尽可能留下。比如可以将客人房间免费升级，从表面上看这种做法使饭店损失了几百元钱，但饭店因此却可以保住信誉，并赢得一位客人。钱损失了还可以赚回来，但是信誉受损了就难以弥补了。若无法升级，酒店就要做好延伸服务，如主动为客人联系其他酒店，并派车送客人前往。这样才可能将客人不满降至最低。

分析宋先生预订纠纷的原因，主要是酒店预订处与接待处沟通不畅，接待员未能正确掌握可租房的数量，造成订房差错；预订处发现订房差错后，没有妥善处理好宋先生的订房事宜，最终使酒店失去了这位客人。为避免类似现象，酒店应做好以下几方面工作：总台设预订总表并由专人负责统计每日客房预订总数；建立和健全预订处与开房处之间的有效沟通制度；管理人员加强对预订工作的日常检查；妥善处理预订纠纷，努力达到客人、饭店同受益、共满意。

【思考题】

如何有效减少订房差错？在酒店无法为客人保留预订房间时，应如何做好下一步的延伸服务工作？

案例91 该罚几元

中午12点，上海某饭店客房部刘经理按惯例查岗。在电话总机间，她发现话务员小倪餐后未及时回来上岗，已超过规定时间5分钟，于是立即开出一张过失单，写明扣罚10元。

小倪回来后看到过失单，怒气冲冲、不顾一切地赶到客房部办公室。

“刘经理，你也太厉害了，我饭后去洗餐具，晚到5分钟，凭什么扣我10块钱?”

“请你立即回到工作岗位，有事下班后再谈。”

“不行，现在必须讲清楚，凭啥欺负人?”

“我是按章办事，按饭店的规章处理，中午用餐半小时，超过时间就是违章，必须罚款。”

“呜、呜……”

小倪一边哭，一边冲上去理论，她将过失单撕碎，扔在桌上，扬长而去。

饭店领导对此事非常重视。经办公会议研究决定，小倪违反店规、冲撞领导、撕毁过失单，离岗停职检查一个月，到时再视态度和认识，给予纪律处分。

小倪不服，四处告状、上访。虽经行业公司、区劳动仲裁委员会的协调，但因双方不愿妥协，无法达成一致。小倪聘请律师，告到区人民法院。

法院试图调解，以达成庭外和解，但未成功，只得开庭审理。饭店作为被告，由办公室主任出庭辩论。

双方对冲突过程认识一致，并无异议，但对处罚尺度看法不同。

原告律师指着《店规》问：“上面明明写着，迟到5分钟，扣罚5元，那凭什么罚10元?”

被告：“《店规》写明，视情节、认识和后果，可以加倍处罚。被告因态度恶劣，故从重处罚。”

律师：“各位请注意，开过失单时，原告不在现场，从何得知她的态度恶劣呢?”

被告：“她到客房部办公室吵闹……”

律师：“是因为加倍处罚不当，有悖于公平、公正……”

法院以被告未按章处罚，超过约定的数额为由，判决被告败诉，补发原告停薪检查时的全部工资，过失单改为罚款5元，并承担诉讼费用。此案因公开审理，报刊公开报道，引起社会各界人士的关注。

【评析】

被告败诉的根本原因是，客房部经理未能严格按店章店规办事，将罚款金额提高一倍。尽管被告、原告、律师、法院对违纪事实认识一致，并无异议，但由于被告擅自破坏规章制度，而被告根据“解释权”所阐释的“情节严重者，加倍处罚”缺少证据，因而全案以被告败诉而告终。

在出庭辩论前被告准备显然不足。一没请辩护律师，二没有对店规作详细、充分的论证，仓促出庭，随意应诉。被告代表又缺乏必要的法律知识，不了解行政纠纷诉讼程序，给饭店造成经济、声誉上的损失。此事与其由法庭判决，不如在诉讼前通过调解了结。这样，新闻媒介不至于公开报道。事实上，饭店的形象、名誉损失比近1000元经济损失大得多，不但影响客源，也促成了员工们对饭店的不信任感和离心力。

此案本可在饭店内部处理，假如饭店内部有一套处罚、申诉、仲裁机构的话，便可以“大事化小，小事化了”，它必将有利于严格执行店纪店规和员工与管理层的双向约束，相互纠正。本案例从反面提醒每一位酒店管理者：应当正确执行店规，对违纪员工的处罚不能有随意性，既要严格，又要合理。

【思考题】

管理者按店纪店规进行“执法”的尺度如何把握？这中间是否需要辅以相应的思想工作？

案例92　防范骚扰电话

近几年来，酒店半夜的骚扰电话一直困扰着经营管理者，其恶劣的影响，一是造成宾客休息不好而大范围投诉；二是败坏社会风气和酒店声誉；三是可能引发酒店治安和违法犯罪案件的增多。虽经政府有关部门多次打击，但势头仍有增无减。

对于这种现象，绝大多数客人深恶痛绝，半夜里急促的铃声惊醒客人，被强制性地剥夺了睡眠的权利，倘若被吵醒后，辗转不能入睡，其恼火程度可想而知。如果酒店经营者对此不闻不问，放任自流，甚至有一种求之不得的想法，那么酒店的品位将会降低，酒店的治安形势也会越来越严峻。因此，加强对客房骚扰电话的防范，是当代酒店客房管理者面临的一项新任务。

骚扰电话进入客房的途径无非有外线转接和内线直拨两种。外线转接一般较容易发现和控制，其影响面也较小；内线直拨则危害较大，骚扰者往往按楼层一个客房一个客房地拨过去，若没成交，大有决不罢休之势。防范的重点也是此类电话，对此类电话的防范可采取以下措施：

1. 拒绝为骚扰者办理入住手续

内线骚扰电话，一般来说应是按正常登记手续办理入住客房者所为，针对此种情况，前台接待人员应以客满等为由，拒绝接待此类“客人”。

骚扰者通常具有以下特点：大多为年轻女性；穿着入时且比较暴露；经常出入酒店；在酒店住宿时间较长。

前台接待人员可据此发现疑点，一旦确认她们的身份，则可以拒绝为其办理入住登记手续。

2. 劝其离店

骚扰者一旦入住酒店，常常会露出一些蛛丝马迹，一旦发现其身份，可委婉地劝其离店。

以下两种方法可以帮助管理者确认其身份：其一，楼层服务员在日常服务过程中，应注意从其日常生活规律中发现疑点。骚扰者通常具有与众不同的生活规律和特征，楼层服务员应善于从日常服务中发现疑点。其二，由总机接线员进行防范。当接线员接到防范此类电话的指令后，重点在晚上10时后至凌晨，随时监视总机电脑屏，如果出现某房作为主叫连续向其他房号拨号时，应及时通知值班经理，排除旅游团队和会议房后，查阅此房入住人员资料，即可基本确认。此外，值班经理如果在自己值班房接到此类客房电话或客人接到电话后当即投诉，则值班经理也可以通知总机找出主叫方。

发现骚扰者以后，酒店应先对其进行电话警告，告知不得骚扰酒店宾客的休息，给骚扰者一个其活动在酒店保安部门的控制下的明确信息，当骚扰者发现已无机可乘时，便会自动离去。

针对骚扰电话，还有一些酒店在电话线上安装开关，让宾客决定睡眠之前是否关掉电话，这种做法虽然也可以有效地防止此类电话对客人的骚扰，但也会给客人带来麻烦，还可能对宾客的商务活动带来不便，因为谁也没有一觉醒来打开电话开关的习惯。此外，这种做法也不能消除因骚扰电话而造成客人对酒店的不良印象，因此并非上策。

【思考题】

你们酒店在防范与处置骚扰电话上有哪些措施？你认为案例中介绍的有关经验哪些值得借鉴？

案例 93 客人投诉没开夜床

一位客人投诉某家饭店客房服务员不提供开夜床服务。经客房部查实确有此事，便按一般饭店规定扣罚当班服务员当月全部奖金，并将处理结果告知宾客。此事宣告处理完毕，通常也不会有任何异议。但在新的形势下，管理要想更进一步，则必须重视反馈控制，充分利用投诉找出管理上的薄弱环节，杜绝事故的再次发生，这才是正确的处理方法。因此对上述案例有必要多提几个问题：为什么服务员不为这位客人做夜床？导致投诉发生的原因只有这一个吗？管理上存在漏洞吗？本着查清事实的宗旨，调查发现：与投诉客人紧邻隔壁的另一位客人要求不开夜床，服务员专门在服务日志上做了记号，但次日转抄时不经意以省略形式把记号延长到了投诉客人的房间号，第三天换班服务员误以为两位客人都要求不开夜床，即停止了这项服务，从而导致了投诉的发生。调查的结果进一步证实了客房部管理上存在的不足，其直接责任原因为：第一，被投诉服务员确实负有责任；第二，服务日志填写错误。

这件事暴露了该饭店客房部管理上的问题：其一，服务程序上有漏洞。服务表格必须逐项正规填写，不得以省略形式代替。其二，基层管理者的职责不清。

当班管理者忽略了服务日志的重要性，在日常工作中没有加以指导、提醒与检查，未能尽责。其三，部门管理者的责任。部门只满足于就事论事，缺乏危机意识，没有认真分析研究，找出导致投诉发生的真正原因。

处理结果：当班服务员责任占20%，扣除当月奖金的1/3；基层管理者责任占20%，扣除当月奖金的1/3；部门管理者责任占60%，扣除当月奖金的1/2。

改进措施：其一，用解释性的文字制定科学合理的服务日志规范制度。其二，客房部应修改服务程序，弥补细微环节的管理漏洞。其三，加强客房部员工的培训工作。其四，培训部应将此投诉个案整理为培训案例，运用于教学中，防微杜渐。其五，酒店中层干部应进行管理培训，尤其是更新管理观念，正确认识管理与服务的关系。

【思考题】

本案例中对客人投诉的处理是如何通过调查将事实查清，并找出管理上的薄弱环节、有效实施反馈控制的？

案件 94 规范交班不是小事

一天下午3点左右，南方一家酒店客房领班小欧查房时发现3205房淋浴室的防滑垫发黑起霉点，当即通知当班服务员小徐将防滑垫取出进行清洁消毒，并在“工作跟进表”登记后交后班跟进。下午4点下班前却没有再到房间复查。而小徐将防滑垫取出到工作间浸洗后，恰好有电工来维修房间，小徐跟进维修直至下班才完成，忘记将防滑垫放回房间，亦未将此事向前来接班的小冼交代。

小冼接过小徐的班后，亦无认真检查“工作跟进表”中的房态，因此没发现3205房尚欠防滑垫。晚上8点左右，一班客人入住，其中一位女客人入住了3205房。女客人淋浴时跌倒受伤，第二天投诉并索赔，理由是：淋浴室未按要求放置防滑垫。

【评析】

本案例由于客房缺少防滑垫，致使客人滑倒受伤而投诉索赔。造成事件的直接原因是该酒店客房部在规范交班问题上存在一连串的漏洞：

其一，领班小欧通知当班服务员取出防滑垫进行清洁消毒后，虽在“工作跟进表”上登记并交后班跟进（书面交接），但没有口头向接班人员强调，而且在下班前也没有到客房去复查。

其二，当班服务员小徐取出防滑垫进行清洁后，被其他维修任务转移了方向，忘记将防滑垫及时放回房间，又忘记向接班的小冼进行交代。

其三，接班的服务员小冼接班后未认真查阅“工作跟进表”，也未进客房查核防滑垫是否放回，从而错过了对过失进行补救的机会。

显而易见，以上三个环节，只要能堵上任何一个环节的漏洞都可以避免这一事件的发生。然而遗憾的是在每一环节上都出了问题。交接班的不规范根本问题出在管理制度上。该酒店的客房管理似乎没有形成一套严密的交接班制度，或者纸面上形成了但形同虚设，平时敷衍了事，得过且过，疏于管理，一旦“碰巧”撞到“枪口”上就难免出事。由此而引出的教训是颇为深刻的。

为从管理上根本解决问题，防止再犯同样的错误，酒店应从以下三方面加以改进：

第一，实行首位负责制。任何事情被谁第一个碰到，就必须由该人负责到底，直到问题解决好，而不论下班与否。小欧发现问题就必须亲自看到问题处理好，更不能在下班前不到房间复查。

第二，规范交班制度。要求有事、无事均是口头、书面双轨进行。尤其在有事交代时，除了书面注明外，口头上要重点交代，防止事情的遗忘与疏忽。

第三，建立相应的奖惩制度。以此加强对服务员行为的规范，尽量杜绝其因工作疏忽而造成质量问题。

【思考题】

日夜班交接规范有哪些注意事项？从本案例中可以吸取什么教训？

案件 95 套房被隔夜占用

一家三星级会议型酒店接待了一个由市某局主办的华东地区环境保护联合会会议。会议期间，由于协调不当等因素造成了一间套房被隔夜占用，给酒店带来了不必要的损失。事件的经过是这样的：

11 月初，刚到酒店营销部上班一个多月的小陈被安排洽谈这个会议。主办单位就在酒店对街，且周边没有其他酒店能接下这个重要会议，所以，谈下这个会议似乎是顺理成章的事，但事实并非如此。

在会议洽谈过程中，主办方根据自身经验把会议的房价压到了酒店难以接受的极限，对酒店的设施更是百般挑剔，并明确要求免费使用豪华会议室，免费提供会务组用房，会议用餐按成本价。小陈为了谈下这个会议，报房价、改菜单、签协议，前后跑了 20 多趟。虽然这个会议接待几乎没有利润可言，但酒店经综合考虑仍然决定接下这个会议，只是由于同期有一大型团队入住，标房紧张，房务部经理临时通知把会务组用房由标准间改为一间关闭卧室的套房。

会议如期举行，与会代表在会议前一天陆续到会务组报到。但由于部分外地代表要当晚才能抵店，于是会议主办方提出延长使用会务房至当晚 9 时，小陈按照客人这一要求，口头交代了总台小吴到时提醒会务组及时退房，然后下班离开了酒店。

但第二天小陈上班后，发现会务组并未在昨晚退房，套房钥匙也被工作人员带离酒店，在多方催促下，会务组工作人员才很不情愿地交回了钥匙，并称当日上午还需用会务房存放材料，酒店根据协议给予了拒绝，但已造成了一间套房被占用了一夜而不能出租的后果。

【评析】

本案例反映出饭店接待的综合性特点增加了协调难度和接待难度。因此做好内部协调显得尤为重要。

本案例中，房务经理决定把会务组用房由标准间改为关闭卧室的套房主要是考虑到，套房一直以来使用率都很低，将其当做会务组用房，基本满足了会务组接待、存放材料的空间需要，同时还节约了一间当时紧张的标房；此外考虑到会务组的实际需要，又同意会务房延至当晚9点。这些安排都是积极的、合理的。但有关决定房务经理仅用口头方式下达，增加了信息传递的不确定性，为套房隔夜被占的失误留下了隐患。

而小陈在满足顾客需求的过程中也出现了同样的失误，虽然由于刚进酒店，缺乏经验，但他作为会议的直接跟办人，仍负有不可推卸的责任。小吴失职的原因是忘了有这么一回事，未执行“到时提醒会务组及时退房”的口头通知，这给了会务组不退房一个很好的借口，也给酒店带来了不必要的损失。

【思考题】

案例中造成套房被隔夜占用，酒店管理层和操作层的原因各在哪里？应该怎样改进？

案例96　只需一个拨号：“对客服务中心”

北京某宾馆在为客服务上坚持“让客人满意”的宗旨，在服务工作中坚持站在客人的立场上改革、改善、改进服务内容、服务方式、服务程序，在客房推出“一个电话号码”服务项目。这一服务项目将饭店过去在《服务指南》中的电话号码服务功能，改变为宾馆的全部服务只要用一个服务电话号码就能实现。而完成这项工作的部门被称做“对客服务中心”，原来客房部的“服务中心”被取消。这两个“服务中心”有着很大的不同。过去的客房部“服务中心”只是客房部为住店客人提供的服务窗口，客人在住店时所需要的服务，要通过总机或翻阅客房中的《服务指南》中的电话号码来完成；而现在的“对客服务中心”是宾馆建立的一个总的对客服务系统，它是通过将原来客房部的“服务中心”和总机的功能有机地结合，使客人在宾馆通过任何的内部电话，拨打号码“666”就能得到所需要的各种帮助和服务，如洗衣服务、叫醒服务、花卉服务、擦鞋服务，以及加床、饮水、冰块等服务。而客人的全部服务，则经过“对客服务中心”这个“总调度室”下达到各个相关部门来完成。这一项改革简化了客人在宾馆中的问讯、预订、查询以及对宾馆各营业场所的了解或获得其他帮助的过程。在把方便让给客人的同时，把困难、麻烦留给了自己。“对客服务中心”运行一年来，通过不断总结和完善，已逐步成熟。

该宾馆在实现一个电话号码对客服务中体会到：

其一，此项改革的最大受益者是客人。客人只要拨打一个电话，“对客服务中心”就会将客人的需求快速进行分类，传达到相关部门，并要在一定的时间内完成为客服务。一般性的服务不存在很大问题，碰到较麻烦的或不好解决的问题，就需要服务人员动脑筋、想办法，尽最大努力去完成。在服务的过程中，宾馆要求服务员学习“金钥匙”的服务理念，逐步学会延伸对客服务，让客人在宾馆中得到“满意加惊喜”的服务。

其二，“对客服务中心”在服务工作中成为对客服务的“总调度室”，而完成这些工作，需要全宾馆各部门的配合和协助。由于对客人的服务通过“对客服务中心”来完成，为确保为客服务的圆满完成，上至总经理下至每一位员工都要齐心协力去支持和配合。此外，宾馆还下发文件，赋予“对客服务中心”以权限，并要求各部门在接到“对客服务中心”的通知时先执行，如有困难和问题可开服务协调会解决，确保了“总调度室”运行的畅通。

其三，“对客服务中心”要建立起一支综合能力强的复合性人才队伍。服务人员要对宾馆的各服务区域、服务功能、消费价格以及宾馆所在区域、旅游景点、商场等信息有一个综合的了解，要具备较强的综合素质。为此，宾馆加强了对服务人员的挑选和对服务人员综合素质的培训、锻炼，使服务人员能够树立端正的服务思想以及应对各种服务需求和处理紧急事件的综合能力，为客人提供周到、满意的服务。

其四，建立一个丰富、全面、个性化信息库，是做好为客服务的基本条件。“对客服务中心”在为客人的服务中，根据客人的不同需求，要为其提供满意的、个性化的、情感化的服务，就需要建立一个信息丰富、客人个性化信息全面的信息库，以满足客人的各种服务。宾馆要求全体员工积极提供各种信息，“对客服务中心”的员工也要走出去收集信息，前厅部的前台服务提供客人个人档案信息，使“对客服务中心”的信息库不断增多、充实。

【思考题】

本案例“对客服务中心”与传统“客房服务中心”的区别在哪里？建立“对客服务中心”需要创造哪些条件？

案例 97　叫醒失误的代价

小姚是刚从旅游院校毕业的大学生，分配到房务中心是为了让他从基层开始锻炼。今天是他到房务中心上班的第二天，轮到值大夜班。接班没多久，电话铃响了，小姚接起电话："您好，房务中心，请讲。"

"明天早晨5点30分叫醒。"一位中年男顾客沙哑的声音。"5点30分叫醒是吗？好的，没问题。"小姚知道，叫醒虽然是总机的事，但一站式服务理念和首问负责制要求自己先接受客人要求，随后立即转告总机，于是他毫不犹豫地答应了。

当小姚接通总机电话后，才突然想起来刚才竟忘了问清客人的房号！再看一下电话座机，吓出一身冷汗——这部电话机根本就没有号码显示屏！小姚顿时心慌，立即将此事向总机说明。总机告称也无法查到房号。于是小姚的领班马上报告值班经理。值班经理考虑到这时已是三更半夜，不好逐个房间查询。再根据客人要求一大早叫醒情况看，估计十有八九是明早赶飞机或火车的客人。现在只好把希望寄托在客人也许自己会将手机设置叫醒，否则的话，只有等待投诉了。

早晨7点30分，一位睡眼惺忪的男性顾客来到总台，诉称酒店未按他要求叫醒，使他误了上飞机，其神态沮丧而气愤。早已在大堂等候的大堂副理见状立即上前将这位客人引到大堂咖啡厅接受投诉。

原来，该客人是从郊县先到省城过夜，准备一大早赶往机场，与一家旅行社组织的一个旅游团成员会合后乘飞机出外旅游。

酒店方面立即与这家旅行社联系商量弥补的办法。该旅行社答应说这位客人可以改加入明天的另一个旅游团，不过今天这位客人在旅游目的地的客房预订金270元要由客人负责。接下来酒店的处理结果是：为客人支付这笔订金，同时免费让客人在本酒店再住一夜，而且免去客人昨晚的房费。这样算下来，因为一次叫醒失误导致酒店经济损失共计790元。

【评析】

由本案例得出的教训和应采取的改进措施有三条：一是所有"新手"上岗，都应当有"老员工"或领班带班一段时间，关注他们的工作情况，包括哪怕接一次电话的全部过程。比如与客人对话是否得体完整、是否复述、是否记录等。必要时要做好“补位”工作。二是客人报房号与叫醒时间时，接线员应重复一遍，予以确认。三是所有接受客人服务来电的电话机都必须有来电显示屏，并有记忆功能。这样既利于提高效率，也可以防止类似本案事件的发生。此外，为了确保叫醒服务万无一失，总机还可以采取进一步的保障措施：叫醒时间到时，除了电脑的正常叫醒外，最好再跟进一个人工叫醒，实施“双保险”；同时密切注意对方反应，万一客人因熟睡电话没有提机，则须通知房务员再跟进敲门，直到叫醒客人为止。

总之，酒店叫醒服务必须制定一套严密的服务程序和严格的管理制度，并且一丝不苟地在实际操作中贯彻执行，才能避免叫醒失误，稳定并提高服务质量。

【思考题】

对照本案例，你们酒店的叫醒服务有哪些环节需要改进和完善？

案例 98 换房引发的诉讼纠纷

国内传媒刊登了《北京香格里拉走上法庭》的详细报道，叙述了香港某旅行社外联部经理马某与北京香格里拉饭店因住宿纠纷最终导致双方走上法庭的经过。

简要经过是，饭店通知马某 2322 房已到退房日期，住房已预订给某团队了，如果她不能离店，饭店愿意免费提供其他客房一间，不过是她原来就嫌差的西翼楼房间，第二日再换回，遭马某拒绝。马某当日离店外出。期间，饭店将其行李移至其他客房，保险箱内物品移至大堂保险箱内。马某当晚 11 时回店，十分生气，遂爆发宾客财产遗失、损坏纠纷，引起诉讼，等候法院裁决。

【评析】

本案虽然马某违约在先，但鉴于情况的复杂性，饭店方应该慎重处理。在当时情况下，饭店不履行团队的约定属违约，但擅自打开客人的保险箱的做法也是错误的。饭店应充分尊重客人的人格和隐私权，而未经客人允许就打开保险箱，将客人放置在保险箱内的物品随意搬走，侵犯了客人的财产合法权益和隐私权，有损客人的人格，这是不可取的。比较正确和稳妥的处理方法，可以采取如下步骤：

其一，当团队到达时，马某不在场根本无法协商，饭店应先联系团队方协商是否可以让出该房间。若取得领队的谅解，事情就以最简单的方式解决了。若不同意，则只能退一步将2322房清房。

其二，给马某安排高于原来档次的房间（如套房），而不要给她原先就嫌差的西翼楼房间。

其三，保险箱可以跟着移走，但不能擅自打开。

其四，当晚，前台和客房人员都应随时注意马某是否已回饭店。为了避免客人到达现场而火上浇油，前台人员在大堂一经发现客人回店，应立即通知前台经理或大堂副理出面留住客人，以协商解决此事。

【思考题】

谈谈你对本案例换房引起的投诉的认识，以及你认为最恰当的处理类似情况的方法步骤。

案例 99 客房的诚信经营

山东某市一家酒店将"让客人放心入住"作为一个课题进行讨论，并制定了一整套客房诚信经营的运作方法。

1. 引导员工树立诚信经营的意识，不欺人，更不自欺

酒店客房区域大、内部物品多，各个酒店都建有客房清理标准、用品消毒要求，并且客房部督导及管理人员每天都要抽查客房。尽管这样，但对能否保证客房安全卫生达标的可控性仍比较小，也不能完全避免员工偷工减料现象的发生。如有的员工用撤下来的枕袋去擦饮水杯子，用一块抹布就收拾完整个客房。针对这个问题，该酒店首先从员工的诚信经营意识抓起，教育员工在客房卫生方面清理要到位，对待客人要像对待自己的亲人、朋友一样真诚。记得新员工入店到客房培训时，客房牛主管拿起饮水杯问新员工："你认为杯子干净的标准是什么?"新员工回答说应该是通体透亮，没有灰尘污渍。牛主管笑着摇摇头说："不完全对，还有更重要的一点。"说着，他往杯子里倒了一些水，然后一饮而尽。说："这才是最重要的。每一家酒店的杯子从表面看洗得都很干净，但是酒店客房部的员工外出时却很少敢直接用其他酒店的杯子喝水，客人也是如此。为什么？因为表面上干净并不代表已经彻底消毒。而我们酒店的员工敢用，因为对每一个杯子我们都要经过彻底消毒后再进客房，我们酒店检查员工的标准也是'你是否敢用你清理过的杯子喝水。'概括成一句话就是'不欺人，更不自欺'。"这就是该酒店对员工诚信经营最起码的要求，对得起客人，更要对得起自己的良心。

2. 深化管理，将卫生消毒工作做到位

在客房管理上，仅员工有了诚信的意识还不够，关键要有得力的措施，将客房卫生消毒工作做到位。在这方面，酒店也应下大气力抓紧、抓好。

客房布草严格消毒，分类包装后进客房。客房的布草种类多，并且大多数布草与人体直接接触，卫生工作尤为重要。现在，酒店对布草采取以下措施确保卫生，让客人放心。一是洗前分类生化消毒。对客房撤下的布草，根据不同用途和种类进行分类，采用紫外线密封杀菌消毒；二是水洗，在水洗过程中按比例加入消毒液，按程序和时间要求彻底清洗；三是高温烘干；四是单独包装。为避免布草在运输及员工做房过程中的交叉污染，对卫生间内的布草用品除地巾外，全部进行一次性单独包装。该方式推出后，酒店在人力及成本上有所增加，但受到住客的欢迎。

使用品牌洗化用品。大多数酒店从节约和宣传的角度出发，洗化用品都是自己专门批量定做，但是客人入住后较少使用，并且用后效果较差。对此问题，酒店把客房洗化用品由原来的自己定做改为使用大家认可的品牌。调整改变之后，大大取信于客人，反响很好。

重视客房内小件物品的消毒。客房内的电话机、遥控器是客人使用最频繁的物品，但也是许多酒店在消毒过程中最容易忽略的物品。酒店对这些常用物品的清理十分重视，每天要用酒精对电话机、遥控器进行擦拭消毒，除此之外，还定期收集起来进行紫外线照射消毒。就因为此事还发生过一次化干戈为玉帛的“投诉”。有一次，一位客人入住酒店客房，由于房务员的疏忽，房间电话用紫外线消毒后未及时复位，导致客人因找不到电话而投诉。但是当房务员及时送回电话，并告知客人电话已经过紫外线消毒后，客人转怒为乐，笑着说：“电话消毒好，这样我们就放心了，但以后别忘了及时送回来啊。”从此，这个客人认可了该酒店，成为忠实顾客，并经常向朋友介绍该酒店消毒工作严格，值得信赖。

3. 用心、用力、认真做事，真诚对客

酒店的房务员是一个朴实能干的群体，尽管工作量比较大，一天十几间房做下来，累得腰酸背痛，但从无怨言。他们都在用心、用力、认真地做事，话语不多，但时刻能让客人感受到酒店员工的真诚与朴实。在客房清理上一丝不苟，保证给每一位入住客人赏心悦目的直观感觉。在服务上，细心地观察客人的需求，默默地去做好。如2月初，一位南方客人入住酒店，因为旅途劳累加上气候差别大，客人感冒了。当房务员在服务时看到客人床头柜上的药，听到客人的咳嗽声，默默记在心里，晚上特别熬了热乎乎的姜汤送给客人喝，客人大为感动，给酒店写表扬信说：“我感冒已经几天了，吃了一些药也没起作用，但是喝了酒店员工特意送给我的姜汤，我真的感觉好多了。有这么好的员工，酒店的发展一定会辉煌。”

当今社会是一个讲诚信经营的社会，酒店客房是客人的“家外之家”，是客人旅途中的“驿站”，更应该做到诚信经营，让客人在这里睡得放心、睡得安心。

【思考题】

本案例中客房诚信经营是从哪些方面构建运作体系的？你对此有何心得体会？

案例100 客房创新的大胆探索

上海东北角一家名不见经传的宾馆，大胆探索，客房创新，受到了当地市场的热烈追捧。

该宾馆的客房完全打破了传统的框框，或是不同的文化、或是不同的布局、或是不同的陈设，一切从市场需求出发，形成了风格各异的客房。譬如说：当前饭店接待婚宴数量增加，办婚事要借客房。该宾馆按照20世纪60年代上海的婚房特色对若干客房进行“脱胎换骨”的改造。从门框到地板的所有油漆用深赭红色，门框两侧贴上“山盟海誓结姻缘，地久天长成伉俪”的大红对联，门上做一个大心形包上“囍”字。客房里的陈设全部回到了40年前，老式木床，床上铺印花床单、锦缎被子、绣花枕头，床头贴着大红“囍”字。所有家具都是仿红木的，老式床头柜上放着老式电话。墙边靠着五斗柜，上面放着老式收音机、热水瓶、梳妆盒、果盘、糖篮，窗棂下吊着大红灯笼……最有趣的是在房角还按传统婚礼放上了马桶，马桶里放上枣子、花生、桂圆和喜蛋，隐喻“早生贵子”。整个客房一派喜气洋洋，乡土味极为浓郁。从标准化角度说，这样的客房未免有点离谱，但在市场上却是实实在在的火爆，平均房价高达800多元，遇上“黄道吉日”更是超过千元。后来饭店在婚宴客源市场的强烈要求下，不得不再次增加特色婚庆客房。

该宾馆还有一种半隔离客房，由于宾馆的客房面积稍大，除卫生间和门廊外，房间长方形区域的面积有20平方米，宾馆则把客房辟成两个部分，外半部分铺地板，放沙发、茶几和艺术装饰，形成一个小客厅，而内室则放床和电视，作为卧室，内外之间或用全磨砂玻璃、图案玻璃或小围栏等不同形式的装饰进行若隐若现的隔离，营造出一种小套房的气氛。同时，外间铺地板，既方便了进出，也保护了内间地毯。这样的客房虽有两个楼层，但每间都有小差别，有常住常新的感觉。这种新构思的客房深博商务散客之青睐，也卖得很俏。

此外，宾馆还有日式客房、明清客房、西式豪华客房等诸多类型，无不在客房创新中别出心裁，给客人留下深刻印象。

【思考题】

借鉴本案例，尝试对你所在酒店的细分市场的客源需求谈谈客房创新的思路。

案例101 “水晶虾仁”中的管理学

上海静安宾馆的水晶虾仁蜚声海内外，数十年盛名不衰。上海数以千计的宾馆、饭店、酒楼，几乎家家都有炒虾仁这一菜肴，何以该宾馆能够一枝独秀？其秘诀在于“管理”二字。

1. 进料管理

该宾馆的水晶虾仁，看起来透明度高、亮度足、大小均匀，尝起来则脆度大、弹性足、味道鲜美。这里有加工工艺的原因，也有虾仁原料方面的原因。

该宾馆的虾仁取材于江苏高邮，那里是我国著名的产虾地。每年6～7月是捕虾的黄金时节。此时收购鲜虾不仅质佳，而且价廉，如错过这一时机，虾产量锐减，且肉体欠饱满，价格反而上涨。

宾馆就采购鲜虾一事进行过多次讨论。最理想的办法是集中采购，但麻烦随之而来：那么多虾储藏在哪儿？宾馆领导会同餐饮、财务等部门负责人曾研究过几个方案，最终决定添置一台大型冷藏柜。虽然一次性投资极大，但从长远利益来看，宾馆每年还是可以由此节约不少资金，更重要的是保证了作为宾馆传统名菜原材料的质量。

2. 加工管理

该宾馆的水晶虾仁之所以能给宾客以大小均匀的视觉效果，还在于一丝不苟的加工管理。虾仁大致分为大小两种，大的每斤120粒，小的150粒，有着极其严格的定量标准，小于这一标准的不用。大的用于高档宴请，小的用于零点便席。

虾仁的清洗也有窍门。原来虾仁十分“娇嫩”，对水温要求甚高，水温稍许偏高，虾仁的色泽和口感都会受到影响，即使是37℃的手伸进水中所引起的水温微弱变化，也可能导致虾仁变色，所以清洗盆内的水中必须放进数块食用冰。冬天，厨师在寒冷彻骨的冰水中浸上数十分钟是很不好受的。

水晶虾仁的成败关键更在于上浆。上浆的浓度、时间都有讲究，太早或太迟，一次上浆过多或过少都会严重影响质量，其中也有管理的学问。

3. 价格管理

水晶虾仁是该宾馆的看家菜，但价格并不高，这一方面与宾馆集中采购降低进货成本有关，另一方面宾馆执行了一条“看家菜低利出售”的规定，使水晶虾仁这样的名菜在该宾馆并没有以高价销售。在那儿每一菜肴的价格不是某个人讲了算数，餐饮部须对每一道菜实行严格的成本核算，然后报计财部审核，最后经总经理批准后才能出台。水晶虾仁虽是宾馆名菜，但名菜并非盈利“大户”，该宾馆的做法是以名菜带动副菜，以副菜创造效益。

【评析】

静安宾馆的水晶虾仁在上海享誉已久，其成功的经验可归结为严格的规范化、程序化、标准化管理。一家酒店为把餐饮搞上去，往往在名菜名点上寻找突破口，该宾馆走的也是这条常人皆知的道路，但是他们在名菜管理方面下的工夫显然比多数酒店大得多。

据悉，静安宾馆早就成立了一个以总经理为首、由各厨师长和资深厨师组成的菜肴研究小组，定期研究销售情况、客人反映、新菜肴的烹调与推出、成本估算与核算以及各级管理事务，这就是连当地五星级酒店外方总经理宴请贵宾也常去该宾馆品尝水晶虾仁等名菜名点的重要原因。

【思考题】

联系本酒店的实际，从本店的特色产品的开发中，是否也可以获得管理学的启示？举例谈谈。

案例102 开好餐饮班后会

餐饮，看似只是吃吃喝喝，但要让顾客高度满意决非易事。尤其人们生活走向小康，消费者由于体验丰富、见多识广，对餐饮的要求也日趋挑剔，更凸显出以自我意识为主的“老资格”的态度。于是酒店服务的变数就日益增多，也越来越难以预料和把握。在这种情况下，开好餐厅前台服务与后台厨房沟通协调的班后会，就显得格外重要。

从管理理论角度说，班后会是建立一套餐饮管理的快速反应机制，确保菜肴出品和服务的问题在第一时间得到充分完美的解决；通俗地讲，即做到“今日事，今日毕”。这样做既把隐患消灭在萌芽状态，不使问题重复出现，同时也不断总结经验，积累经验，提高菜肴出品和服务的质量及应变能力。

班后会在每晚餐饮营业结束后召开，由部门经理或餐厅经理主持，厨师最好全体参加。如果餐厅规模很大，厨师人数众多，则可每天轮流由一部分厨师参加。前台服务主管原则上全体参加，领班与服务员也每天以一定的比例轮流参加，以加强基层员工的参与意识。

会议的指导思想是让顾客满意，培育本店更多的回头客和忠诚客，因此会议要坚持“顾客至上”的原则，更多的是寻找原因、解决问题，而决不是查找责任和推诿责任。

同时，由于厨师是技术工种而服务员是普通工种，如果指导思想不明确，会造成厨师不把服务员的意见当回事，甚至抬杠。要让后台厨房懂得，服务员是在转达顾客的意见，而不是他们对厨师有意见。不可否认，在顾客意见中有难以满足的，甚至是蛮横无理的，但只要有意见就应让前台服务员畅所欲言，把顾客信息尽量完整地传递给后台厨师。至于如何应对处理，那是下一步的事情。

厨房操作、厨师掌勺，都有一定的规矩方式，或者说总有相当程度的规范化制度，顾客意见的随心所欲与厨房的标准化必然会产生一定的冲突和矛盾，而班后会的意义就在于在标准化与个性化之间达到一个最佳的平衡点，这也是最终找出让顾客满意的突破点。譬如说厨师同一锅炒出的几盘菜，大部分客人没意见，但有一桌客人嫌口味太淡，那服务员就端回厨房，处理方法可有三种：或再加工，或换，或退。应该看到这种情况是极少发生的，具有偶然性。同时也要看到，这不是厨房操作的质量问题，因而餐饮的考核就不能机械地以客人是否投诉、退菜为奖惩依据，而应鼓励厨师们更好地配合前台一线，去满足顾客的需求。任何行业、任何工作都有意外，所以对餐饮部门的考核指标也须与时俱进，授权于餐厅，让餐厅能更灵活地从顾客满意角度出发来调整菜肴。作为餐厅必须算大账，尤其对因个性化需求而提出意见的顾客，在不增加或极偶然增加餐厅少量成本的情况下，应尽量满足。这样做有利于传播口碑，有利于吸引回头客。

餐饮的家常化使客人点菜时经常出现按自己爱好点菜的现象。如一位安徽客人来某城市经常下榻某酒店，他特别喜欢吃黄豆芽小排骨汤，餐厅只有萝卜小排骨汤，但为了满足这位客人的口味，就将萝卜换成黄豆芽。有一份顾客心，稍稍增加一点工作量，换来的是顾客常驻的忠诚。

上菜程序与快慢节奏也是前后台配合的一个重要问题。冷菜未上全，热菜已上；冷菜热菜一哄而上；主菜未上，最后的蔬菜先上……诸如此类的事情时有发生，会造成客人的不快。有时客人因就餐目的的需要也会提出自己的上菜要求，这些都需要服务员与厨房及时沟通。有的酒店明确规定传菜员担当起掌握上菜节奏的任务。第一，服务员在客人点菜时就注明上菜的程序要求，特殊要求更必须注明。第二，厨房因厨师和时段不同，会忙闲不均，但这绝不能成为上菜次序错乱的借口。厨师长在厨房管理中的一大职能，就是均衡各时段各位厨师的出菜速度，使客人舒心、愉快地得到美食的享受。第三，授权传菜员把关。出菜快了、错了，传菜员应加以调整；出菜慢了，就尽快催促，不让桌面冷场。这项小小的改进是很有意义的创新，它在餐厅服务与厨房制作之间建立了信息沟通的快速通道，也提高了传菜员的服务意识，增添了服务责任。

总之，每天班后会开得不必长，但应有许多精彩的或许也是难缠的问题，这对厨房和服务员都是一项挑战。应该说确立厨房与餐厅、厨师与服务员餐饮经营的整体意识、团队精神和一体化产品服务全过程的完好连接，这是一家餐厅全面服务质量的坚实基石和赢得顾客的无声促销。

【思考题】

餐饮班后会的性质是什么？有什么作用？请准备几个自己工作中遇到的问题，在相关会上讨论。

案例103 如何不让厨房出菜慢

目前，在经营规模较大的酒楼和酒店餐厅，常常会碰到客人对上菜太慢的投诉。如何解决这一问题，直接关系到顾客回头率乃至企业的生存。在此，对这一问题的解决办法做一探讨。

1. 厨房管理的统筹安排

首先，摸索客人的就餐规律，做好半成品的充分备料。根据餐厅接待的客源类别不同进行分类：以接待休闲度假类型客源为主的餐厅周末客人较多，一般在周五、周六、周日这三天生意较好；以接待公款消费类型客源为主的餐厅，则在周二、周三、周四、周五这几天生意较好。营业开餐前的准备工作，不应该仅仅是姜、葱、蒜等配料的准备，更重要的是要充分做好原材料的粗加工及半成品的备料。除了特殊菜点的切配外，一般的比如肉丝、肉片、土豆丝、茄子等要事先切好，而不是等到客人点了这个菜，服务员把菜单送到厨房后，厨师才开始削皮切丝。有些厨师会认为这个环节花不了多长时间，不会耽误多少事，其实恰恰相反，厨房出菜慢的很大一部分原因就是缘于厨师的这种思想！一个菜耽误几分钟，十个菜就耽误几十分钟；在就餐集中的情况下，势必造成出菜通道的堵塞，延误厨房的上菜速度。

其次，统筹安排，合理调配，最大限度地做到人尽其能、物尽其用。一般情况下，炉灶厨师都是一人一灶，各司其职，厨师长作为厨房的管理者，现场调控、现场协调、现场指挥显得尤为重要。对于餐厅而言，客人就餐高峰也就集中在一个半到二个小时之间，也就是说在这短短的一两个小时内，厨房可能要做几百甚至上千个菜品。而从整个厨房的用工成本考虑，炉灶上的炒菜厨师相对出菜高峰时段而言极不匹配，怎么办？唯一的办法就是一人用二灶或三灶（在有多余灶眼可用的情况下）：一个灶炸、一个灶烧、一个灶炒，充分做到人尽其能、物尽其用。实践证明，这种做法对解决厨房上菜速度慢有很好的效果。

再次，统一配方，提前兑汁。像川菜的鱼香汁、宫保荔枝汁及其他菜系的糖醋汁、咸鲜汁，都可根据当日生意状况事先兑好，这样，既提高了菜肴出品的速度，又为菜肴制作的标准化作业向前迈进了一步，避免了同一个厨师做出的同一个菜肴两种味道的怪事。

2. 餐厅服务员的娴熟技能与密切配合

餐厅服务员会不会点菜、熟不熟练，对出菜速度的影响也是很大的。有些不会点菜或点菜不熟练的服务员，磨磨蹭蹭、吱吱唔唔就耽误半个多小时甚至更长；这还不够，点完菜后又嫌字写得难看，趴在吧台上再重抄一遍，又是一个十分八分钟，等送到厨房，客人已坐下好长时间了，换了你，也早就不耐烦了。

除了强化服务员的点菜技能和熟练程度，别无他法。平时除了请厨师长给服务员讲解菜单、让服务员熟记菜单外，经常性的点菜模拟操作也很重要。为了区分餐厅和厨房的责任，在点菜单上注明下单时间是一个办法：客人进入餐厅时由迎宾员注明时间，服务员点完菜后送单入厨时由传菜员注明时间，各岗厨师在接到点菜单后应核对入厨时间，避免服务员故意将时间往回写推卸责任的做法。

【思考题】

为解决厨房出菜慢的问题，应如何统筹安排厨房管理，如何强化服务员的点菜技能和熟练程度？

案例104 适得其反的离谱菜名

某日，经商的王先生邀请几位外地观光的客户到某酒店就餐。几个人兴冲冲地打开菜谱，不禁愕然。“情人眼泪”、“生死恋”、“金屋藏娇”等稀奇古怪的菜名跃然纸上。它们究竟是啥？让人如坠雾里。

王先生怎肯在朋友面前丢脸，只得装出一副十分熟稔的样子，硬着头皮点了“情人眼泪”、“生死恋”、“黄金万两”、“金屋藏娇”、“龙王喜得子”和“霸王会蛟龙”。待服务员端上来时，这些菜终于露出了庐山真面目。原来，芥末拌肚丝被谓之“情人眼泪”；一公一母两只牛蛙炖在一起称为“生死恋”；“金屋藏娇”不过是炒熟的鸡蛋下盖着几片西红柿；而一大一小两只龙虾搅在一起成了“霸王会蛟龙”；几块地瓜饼沾上面包渣，油中一滚就成了地道的“黄金万两”。众人捧腹大笑之余备感受到捉弄。

顾客不仅会对这样的菜单引起反感，甚至会“吃一堑，长一智”，以后不再光顾该餐厅了。

【评析】

本案例中的菜单由于菜名取得离谱，且名不符实，引起顾客的反感，很可能导致以后不再光顾该餐厅了。

菜单是餐厅重要的促销工具，是引导顾客选购其产品的“服务指南”。作为与顾客接触的一个重要窗口，酒店方在设计过程中要下一番工夫。其实除了菜肴命名外还要注意以下几个方面。

首先，菜单的设计要注意艺术、美观的整体效果，要与餐厅的经营宗旨相匹配，要体现和推销餐厅的形象。例如一家牛排餐馆，菜单的封面具有菜品的图形，这种设计能立即反映出该餐厅提供什么菜式。

其次，菜单要很好运用颜色和照片，菜品的照片有利于顾客加快点菜的速度，而颜色的利用则起到推销菜品的作用。

再次，管理者和厨师长应定期研究菜单的调整，而服务员则应不断地征询、收集、传递宾客的意见和建议。

最后，菜品的菜量不要都是单一的例盆式，这样容易造成就餐客人少而菜量过大，导致浪费。酒店在菜单设计上可以使用例盘菜单和小盘菜单两种因客而异的菜单，例盆菜单是供五人以上多位客人点餐用，小盘菜单则供三口之家或三四个朋友小聚用。比如，同是霉干菜烧肉，例盆每盆标价 18 元，小盘是 10 元，价钱是例盆的一半多，数量仅是例盆的 1/3 强。也就是说，酒店以 1/3 的数量卖了 1/2 的价钱，可是顾客反倒感到实惠、合算。酒店回头客多了，毛利也高，起到了很好的促销效果。设计两种单独的菜单与一份菜单中分例盘、大盘的促销效果是完全不一样的。

总之，酒店在菜单的设计上要有利于向顾客购买行为的方向转化，从而达到促销的目的。

【思考题】

结合自己平时为客人点菜的经历，请谈谈一份菜单对餐饮销售有什么作用。还有别的作用吗？

案例105 职业点菜师“导吃”

南方某酒楼一餐桌前，客人们看着菜谱上名目繁多、五花八门的菜名，翻来覆去不知道点什么菜。此时，一位漂亮的酒店员工款款走来，“您好，我是酒店的职业点菜师，如果不介意，我可以根据您的需要‘量身定制’合适的菜单。”

“我们五个女士加一个小孩，其中一位是北方来的客人。都不喜欢油腻的，你看什么菜比较好?”

“我建议你们来个水果色拉，小孩子喜欢，而且比较开胃、促进食欲；茉莉花烩豆腐，清淡，美容养颜；野菜干煲老鸭汤，有营养、清火，正适合这个季节吃；清蒸鲥鱼，鲥鱼是南方的特产，是名贵的食用鱼，明朝被列为贡品，北方客人一定要尝尝……”听点菜师不用菜单却流利地点出合意的菜肴，几位客人频频点头。

旅游景点有导游，逛商场有导购，饭店、酒楼开始出现了“导吃”，即职业点菜师。职业点菜师的出现不但顺应了市场，方便了消费者，更重要的是提升了饭店酒楼的品位。如果点菜师推销到位、点菜有方，对饭店酒楼的销售十分有利。据一些饭店反映，出现专业点菜师后营业额一般能增加5%～10%。同时，点菜师的出现对于及时推出创新菜也有帮助。正常情况下，客人认识新菜有一个很长的过程，而有了点菜师后这个过程大大缩短，新菜推出的速度明显加快。

职业点菜师与传统意义上的服务员点菜是两回事。过去，服务员点菜是客人说、服务员记。而现在，点菜主动权掌握在点菜师手中，这就对点菜师提出了很高的要求。可以说，点菜师不是普通的服务员，而是服务员的一种升华。所以许多饭店酒楼把点菜师列入管理人员范畴，待遇很高，同时要求也高，一般服务员很难达到，不经过专业培训难以起到点菜师的作用。

一个好的点菜师脑袋里要装下若干记事本。首先是对本酒楼的各色菜肴、价格、利润、原料、做法、口味等客人关心的问题都必须能够脱口说出；其次是菜肴的搭配法则，冷盘、炒盘、甜点的数量、口味、颜色以及营养成分都要兼顾。除以上两项基本功之外，点菜师还要掌握哪些常客有哪些不同的禁忌以及新菜的推广策略等。在许多酒楼，点菜师的直接管理者被称做“菜头”，他要定期组织点菜师与厨师们交流，并根据顾客的反馈情况，为厨师们提供新菜的推广情况和建议。

每当有新菜品问世，抢先品尝的便是点菜师们，这时他们便摇身成了“美食家”。不过此时的“吃”已不仅仅是一种享受，而是一道有相当难度的“作业”。眼睛要看，鼻子要闻，嘴巴要品，其味道好在哪里、特色妙在何处，点菜师必须一一亲口“试吃”，并认真总结。如果说背下菜谱、配上菜品、加入营养、留意口味是“硬功”的话，那么抓住顾客、估算成本、点出利润等便是点菜师的“软功”所在。

作为一个职业点菜师，服务、形象、专业水平、个人素质都必须超出一般的服务员，必须具备一些普通服务员没有的素质。如儒雅的风度、丰富而广博的专业知识、熟练的推销技巧和公关能力、极强的亲和力和沟通力、平和的职业心态等。职业点菜师往往会根据顾客的性别、年龄、身份、口味，甚至就餐目的来“量身定制”可口的菜单。在很多饭店、酒楼，美女与帅哥组成的职业点菜师队伍，已经成了“招牌”。不少回头客在某种程度上也是冲着他们而来。职业点菜师为饭店、酒楼带来好生意，收入自然也较普通服务员高出数倍。一名优秀点菜师往往还会成为众多酒楼高薪争夺的对象。

作为一个新兴职业，为更好地顺应市场、方便消费者，职业点菜师必须经过培训上岗。职业点菜师需接受的培训内容包括消费者心理分析、餐饮知识与菜品组合艺术、餐饮促销技巧与菜单制作、餐饮的成本控制和定价策略、菜品的营养知识与搭配，以及点菜师的礼仪与语言艺术等。

【思考题】

职业点菜师与传统意义上的服务员点菜有什么区别？职业点菜师必须具备哪些专业素质？

案例106　巧妙安排会议餐

江苏省农机系统在南京一家三星级饭店召开为期三天的大型会议。会前一天上午，会务组同志先期到达，稍事休息后，会务组的三位负责人在营业部经理的陪同下来到了餐饮部办公室。

一阵简短的寒暄后，会务组同志重申了餐饮的预定标准，即每人每天 120 元，扣去第一天的早餐和最后一天的晚餐，每人餐费计 240 元，与会人员约 240 人，餐费总计约为 5.76 万元。

会务组同志走后，酒店餐饮部正副经理和总厨师长进行了细致的研究。

总厨师长首先发言："第一，不要平均使用餐费，除早餐与午、晚餐的标准不一样外，三顿午餐和两顿晚餐虽然都是每人 40 元，但不宜平摊，应作统筹安排。第一天的午餐是会议集中的第一餐，要把菜肴和服务都搞得好一点，开个好头；最后一餐也要搞得隆重、丰富，给与会者留下深刻印象。而其余各餐则可以相对简单一些，上一些经济实惠的菜肴和点心。第二，因为与会者来自全省各地，所以菜肴要兼顾全省各地的地方风味，以保证客人吃饱吃好。"

随后，总厨师长草拟了一套会议菜单，餐饮部经理看后接着发言："由于会议标准不是很高，所以我们一定要坚持薄利多销的原则，既让客人吃饱、吃好，又要保证一定的利润，因此必须对菜肴原料进行综合利用。例如青鱼一菜，第一天可以是豆瓣青鱼，第二天中午则可以是红烧划水，晚餐是炖沙锅鱼头。另外，还要粗料细做，发挥我们酒店厨师技术力量雄厚的优势。"

餐饮部副经理强调，虽然会议餐标准较低，但服务不应失水准，要拿出酒店应有的服务水平，确保客人满意。

最后，餐饮部三位领导对菜单进行了十分细致的研究，经几次调整后才最后确定下来。

会开得很成功。在三天会议过程中，用餐十分顺利，240 名会议代表在一片祝酒声中结束了会议。

【评析】

会议接待很不容易做好，特别是一连数天的用餐，一要让上百名的客人吃得开心；二要把餐饮费用控制在会务组规定的范围内；三要保证酒店在经济上有所得益。做到三方面兼顾是有相当难度的，关键在于酒店餐饮部门内部要有科学的管理和巧妙的安排，还要与会务组加强沟通，掌握信息。会议客人虽不好接待，餐饮利润又薄，但由于参加会议的客人一般数量较多，即使餐饮方面经济收入不丰，但客房和其他消费还是比较可观的，淡季时会议客人还能填补客源空白，所以酒店不能忽视对这一市场的开拓。

南京这家饭店接待省农机系统的会议，餐饮部几位主要负责人一起研究具体安排，这是该酒店管理意识的体现。一家酒店餐饮成功与否固然与其厨师力量有关，然而重要的还在于管理。接待各类团队客，管理的重要性更甚于烹饪水平。如果管理妥善，纵然厨师实力单薄些，团队客的用餐还是可以搞得很好。而该饭店的厨师力量在南京享有盛名，菜肴品质更是有口皆碑，接待一个240人的大型会议有如此高水平的管理，又有手艺高超的厨师掌勺，客人皆大欢喜自在情理之中了。

【思考题】

本案例饭店对连续几天的会议餐的巧妙安排，从管理上看，有哪些有益的启示？

案例107 “抓砧板”与管餐具

餐饮成本管理是一个值得关注的话题，成本管理包括对物料和易耗品进行管理和控制，有以下两个问题值得重视。

1. 成本控制“抓砧板”

中厨成本的高低直接影响着酒店是否盈利。如何有效地控制成本，成了厨政管理的重点和难点。为了控制成本，餐馆酒楼“八仙过海，各显神通”。有的建立自己的供应基地，自产自销；有的集团采购，多买多实惠……

很多酒店的经营者都认为，找一个好的炒菜师傅很重要，但却往往忽视了一个砧板师傅的重要作用。成本控制的关键在于头砧，砧板师傅的一双手在一定程度上决定了一个餐饮企业能否赚钱。一个中、高档酒楼的头砧，不但要切菜、配菜，还要做申购单、管理冰箱周转率等。其手艺的高低，直接影响原材料的出成率，以及砧板员工的整体水平。

“抓砧板”实质上就是“权”“利”制约，“权”“利”平衡。首先可以从报酬及奖金来着手。鉴于该职位的重要性，其奖金的数额要大，对人有较大的激励和影响作用。同时，又要求砧板师傅对酒店负有相当的责任，在成本控制上，应无条件支持头砧，具体方案由头砧制定，报总厨批准执行。但是头砧只有在任务完成得好的情况下才能拿奖金，否则不但不给予奖励，还要倒扣工资。头砧师傅在“权、责、利”三个方面相互制约，相对平衡。

有了“利益”作前提，头砧在工作中就会想尽一切办法节约成本。如抓菜时不随手，而是精确地定量化，如辣椒几个、葱几根。而平时随手扔掉的边角废料此时也都会变“废”为宝。比如，将葱头蒜尾集起来炼葱油；平时不要的鱼内脏也都留下来，做鱼杂锅仔，这样鱼泡、鱼子、鱼肚也都成了宝贝，整条鱼几乎没有浪费掉的东西，充分利用原材料。即使是一个青椒，通过头砧的妙手也能将作用发挥到极致。众所周知，酒店炒菜往往会把青椒的头尾切掉，粗心的师傅往往随手将之扔到垃圾桶里，而节约成本的头砧会将这一部分再切成小粒，用来做炒料。如此种种，使厨房的成本大大降低。另外，每次下申购单，头砧也会仔细斟酌、反复琢磨。

2. 餐具管理，管家牵头

餐具管理是一件让餐饮管理人员头疼的事，一家酒店，尤其是档次高的酒店，餐具器皿多达百余种，数量达到三四千是很正常的事。很多餐具买回来只用几次就用不上了；还有的餐具买回来以后根本就没上过台面，就直接进了库房；还有的品种因使用频率过高，破损后需要不断地补全。除此之外，酒店的总厨每到一个新的地方会根据自己的需求，添置一批新的餐具。有的酒店总厨经常更换，导致餐具数量激增，酒店老板见到餐具直摇头。现在的餐具价格昂贵，少则几十元，多的上百元。餐具随着菜肴从厨房到传菜间到餐厅到洗碗间再回到厨房，这中间极易发生破损；另外，由于人员多，也容易丢失。那么，这些巨额的餐具损耗由谁来承担？责任由谁来担当？

最有效的办法就是设立直接责任人，用形象说法来表述，就是为餐具找个“管家”，同时还需要酒店全体员工的参与。“管家”手里有一本明细账，类别、数量、报赔、报损、申请免赔等，账目清楚。仓库不定期抽查，凡破损餐具，必须在24小时内进行处理。餐具破损鉴定、申请补全等工作全由“管家”搞定，并随时对某个品种餐具进行盘点，厨房和库房则随时沟通，信息互告。而管家又将所有的餐具分配给相关的普通员工，建立个人责任制，并且也建立账目，列出数量、质量清单。这样一来，职责明确，谁负责的餐具少了，就由那个负责人赔偿，在第一时间内报告并且查清情况，不属于责任人负责范畴的，由大家共同平摊。而所有这些责任人在承担责任的同时，也享有相应的利益，即其职责范围内的事情做好了，能够拿到多于一般员工的奖金。

通过上述两项管理措施，很多餐厅的直接成本大大下降，这就是管理出效益的有力见证。

【思考题】

根据你在餐饮岗位的工作经验，为本酒店餐饮成本管理提出几条有效的措施建议。

案例108　餐饮管理中的信息技术

在餐饮管理中，餐饮的收入管理和成本控制是管理的重点，也是难点。之所以是重点，是因为它们直接构成了企业的经营利润，这是企业的经营目的。控制了收入和成本，也就控制了利润。说它是难点，则是由餐饮企业生产经营的特点决定的。其一，餐饮收入多为现金收入，且分散在大量基层服务员及收银员手中；其二，餐饮产品的产销量无法精确计量。

目前，在一些饭店及社会餐饮企业开始应用餐饮信息管理系统，这一融计算机和网络技术为一体的信息管理手段，不仅提高了餐饮企业的服务效率，而且给餐饮的收入管理和成本控制提供了一个方便高效的控制工具，使收入管理和成本控制的管理效率大为改观。

1. 餐饮信息管理系统的收入管理功能

未采用信息管理技术的饭店为了解决上述餐饮收入控制的难点，目前常用的做法是采用点菜单的编号管理、点菜单与账单核对、点菜单两联核对、点菜单修改的签字权限及账银核对等管理制度进行收入控制。这是一套有效的收入控制方法，它的缺点是工作量相当大，餐饮部每天的点菜单有成百上千张，每天要进行其编号顺序核对、点菜单与账单核对、点菜单两联核对等营业收入稽核，工作量大又枯燥乏味。如果审核人员与收银员或服务员或厨师联手作弊，照样可以产生收入漏洞。

应用餐饮管理信息系统，可以从根本上改善收入控制问题。当客人点菜时，通过餐饮管理信息系统的点菜子系统输入菜单，系统自动将菜单传至厨房、点心间、冷盘间、传菜间、海鲜房，此时系统中就产生了生产数据和客人应收款数据。由于是一项数据同时为生产部门和收银点所用，并且所有数据都存放在电脑中，通过权限管理，一般人员无法进行更改，诸如撕毁账单、开阴阳联、私改菜价等作弊行为就不可能发生。这样，原先手工操作时必须的点菜单编号顺序核对、点菜单与账单核对、点菜单两联核对等营收审核工作就可以取消了。

餐饮管理信息系统之所以能取得良好的控制效果，是因为信息技术的管理方法，它将原先散落在基层员工手中的对销售收入款的控制权收回到了上层管理者手中。一般的服务人员只有输入菜名的权利，而定价、改单、撤销等操作，通过系统的权限管理，其控制权集中在少数管理者手中。这样就大大改善了原先由于收银权散落在基层员工手中而使收银作弊防不胜防的状况。只要控制住权限管理这一个口子，就可以有效地控制住整个收入操作。信息管理系统利用数据库和网络技术，使数据得以共享，这使管理人员进行实时监控成为可能，管理人员可以随时从企业内部的局域网上查询到各个岗位和各个员工的业务发生情况。这使得控制变得方便和准确，也大大提高了管理效率。

2. 餐饮信息管理系统的成本控制功能

餐饮原材料成本控制是饭店控制的一个难点。虽然标准菜单上有每种菜肴的标准耗量，可以作为生产耗量的控制依据，但是由于原材料的多样性和菜肴的多样性，实际上要依据标准菜单计算出每天生产的菜肴所消耗的原材料的标准耗量是缺乏可操作性的。

利用餐饮管理信息系统，便可以解决这一餐饮原材料成本控制中的问题。计算机信息系统所特有的快速搜索和计算功能，恰好解决了原先人员控制中的“瓶颈”问题。当点菜子系统输入菜单后，系统就可以快速搜索到该菜肴的标准菜单，并根据标准菜单上的各原材料的标准消耗量，以及点菜单所反映的生产量计算出一个营业日或某一营业期间内某一种原材料的累计标准消耗量。只要将通过盘点获得的实际消耗量（领料数减去盘点数）资料与标准消耗量进行对比，便可实施有效控制。

餐饮信息管理系统之所以能达到人工控制所不能达到的成本控制效果，是因为计算机的搜索和计算能力使标准菜单这一餐饮成本控制的有效工具作用得到充分发挥。如果不采用IT技术，标准菜单在成本控制方面几乎无法起到任何作用。因为企业没有足够的人力和时间从浩繁的标准菜单中去查找某一菜单上琐碎的各种原材料，特别没有可能去进行耗量的计算。而信息管理系统的搜索和计算能力正好解决了这一问题。此外，标准菜单也不是一成不变的，随着经营环境的变化，需要适时调整。如果不采用IT技术，用人工来进行标准菜单的调整，也是一项事倍功半的负担。所以这也是标准菜单在成本控制中无法有效利用的原因。而采用餐饮信息管理系统，对标准菜单的刷新变得很简单，一经刷新系统便会按新的标准菜单进行耗量及成本核算。

餐饮信息管理系统能进行有效控制的另一原因是由于系统可以即时计算出标准耗量，因此就可以进行实时控制。由于信息反馈及时，问题就可以得到控制。此外，由于被控制者知道存在一个实时控制系统，因此会进行自律，从而使管理效率得以提高。

【思考题】

信息管理技术是如何解决餐饮收入管理和成本控制难点的？你认为饭店及社会餐饮企业推广餐饮信息管理系统的条件是否成熟？

案例109　餐饮管理“五常法”的创新

中餐业的管理历来是经验型管理，尤其是厨房管理更是谁当大师傅谁说了算。再加上从业人员流动频繁、文化素质较低、缺乏管理意识，即使是一项通常很好的管理方法也很难贯彻到每一个操作岗位并长期坚持。餐馆的安全、卫生、品质、效率、形象难以保证，经常会发生问题，甚至威胁到餐馆的生存。本案例介绍的“五常管理法”（简称“五常法”）就是新近应运而生的诊治餐饮企业上述积弊的一帖良药。

“五常法”是香港何广明教授借鉴日本“5S”管理法精神，并结合香港实际创建的现代餐饮优质管理方法，它不仅对餐饮业，而且对各行各业也具有普适性。上海饮食业行业协会近年从香港引进“五常法”，结合上海餐饮业实际，创建餐饮优质管理，很快就取得了显著成效。

上海天天渔港是“五常法”管理的示范店，它将过去容易生蛀虫、蟑螂的木质货架换成了不锈钢货架，每个橱柜上都贴上标记，如：1号A柜调料类、1号B柜液体类。打开冰箱，各种原料分放在不同的保鲜盒内，上面标明原料名称，让人一目了然；刀具等用具上还贴着不同颜色的标记，红色用来切熟食，蓝色切生食，以防交叉感染……该酒店在实行“五常法”管理后，解决了传统餐饮动态管理差的问题，使烦琐、凌乱的管理工作做到了规范化、制度化、长效化。员工能在各自岗位上，高效自律地完成工作任务，创造安全舒适的工作和经营环境，更好地为顾客提供优质服务，使企业的品牌形象得到进一步的提升。

“五常法”在餐饮管理中的要义及应用如下：

1. 常组织

判断出完成工作所必需的物品，并把它与非必需的物品分开，将必需品的数量降低到最低程度，并把它放在一个方便的地方，进行分层管理。

在实际应用中，仓库的物品应实行分层管理，根据物品的使用量按低、中、高分层存放。高用途的物品库存量通常按1～1.5天来存放，同时采取先进先出的措施，保证产品质量；每一类库存物品制定最低、最高存储数量，低于一定数量则要补齐。如处理印刷品的积压问题，可以先确定宣传册的最低、最高数量分别是20本和50本，在20本处贴上一根有颜色的胶带，低于20本就要进货，这样方便管理，一目了然。

由于社会餐饮与高星级酒店不同，特别是员工更衣室很难处理，因此酒店员工的私人物品应降到最少，并集中存放。例如，员工的喝水杯应集中放置于茶水间的墙架上，达到统一管理的目的。

工作中要做到统筹安排，这是至关重要的。每天都要制定一张工作计划表，按照计划实施，并召开一小时工作会议，总结前一天工作中取得的成绩和存在的不足，同时制定新一天的工作目标。

2. 常整顿

要使工作效率提高，先要决定物品的“名”和“家”，旨在用最短的时间可以取得或放好物品，其步骤很简单：分析物品现状并进行归类，制定好的存储方法并切实执行。

工作中我们常会遇到因物品摆放不正确所带来的不必要的麻烦，为了提高工作效率，应把物品归好类，放置适当的位置，方便取用。如厨房间的生食、熟食、蔬菜往往因管理不规范，容易出现混乱，这样既不卫生，也降低了工作效率。“五常法”则把生食、熟食、蔬菜事先归类，将其放置在三个不同的冰柜里面，并在柜外贴上有颜色的标签。红色代表“熟食”，蓝色代表“生食”，绿色代表“蔬菜”，标签上则有存放物品的名称，真正做到了有“名”有“家”。除此之外，还可以推广应用至更宽的层面，比如工具间里存放的工具，可利用钉子将其挂在墙壁上，并贴好标签，方便存取和管理。员工的衣物、日用品等也有明确的位置。这种方式大大节省了找寻物品所花费的时间，真正做到30秒内可取出和放回物品。同时，每个分区位置也应有负责人的标签，各区落实到责任人身上，避免了互相扯皮、推诿现象，从长远看有利于改善员工之间的人际关系。

3. 常清洁

这是由整个组织所有成员一起来完成的，每个人都有自己负责清洁的地方和范围。要遵循的守则不仅是“我不会使东西变脏”，而且是“我会马上清理东西”，提高员工保持清洁的积极性。

其实，“常组织”、“常整顿”做好了，“常清洁”也就容易了。由于各个分区的划定，只需责任人养成习惯按时清扫就可以了，但好习惯的养成并非如此容易。因此，这就需要领导带头，特别是厨师长身体力行地按时检查、清扫，所谓“榜样的力量是无穷的”，这样才会调动全员的积极性。除了自身养成卫生习惯外，酒店在设计上也要讲求人性化设计，如货物架应与地面留出15厘米的距离，便于清扫隐蔽的地方；散装物品要加盖存放，防止老鼠、蟑螂的滋生；油和水的管道口处应放有容器，以免溅到地上，便于员工清扫；洗刷间的水池应用不同颜色分开，形成“一刮”、“二洗”、“三过”、“四消毒”的程序化设计，就如工业生产的流水线一样方便、快捷，卫生程度也明显改善。养成随时清扫的习惯，有助于整个酒店提高卫生程度，也降低了日后大扫除的难度。

4. 常规范

重点维持透明度、视觉管理及园林式环境，包括利用创意和全面视觉管理的方法，获得和坚持规范化的条件，提高办事效率，实现视觉安全管理，进而使管理达到标准化。

采购是酒店管理中的一个重要环节，能否保证原材料的规格和新鲜度，直接影响到菜肴的质量，因此，酒店必须制定一套行之有效的采购标准，将原材料的规格、用量拍成彩照，并按标准审核。无关的菜种不予考虑，尽量购买净菜，使其充分利用，减少厨房垃圾，这样会大大降低资金成本和劳动成本。

从“以人为本”的角度出发，一定要制定设备安全规范，设备上要标明操作规程，对报修的物品挂故障牌；危险装置如煤气管道应有醒目标识，严禁乱拉电线，切实做到安全管理有保障。此外，要注意酒店的节能工作，灯的开关要有醒目标识，尽量减少耗电量，达到能源的最大化利用。有的酒店在实现能源利用的规范化后，每月能节能 2 万多元。

员工活动区域也要规范化管理，贴“五常法”墙报，挂“五常法”结构图，将管理负责人的照片、名字、分工以及工作业绩都明确标出，形成“看板效应”，无形中督促了员工。同时，要规范员工的仪表仪容，张贴标准仪态的照片，旁边放一面镜子，方便员工及时更正，有利于工作中提高服务质量。

5. 常自律

创造一个具有良好习惯的工作氛围，持续地、自律地执行上述“四常”，有助于员工养成遵守规章制度的习惯，这也是“五常法”的落脚点。

要做到“常自律”，一定要营造一个良好的工作氛围，领导要以身作则，每天收工前五分钟带头检查“五常”，定期交流，及时发现问题，进一步完善《员工“五常法”手册》，并将其发放到每个人的手中，经常学习，时间一久，员工们便能潜移默化地养成自律的好习惯。

“五常法”作为现场实物管理的有效方法，也是餐饮优质管理的创新之法，它突破了传统的经验型管理，实行全员管理，有助于餐饮产品和服务质量的提升，同时，也为实行中餐标准化提供了可能。

【思考题】

简述“五常法”的基本内容。“五常法”作为餐饮优质管理方法，其重要作用何在？其创新的亮点在哪里？

案例110 自助餐：从不赚钱到赚钱

有不少酒店，在提供自助早餐的“咖啡厅”，简单地、公式化地提供一日三餐的自助餐，其结果往往就餐人数和经营利润都不理想。仔细查看自助餐的菜单，品种不下几十种，厨师每餐都是精心烹制。这样的自助餐，哪怕收费合理，也在60～90元之间，但就餐人数往往停留在30～50人之间。每个月到了月底细算一下，往往是不赚钱的。

多年前深受顾客欢迎的自助餐，为什么落到不赚钱的地步，而为什么还有不少的酒店照样在经营不赚钱的自助餐？

回顾一下，自助餐受到顾客欢迎的原因不外乎有三点：一是没有“量”的限制，这对于满足口味年代的顾客是最大的吸引力；二是顾客能够自我控制时间，省时；三是品种、质量一目了然，吃又十分方便。现在自助餐的“失宠”和顾客的消费观念的改变是有直接联系的。现代人的消费观念已从“量的满足”转到对“质的追求”，这里的“质”，一方面是指菜肴品种的价格质量，另一方面是指菜肴品种的健康成分。现在的餐饮竞争已经到了白热化的程度，60～90元之间的人均消费正是大众消费在大城市的均衡点，当顾客有无数消费点可选择的时候，一成不变的、像大锅菜一样、大鱼大肉的自助餐，已经吸引不了顾客的眼球，往往不会成为顾客的首选。

另外，从餐饮成本的角度看，厨师长和餐饮部对于多年例行公事推出的自助餐已经没有了核算成本的意识与概念，以为有几十个人就餐应该不会亏本，根据想象盲目操作。但事实上如果一餐自助餐没有超过60名顾客的光顾，自助餐本身的利润难以保证。按照行业一般规律，自助餐的保本点在50个消费人次。低于这个数量的消费人次，不应该推出自助餐。由于每天没有保本的就餐人数，但自助餐照开不误，到了月底，也没有对自助餐的成本进行单独核算，出现亏损而并无知觉，这些就是造成自助餐不赚钱的根本原因。

酒店的咖啡厅，要不要一日三餐提供自助餐？以盈利为目的的咖啡厅必须考虑几点条件：其一，能不能保证每餐有超过60名顾客的就餐人数？其二，不能保证人数的原因能否改进？能否有足够的健康、创新菜肴来吸引超过每餐60名的顾客？其三，提供的菜肴对于顾客来说是否物有所值？其四，是否有保证60名顾客以上人数就餐盈利的标准菜单？

出现了不赚钱的自助餐，怎么办？取消不赚钱的常规的自助餐，承办预订的、有主题的自助餐。现代人的消费都有了时尚的概念，以往节庆、喜宴、朋友大型聚会……都采用圆桌的形式，如果推荐主题明确、菜肴丰富的自助餐，定能吸引顾客。设想一下，如果有个聚会，人数在60人以上，按传统的思路订6个圆桌，价格在60～90元的标准，能够给顾客带来多少新意？如果酒店建议顾客花费同样的钱，采用自助餐的形式，聚会可能既热闹又实惠。这样的聚会可以有生日聚会、同事调动的迎送聚会、结婚喜庆、会议就餐……如果酒店在这方面动一下脑筋，进行针对目标市场的促销，有可能带来每天足够客源的自助餐生意。

要做好这样的“主题自助餐”的促销，从管理的角度有以下几方面的准备工作要做：第一，准备10～20套不同种类、几种价位的标准自助餐菜单供顾客选择。第二，对这些标准菜单进行成本核算，以保证酒店和顾客的利益均衡。第三，准备2～3种不同的铺台方式并拍摄成照片供顾客参考。

同样推出自助餐的就餐形式，酒店如果改变了思路和方法，完全可以使得这一形式的餐饮业务从不赚钱到赚钱，从顾客吃腻了到给顾客带来新意。

【思考题】

自助餐不赚钱的原因是什么？自助餐实现盈利需要考虑哪些因素？为什么“主题自助餐”更受顾客的欢迎？

案例111　餐饮成本控制的真功夫

成都一家著名四星级主题饭店实行全面成本控制，从管理中出效益，从成本中“挤”利润，取得了十分显著的业绩。如果把同类饭店作为参照对象进行成本项目比较的话，饭店餐饮部至少有1/4的效益来自管理。在此，把该饭店餐饮部的核算范围、项目和方法做一说明：

成本指原料和配料构成的两料成本。燃料列入费用。费用包括了由餐饮部开支的全部项目，它比其他饭店餐饮部只考核毛利率的方法要严格得多，可谓细致到家，连餐饮用的房屋和场地的折旧也列入费用。一言以蔽之，除税金由饭店统一缴纳外，其他一切人、财、物的消耗，均视作餐饮部的直接费用计入餐饮总成本。费用明细项目如下：工资，福利费，工会经费，工作餐，办公费，差旅费，物料消耗，电话费，低值易耗品，燃料，水电费，合同工保险，交通补贴，折旧费，修理费，运杂费，应酬费，劳动保护费，停车费，服装费（含歌舞队），洗涤费，职工教育费，广告宣传费，奖金提成，其他费用。

各餐厅共有500个餐位，营业收入1600万元，餐饮部上交饭店纯利润300

万元，利润率为19%。餐饮部有利润留成，用于发展和资金周转，若将此计入，真正的利润率超过25%。人均创利约为2.3万元。

下面，选择几个主要成本费用项目，对该饭店餐饮成本控制进行评述。

1. 原料成本

减少中间环节，餐饮部自己进货，建立严格的采购制度和进货手续。供需直接见面，进货针对性强，能满足宾客需要。

餐饮部下又划分为两个小部门，分管相应的营业单位。两部各有一正一副四位厨师长。厨师长每周轮流带队做市场调查，其中各有一人专管成本。他们带现金到市场上把原料买回来，作为最真实的价格参考依据，既有利于内部互相监督，也有效地制约了供货商。遴选了一位素质很好的临时工当采购员。一般来说，临时工很珍惜工作机会，反倒不会捣鬼。若确实发现其有不轨行为，可以立即辞退。

对供货商是宽严并济。“宽”，即从不拖欠供货商的货款，每月26日报账结算，现金付清，供货商愿意为这样守信用的饭店尽心尽力地服务。“严”，即保质保量。凡质量有问题的原料和辅料，一切损失和风险均由供货商承担。凡以次充好或短斤缺两，少则以一罚十，重则以一罚百，最厉害的一次，罚了供货商3万元。若不认罚，则中止供货关系。事实上，供货商心里很明白，不会轻易放弃这样稳定的大生意。

包括厨师长在内的任何员工，均不得与供货商建立私人交情，坚决杜绝回扣。如果领导和管理人员拿手中的权力去换私利，那么手下员工虽然没权，但他们会以糟蹋、浪费、偷盗来出气，这种无形的损失日积月累将是不可估量的天文数字。所以餐饮部与供货商的一切利益关系都放在明处。

对原辅料全面综合利用，做到不浪费边角料。如生姜，中间的切片，四周的切丝，一点不丢弃。一大块牛肉，嫩的部分做炒菜，稍差的可以煨炖品，边角料放到食堂去做工作餐。用他们自己创造的说法，叫做“刀下留钱”。

2. 人工费用

用人权力下放，下属各部实行工资总额包干，充分调动每个员工的积极性。在传统体制下各部门、各条块都缺乏减员的主动性，甚至找出推诿理由。餐饮部借鉴邯钢的“市场成本否决法”，强制但又科学地确定人员配备，并与个人利益挂钩，减员的阻力就小多了。领导跟员工讲清这样一个道理：只有提高效率才有出路。“壮士断腕”并非饭店“心狠”，而是市场竞争的“无情”。

在收入结构上，采取低工资、高奖金的办法。最基层的服务员工资水平大致也就定在二三百元。在正常经营下，奖金可拿到600多元，好的时候能超千元。1997年上半年的一次奖金，人均有3000多元，高的达七八千元，皆大欢喜。

3. 水电费用

做到滴水不漏，分电不跑。从办公室到操作和服务现场，都一一分设了水表和电表。谁的水龙头开了长流水，就罚款；办公室下班不关灯，也照样罚款。罚金就像家庭计费一样，几个小时内电表走了多少千瓦，就按标准自付。对水电的消耗，有专人专职检查。如今饭店人人养成了随手关灯、关水龙头的好习惯。从更长远的眼光看，对我们这样一个资源匮乏的国家来说最大限度地节约资源和最有效地利用资源尤为重要，这也是饭店业为人类发展应该担当起的历史使命。

4. 物料器皿费用

按营业收入的3‰为损耗率，这是按数理统计常态分布规律而制定的标准。开始做不到，但餐饮部相信科学，坚持了下来，花了两年工夫，终于达标。检验和考核都十分严格，杯碟稍有缺口就算损坏，属于个人损失。有一次厨师长打烂了一堆盘子，照赔。如果是客人当场损坏的，则在查清原委后，由餐饮总监签认，不计入员工损失。低于3‰的节约额全部作为奖励，由保管餐具的负责人具体发放。

其他物料也建立了相应的考核制度，并开展竞赛，如台布、口布，每月每人都有精确的统计数字，比一比谁的损耗少。

【思考题】

简述本案例餐饮成本控制的重点及亮点。

案例112 对餐饮原料采购的另类思考

对餐饮原料采购，我国许多星级酒店餐饮普遍采用的是由财务部来直接控制和掌握。这是从西方国家借鉴过来的，是符合国际惯例的。财务部直接负责采购有诸多优势，如能直接控制餐饮成本，使得财务管理制度无懈可击、无空可钻；财务部经过多方比较与市场调查，能很好地做到货比三家，从而达到物美价廉的目的。在这样一种采购形式下，酒店会有相对比较固定的供货商，这样就保证了原料品质的一致性，有利于餐饮产品维持质量上的稳定。这样的方式在餐饮管理者看来是习以为常的，看似并没有什么不好，但事实上在中国菜肴创新周期不断缩短的特有国情下，这种采购形式在很大程度上制约了酒店餐饮的发展及创新。

具体还需要用事实来说话。现在社会餐饮店大都是由餐厅直接派遣或安排专人采购原材料，这个人要么是餐馆的老板，要么是直接的采购责任人。他们直接与厨房的人联系，并决定采购货物的品种及数量。这主要是因为，中国人吃菜大都“喜新厌旧”，社会上什么流行人们就要吃什么，而不是完全由餐馆提供的固定菜肴来牵制自己的消费。这就需要酒店的采购人员能有十分敏锐的市场洞察力，能及时把握餐饮流行的趋势。比如，当人们流行吃水煮牛肉了，社会餐馆根据人们的消费喜好，买回了花椒、牛肉、粉丝、白菜等来做水煮牛肉。而酒店财务部的采购人员还在按照原来的方式，让供货商送来杭椒、牛肉，做杭椒牛柳，消费者就不要吃。这样一来，杭椒隔几天坏掉，牛肉也变得不新鲜，最终造成原料的大量浪费。酒店本意是要通过财务部的采购来控制成本，结果却适得其反。西方酒店采取财务部购买原材料，有着其独特的社会背景，这主要是因为西方人的饮食习惯和中国人差异大。他们日常饮食简单，一般就是牛奶、面包、牛排、色拉等。同样是采购牛肉，西方酒店只需要采购适合做牛排的牛肉就可以了，而不像中国要根据消费者消费倾向的变化适时进行调整。

诚然，餐饮成本的控制很关键，如何找到一个两全其美的办法呢？这就需要从制度上来解决。酒店餐饮可以向社会餐馆学习经验，将采购承包或者是寻找相应的责任人，在总成本控制的情况下将采购任务和权力下放，而且直接与其利益挂钩。这样采购人员会竭尽全力，在质量保证的前提下寻找市场上价格最低的产品。与此同时，采购人员还会与餐厅服务员和厨房间的人保持最紧密的联系，在第一时间内掌握顾客信息，根据时节买回消费者最爱吃的菜肴原料。如此下去，酒店的菜肴可以常做常新，抓牢顾客的偏好，实现经营目的。

一通百通、一顺百顺。采购管理体制的顺畅，不但可以为厨房的大厨们源源不断地提供菜肴创新的原料，也能调动餐饮管理人员的积极性，更重要的是能适应顾客“见异思迁”的变化。管理好了，经营就不会差；经营好了，效益就出来了；效益有了，酒店餐饮也就能与社会餐饮一较高下了。

【思考题】

请比较酒店餐饮原料采购由财务部直接控制和社会餐店由餐厅负责采购两种不同方法的长短优劣，并探讨本酒店餐饮采购的运作模式。

案例113 分工中见协作

一个餐厅就像一部运转的机器，而每位前台服务员就如同这部机器上的每个零件。任何一个零件出问题都有可能导致整部机器瘫痪。若服务员或服务中的某一个环节出问题，就有可能导致服务的失败。为了防止此类问题的发生，酒店在进行培训的同时，应注意加强员工的配合协作意识。

第一，信息沟通上的协作。这个“信息”在餐饮工作中的涵盖面很广，如政策法规、新的服务内容、外部环境因素的变化、客源情况分析、当餐预订及 VIP 客人接待内容等。一方面，这些“信息”首先由经理或领班掌握了解，并在班前会传达给前台每位员工，从迎宾、值台到传菜都应清楚知道这些信息，才能在日常工作中协调一致地为客人提供满意的服务。另一方面，值台服务员为客人提供服务的过程同时也是服务员收集客人信息的过程。这个“客人信息”包括客人对饭菜的评价、对服务的意见、对某些不足之处的建议，以及客人的需求或社会上正在流行的有关餐饮的信息等，内容也是十分丰富的。服务员在收集听取的同时将这些信息反馈给经理或领班，作为今后工作的依据或努力的方向，更好地使客人感到满意。

第二，岗位分工上的协作。迎宾、值台、传菜各有各的岗位职责和服务规范，然而在实际工作中，服务员都在相互配合，相互帮助。如迎宾将客人引领到适当的餐台前，帮值台员拉椅让座、接挂衣物等，值台员就可以为客人斟茶倒水，或者点菜。值台员在服务时领取酒水就会出现暂时空台，这时传菜员上菜时为了保证菜肴质量，可当即为客人介绍，暂时成为值台员；或为客人添酒，提供服务，配合值台员做好工作，满足客人的要求。

第三，服务过程中的协作。在餐饮日常工作中会遇到各种各样的情况。特别是北方的酒店和南方的酒店不一样，很多客人在进餐过程中都会喝酒，而且喝得相当多，有时服务员一个人会招呼不过来，这就需要有另外一个服务员来配合。尤其是会议用餐时，客人相对很多，来回串桌敬酒的情况很普遍，这就需要各区域的首席服务员负好责，派服务员跟着客人敬酒，随时添加酒水，同时这个服务员所值的台面应由邻近的服务员多招呼一下。又如2号台的服务员在撤换餐具，3号台的服务员就应该站在2、3号台之间，以便能更好地同时为两台客人提供服务，这也就是服务中的补位。

【思考题】

服务员之间的分工协作包含哪些方面？联系自己的服务工作，谈谈对分工中协作的重要性的认识。

案例114 小菜单的创意

两男一女三位中年客人从客房出来下楼去餐厅吃饭，他们懒得出酒店门，也不想高消费。坐定后，服务员递上一份菜单，菜倒没什么特殊的，但价格特别便宜，大约只有一般餐馆的一半。三位客人既惊奇又纳闷，不禁问服务员："你们这儿的菜怎么这么便宜?"服务员笑盈盈地指着菜单顶头的一行字："小份菜单，供三人以下点菜"，并接着说："大份菜单的价格就和其他酒店差不多了。"客人点了5个凉菜、5个热菜，共10个菜，全部吃光，赞不绝口。

小菜单在餐饮业中还是创新之举，它是顺应市场需求的产物。现在二三人上餐馆吃饭已是寻常之事，但点菜却是难事，最大的问题是没法多点菜，菜单上的都是例份，至少可供四五人吃。如果是两个人，点三四道菜足矣，否则就会浪费。客人想按正常的人均消费额而多品尝几道菜肴是不可能的。而小菜单则有效地解决了这一矛盾。

小菜单所有冷盘、热菜和汤，均按3人的食量设计，每份的量是例份的1/3左右，而价格则是例份的1/2。20元例份的咸鸡，在小菜单上是10元，24元例份的杭椒牛柳，在小菜单上是 12 元；而 10 元例份的冬瓜排骨汤，在小菜单上是 5 元；其他小菜单上一些家常菜则更是便宜。这实际是一个店客双赢的经营策略和定价策略。从客人角度说，菜量小而价廉，就可以多点菜、多品尝，花钱不多而能够大快朵颐，非常实惠。从饭店角度讲，点小菜单的消费总额并不比大菜单低，而毛利却要高于例份菜单。

当然，现象表现在菜单的大小上，而在管理上则至少涉及两个相关联的问题。

第一，桌位设计。该饭店发现来餐厅吃饭的客人中有一半是二三个人的随意小酌，因而以包厢满足宴请聚会的需求，而在大餐厅中摆放了足够的 4 人桌座，营造一种轻松悠闲的环境，这样的小桌面就与小菜单配合到一起了。

第二，厨师和冷盘间的配合。冷盘切配和装盘与菜单对应分为大、小两种，有的即时切配，有的事先分类装盘。炒菜同样如此，厨师要改变传统习惯，善做小份菜。同时在盛器容器上也有大小之别。开始时厨师会感到不顺手，嫌麻烦，但适应之后，也都习惯了。最终客人多，效益好，报酬提高，厨师也就变反对为支持了。

【思考题】

为什么说小菜单是餐饮业的一项新的创意？实施小菜单在管理上需要解决哪些问题？

案例115 “抛砖引玉”的餐饮促销

2003 年夏季，苏州市繁华地区一家二星级饭店一楼临街餐厅的改造即将完工，准备直接面向社会经营。饭店经过策划，向本饭店员工每人发放 50 元就餐券，以带动客人消费，增加人气。开业伊始，果真效果非凡，络绎不绝的人流，使新装修的餐厅名声大振。饭店在此基础上，陆续调整了菜单里的部分菜肴品种，使人均消费由 30 多元逐步稳定在 40 元以上。生意稳定了，质量提高了，市场找准了，实践证明改造成功，营销手段见效了。

几乎是同样的促销手段，近年“六一”前夕，苏北经济欠发达地区某县的一家政府宾馆，经过构思策划，印制了数千张“庆六一·欢乐自助餐”餐券，对学校学生发放，儿童凭券就餐可免费，成人每人免20元。学生们拿着餐券要求父母亲前往，父母亲算了一笔账，在当地市场买半只鸡、一条鱼，炒一盘蔬菜，烧一碗汤才10元钱，全家的伙食解决了；要是到宾馆吃自助餐，为了免费的20元钱，还要花上40元，实在不划算。结果宾馆准备“六一”节前后一周的“欢乐自助餐”仅过两三天就草草收场了，而且还收到了有领导批示的家长们的投诉。

都是“抛砖引玉”式促销，为何效果大相径庭呢？成败原因，经分析发现至少有四：其一，“砖”的大小。既是抛砖引玉，砖的分量不能忽视，砖大得不偿失，砖小不足以引发兴趣。50元的餐券，在人均消费30元的市场，几乎解决了两人的用餐费用，因此来客消费不觉心痛。客人既来了，饭店餐厅气氛、菜品质量后继跟上，人气和财气也就步入良性循环了。反之，赠券价值太少，明显系钓鱼感觉，本想前来消费的客人可能会来（也不介意赠券的存在，像肯德基、麦当劳小型免费或优惠即为此类），而专为花费赠券再附带、追加大额消费的客人自然不会很多。其二，抛往何方。砖头抛往的方向，应该是玉石林立的地方。因为这种促销方法，选择赠券、优惠券的发放对象是至关重要的。即使同一座城市，也有街区相对贫富之分；纵然同一个街镇，也难免人群消费观念有差异。其三，何时抛。背时凤凰不如鸡。选择适当时机发放赠券或优惠券，参与消费者消费决策；尤其是在假日经济中，适当超前地激发顾客消费动机，对激活市场、扩大需求是比较有效的。其四，是否有人“宁为玉碎，不为瓦全”？若是一个地区经常用抛砖引玉作为营销技巧，可能会使一部分消费者产生免疫性和抵触情绪，甚至出现“宁为玉碎，不为瓦全”的思维定势。即只要见到赠券、优惠券，就判断为诱人上当、请吃鸿门宴，消费者视之为陷阱。在这种氛围里，“抛砖引玉”是很难奏效的。

早就是经济发达的福利型国家的瑞典，有个知名品牌宜家家居（IKEA）。在世界各地开了不少连锁店，在一次市中心市场的开业典礼上，宜家向第一批光临的顾客赠送了洋溢着民族特色的瑞典木屐，但是只有左脚的一只。如果还想要右脚的一只，就得到那家偏远的新店去走一遭。于是，市区新店、偏远的新店都赢得了更多的顾客，创造了更高的销售纪录。这无疑也是“抛砖引玉”式营销的成功。然而它是寄托在发达社会、福利国家，设计抛出具有鲜明特色的“砖块”上的。

【思考题】

案例中两个"抛砖引玉"式促销，为何效果大相径庭？若本酒店餐饮搞这类促销，如何定位比较合适？

案例116 收益管理与RevPAR

作为衡量饭店经营业绩的重要指标，RevPAR与收益管理（Yield Managemant）的概念已渐为人知。饭店收益管理与RevPAR指标很重要，但还需与目标利润相结合来判断。试举一例：

A饭店有客房400间，挂牌销售价格为400元/间天，其客房出租率为60%，平均房价为300元，月收入为216万元，RevPAR=60%×300=180元。

B饭店有客房400间，挂牌销售价格为400元/间天，其客房出租率为70%，平均房价为260元，月收入为218.40万元，RevPAR=70%×260=182元。

从上述数据可以看出，B饭店的RevPAR为182元，比A饭店高，那么是否B饭店因此会获得更多的收益呢？我们假定两家饭店每间客房销售成本均为30元/间天（仅指客用品、水电费等），B饭店虽然取得了较高的经营收入，但其客房出租率比A饭店高出10%，即每天B饭店要多付出40间客房的经营成本，一个月下来为：40×30×30=36000元，A、B两饭店的经营指标对比如下表。

单位：万元

饭店	实际收入	潜在收入	收益率	RevPAR	毛利
A	216.00	480.00	45%	180	194.40
B	218.40	480.00	45.5%	182	193.20

由此可见，虽然B饭店的收益率与RevPAR指标都较A饭店高，但其所创造的利润却相对较少。且A饭店的客房出租率要比B饭店低10%，即在同等条

件下，A饭店享有的市场竞争力要远比B饭店高。那么，在相同经营资源的情况下（假定A、B饭店为同档次饭店），为什么B饭店客房出租率、RevPAR指标都高，经营毛利却比不上A饭店呢？我们从目标利润管理的角度来分析一下。

目标利润＝目标收入－目标成本（费用）

目标成本（费用）＝固定目标成本（费用）＋变动目标成本（费用）

B饭店通过降价的策略来争夺市场，它如愿以偿地获得了较高的客房收入及收益率，但这个结果是通过较高的出租率换来的，所以它必然要付出比A酒店更多的经营成本（费用）。那么，B饭店通过降价换回来的出租率是否划算呢？从目标利润的公式中我们知道，B饭店就是因为目标收入增加的幅度不能跟上目标成本（费用）增长的速度，因而导致经营毛利未能达到理想水平。

管理者在实施一项打折促销方案时，首先应考虑到的是方案实施后饭店能否从中获得更多的利润，即目标利润的管理问题。与之相区别的是，收益管理则侧重对收入的管理。

我们谈酒店目标利润管理，大多数情况是在编制酒店经营预算时，按以往经营的情况，结合现行市场分析，对部门全年经营做出的预测，同时也是整个部门的经营目标。而通常在考核一个部门的经营业绩时，其着眼点也在于对目标利润的考核。所以，我们在进行收益管理活动的同时应该有机地与目标利润相结合。

综上所述，饭店业平衡收益管理和目标利润的关键只有一个，那就是找准变动目标成本（费用）的变动目标参数，用公式表示如下：

变动目标参数＝目标收入－现行收入－变动成本（费用）基数×（目标出租率－现行出租率）×客房总额

如果变动目标参数大于零，则营销方案可行，反之则不可实施。例如：

A饭店有客房400间，出租率为60％，平均房价250元/间天，客房变动费用支出为35元/间天。为抢占市场，A饭店计划推出200元的特价房90间，预计出租率能上升到65％，每月收入增长15000元。那么此方案是否可行呢？

变动目标参数＝［（400×65％－90）×250＋90×200］－［400×60％×250］－［35×（65％－60％）×400］＝－200元

从表面上看，饭店的收入及RevPAR指标同比都有所上升，但变动参数小于零，即目标利润同比减少，因而此方案不可行。在大多数情况下，经营者都能准确计算出营业收入及RevPAR指标增长的情况，但要结合变动费用进行综合预测（含隐性成本），方可实现收益管理与目标利润的共同增长。尤其是在一些平均房价较低的饭店或住客层次较低的地区，客房变动目标成本的准确预测显得更为重要。

【思考题】

RevPAR 和收益管理的概念是什么？怎样正确理解收益管理与目标利润的关系？

案例117 逃账及其预防

逃账就是客人享受了饭店提供的各种服务以后，以种种手法有意或无意地不付钱或少付钱，使饭店无法收取这些账款而造成的经济损失。

逃账的手法不一，有的乘人多的时候浑水摸鱼，这在餐厅与商场容易发生，尤其是在商场接待大型团体时较多；有的钻服务程序混乱或设备不够先进、信息传递速度慢的空子。如一个人去结账时另一个人挂国际长途，等到电话发票开出，传到账台，客人已远走高飞。有的则行骗，以假护照、假证件行骗；以无效信用卡行骗；编造各种谎言，拉大旗作虎皮行骗，以及施以小恩小惠，骗取个别工作人员信任等。还有的是由于饭店员工自身工作疏忽、失职造成了少收钱、漏收钱的“逃账”现象。为防止逃账，应采取相应的措施。

1. 预收

因为对部分自己上门的客人的信用程度缺乏了解，所以预收一些费用，防止鱼龙混杂出现逃账。预收的金额可以根据客人准备逗留的时间决定，逗留时间长的可分几次预收，当消费的金额超过预收数时进行下一次预收，客人离店结账时多退少补。

2. 定期结账催收

对于住店时间较长的客人进行定期结算，即一星期或十天、半个月结算一次，能及时了解客人的资金信用情况及其变化，防止积欠太多，一旦发生突然事件而难以收款。

3. 运用信用卡

现在使用信用卡和接受信用卡的个人与商业单位越来越多，为饭店创造了良好条件。客人来饭店时，首先问清结账方式是付现金还是用信用卡，如果是使用信用卡，请他（她）即时把卡拉掉，金额栏空着，以后按实填写。必要时饭店可与有关银行联系，了解其信用情况。世界各大银行对于信用卡的使用都有一定的限额，如：Visa 金卡 2600 元、普通卡 1900 元，Master 卡 3000 元，长城卡 1500 元，等等。超过限额就得银行授权，而在限额内，只要最近一期黑名单上没有列入，即可使用该信用卡，银行保证支付。如果客人走了，饭店也可以在已经拉好的单子上写上金额，抄上该客人的护照号码等，向银行说明情况并收款，这为饭店减少逃账创造了条件。

4. 确立账台在收款工作中的中心地位

账台在日常收款工作中，必然会碰到一些缺乏信用、付钱困难的对象，为了防止饭店损失，这就必须及时而迅速地将信息发送到有关业务部门，制止该对象继续在饭店内大量消费并防备其溜走，账台如果没有权威，那是无法办到这一点的。

5. 依靠保安部门协助催收

如果发现缺乏信誉，账台多次催收而一再推托，甚至耍无赖的对象，要立即请保安部门协助上门催收。一时确无支付能力的，可采取有价实物抵押等措施，这里特别要注意的是，不要以客人的工作证作为抵押。

6. 建立黑名单制度

饭店一旦发现资金信用差的对象或有不轨行为的，以及已经逃账的对象，应将他们列入饭店的黑名单，拒绝接待。这一措施如能在集团或联网单位实行则效果更佳，还可能找到以前的逃账者，追回欠款。

7. 尽快使用电脑等现代化设备，加速信息传递

要使程控电话与账台电脑连接，只要客人在房内一拨通长途，费用通过电脑立刻记入他的账户；只要客人一结账，电脑就自动切断该房间的长途直拨线路，防止少收电话费。使用了电脑等现代化设施，各种费用都能及时记入账户，有效地防止逃账。即使遇到问题，也能向客人提供有力的原始记录。

8. 充分发挥门口、总台、电梯、客房一条龙的优势

如门口的迎宾员、行李员要注意客人的行李多少、轻重；总台要观察客人举止、风度、言谈，从多方面了解客人的层次及资金信用情况；楼面服务员要留意客人有没有行李、行李多少以及晚上有没有回来过夜等情况；电梯如果是有人驾驶的，则更是重要的一环，可以及时掌握动向。不论哪个部门发现情况都要及时向领导汇报，以便领导及时综合情况，采取有效措施，防止客人逃账。

【思考题】

预防逃账，除了本案例介绍的经验外，结合本酒店的具体情况，还有哪些有效措施？

案例118 加快应收账款回笼的要诀

随着饭店业竞争的日益激烈，信用挂账消费自然而然地成为饭店施展营销策略、稳定客源、增加市场份额的一大举措，由此而产生了应收账款。饭店生意既要做得大、做得活，应收账款也要收得来、收得快，这始终是摆在饭店经营者与管理者面前的重要话题。某饭店在加快应收账款回笼方面有五点做法可供借鉴。

1. 成立催款小组

成立以饭店领导为组长，营销、餐饮、客房、财务四大部门负责人及有关人员为成员的饭店应收账款催款小组，在春节前突击收款。每天事前排出催款路线，收款返回后及时汇总反馈，并及时安排好次日的催款计划。平时，分餐饮、客房两大块进行催款（一般以一个月为挂账收款周期），但分工不分家。比如，遇上餐饮吧台人员无暇外出，有同一挂账客户单位的，客房部则将餐饮账单一并带走收款，反之亦然。这样，既明确了各部门的催款责任，又树立了饭店一盘棋的思想，同时也增进了有关部门、人员的配合协作精神。

2. 签订信用消费协议书

以诚信为前提，根据客户单位的企业规模、信用程度、客户往来频率及饭店对其熟悉、了解程度，采取分级消费优惠政策。同时，在签约书上要求客户提供授权签字者名单，并及时分发到相关业务部门，以便严格把关。对于一些未签约的客户要求消费挂账的，饭店规定必须经饭店相关部门领导同意。特别是对于个人消费挂账，规定凡由饭店有关人员签字担保的，本着谁担保谁负责的原则，超过当月未收回账款的，则在担保人当月工资中予以扣除，直至扣完为止，从而在一定程度上避免了客户消费挂账的损失风险。

3. 编制账龄分析单

应收款期越长，形成坏账损失的可能性就越大。通过编制应收账款账龄分析单，可以及时了解挂账客户的账款动态和比例，以便及时采取相应对策，清理拖欠款，加速资金回笼，避免坏账损失。饭店的应收账款账龄分析单，主要包含挂账客户名单、挂账金额、账龄分析、总计及比例等项目，其中账龄分析单一栏又分为 30 天以内、30～60 天、61～90 天、91～120 天、120 天以上及备注六个分项目。账龄分析单统一由财务部负责编制，每月 10 号和 25 号各一次，分别呈送总经理及分管餐饮、客房部的副总经理。通过对应收账款的账龄分析，客户单位挂账时间长短、多少，都一目了然，由此可以基本了解客户的消费状况及信用程度，以便有的放矢，对症下药，加快应收账款的回笼速度，保证应收账款的安全。因此，编制账龄分析单对于加快应收账款的管理很有必要。

4. 召开财务分析会

饭店每月 25 号全面盘点后，定期召开一次由饭店领导牵头，营销、餐饮、客房、财务部主要负责人和相关人员参加的财务分析会，着重研究应收账款问题，核账单，排难点，寻原因，做到账账、账表、账实相符。对于一些久欠未清的款项，逐笔进行分析讨论，决不轻易放弃可以催讨的途径和机会。对于个别一段时间没来饭店消费的老客户，则认真分析原因，及时改进服务、菜肴等自身方面存在的不足之处，力争使其最终成为饭店的忠诚顾客。

5. 实施奖罚考核制度

为了进一步加强饭店应收账款的管理，明确职责，落实到人，确保资金安全，提高经济效益，调动催款人员工作主动性和积极性，饭店根据实际出台了

《应收账款回笼奖罚考核暂行办法》，规定：(1) 餐饮应收账款每月余额高于或低于15万元、客房应收账款每月余额高于或低于3万元的，各按其差额分别对相关部门予以1%的奖励或扣罚。(2) 应收账款统计截止时间为每月25日，以财务部账龄分析单提供的余额为准。(3) 各业务部门须及时上交有关账单，做到当月收入当月反映。(4) 应收账款回笼奖罚款每月结算一次。予以奖励的，由业务部门填写领款单，经财务审签后报总经理审批领取（具体奖励分配由各有关业务部门负责人自行处理）。予以扣罚的，由财务部在有关业务部门负责人的当月工资中直接予以扣除（具体扣罚由该业务部门负责人视情分解）。(5) 营销部暂纳入餐饮部应收账款回笼奖罚考核中，由餐饮部负责人视情予以奖罚。(6) 凡有财务人员配合外出催款的，有关业务部门应在当月的应收账款回笼奖励中对其予以适当的奖励。(7) 各业务部门及有关催款人员，须妥善保管好账单、发票等凭证，因工作疏忽而丢失的，须承担相应的责任。饭店自实施《应收账款回笼奖罚考核暂行办法》以来，效果较为显著，餐饮、客房等有关部门的催款责任心明显增强，积极性大大提高，应收账款余额均未超过预计的控制额度范围。

总之，饭店必须高度重视应收账款管理工作，群策群力，周密布置，精心安排，灵活应对，千方百计加快资金周转速度，提高资金运营效益与效率，努力避免和减少坏账损失，永葆饭店的生机和活力。

【思考题】

简述饭店应收账款回笼五要点。谈谈本酒店开展这方面工作的经验体会。

案例119 一笔错账的启示

某酒店在开张初期，发生了这样一笔错账：有关财务人员没有看清楚小数点，误读金额，多付给供货商9倍的货款。究其原因，采购员购入物品后，填写入库单时金额没有大写，且字迹龙飞凤舞，因而有关财务人员忙中出错，致使酒店多付了9倍的货款给供货商。发现这笔错账后，酒店方面经与供货商核对账目，将这笔多付的款项追了回来，但是这笔错账对他们震动很大。为什么会出现这样的差错呢？

根据分析，出现这类错账的原因大致有以下几点：其一，采购员没有严格按照规定填写入库单，没有大写金额，字迹潦草，财会核算员也忙中疏忽，误读金额。其二，采购员没有设立台账，付多付少心中无数。其三，由于采购员没有台账，无法进行内外核对账目。

问题的症结找到了，如何亡羊补牢，确保企业不再遭受意外的经济损失呢？酒店首先严格要求采购员按照财务规定填写入库单、付款申请单的各个项目，金额必须大小写一致，字迹清楚，否则不予入账或付款；其次从复式记账法中得到启示：运用复式对账法管理应付账款。现行的记账方法是“复式记账法”，那么是否可以采用“复式对账法”管理应付账款呢？

根据复式记账法的原理，当企业购进货物时，借记存货，贷记应付账款；当企业支付货款时，借记应付账款，贷记现金或银行存款。既然“应付账款”与“存货”是两个对应科目，财会人员就应该每月核对这两个会计科目的账目，只有将这两个对应科目的账目核对正确了，才能按照规定支付应付账款的款项。酒店的做法是：

1. 核对应付账款

其一，采购员设立台账，便于内外核对账目。其二，月末请供货商列出当月送货清单，并由采购员逐一核对。其三，采购员根据台账核对完供货清单后，即与管理应付账款的会计核算员核对账目。

2. 核对存货账目

每月月末，管理存货账目的会计核算员与二级核算员核对账目。应付账款和存货账目核对正确无误后，有关人员才能按照规定的程序办理付款手续，支付应付款项。

应付账款是企业生产经营过程中形成的企业与其他有关单位之间相互提供的信用，是企业购买商品、材料、物资或接受劳务供应等业务支付给供应者的账款。应付账款的管理出现失误，就会直接给企业带来意外的经济损失。特别是新建酒店在开张初期，由于酒店人员来自四面八方，工作经验、业务水平参差不齐，再加上各类物品到货集中，相关人员忙乱中稍有疏忽就容易出现错账。

该酒店采用了“复式对账法”管理应付账款，就再也没有发生过类似的错账。

【思考题】

本案例中出现错账的原因在哪里？本案例是如何根据“复式记账法”的原理采用“复式对账法”管理应付账款的？

案例120 酒店会计电算化出错在哪里

酒店会计电算化后更须加强管理，千万不能认为电算化计算快捷、正确，瞬间就能传递信息，管理水平自然而然就会提高。这是认识上的误区，必须予以克服和纠正。本文试就上海某酒店有关工作中的一个案例做分析。

有一天客人前来总台查询其发生的总费用，客账收银员漏报一笔款项，客人来结账时碰到了麻烦，很不高兴，便向总经理室投诉。这件事引起了该酒店管理层的深思：这位客账收银员平时工作认真仔细，怎么会发生漏报款项的事故呢？通过调查，模拟客账收银员的操作，终于搞清楚是以下两个方面的原因造成漏报款项的事故：其一，这笔款项的电脑记账有多种方法，客账收银员在对这笔款项进行电脑记账时，采用的记账方法不易查询，即电脑显示屏不能直观地、明了地显示这笔款项。其二，客账收银员确实是有疏忽。

造成漏报款项事故的根本原因找到了，该酒店随即采取了相应的措施，规定客账收银员只能使用一种便于查询的电脑记账方法。这件事使他们认识到：作为软件开发商，开发出的记账方法越多越好；作为客账收银员应尽可能熟练地掌握这些记账方法；作为酒店管理层，应当规定客账收银员只能使用一种适合本酒店业务情况的电脑记账方法。

同任何新生事物一样，我们对会计电算化的认识，有个不断熟悉、不断完善的过程。特别是刚开始使用电脑核算时，问题更多。电脑编程由于是人工安装的，往往因电脑工程师某些粗心或对核算体系中的某些细节了解不够而出现差错，反映在电算化上就是技术性问题。这些技术性问题如不及时解决，就会长期影响酒店电算化的正确性。比如：

1. 不熟悉客账核算业务

该酒店刚开始使用电脑核算客账，电脑账和手工账的店内转账差额甚大，经过查对，发现是因为电脑工程师不熟悉转账定义所致，误将店内外转账都当做店内转账处理了。财务经理即向电脑工程师做了详细介绍，转账就是将住店客人在酒店内不同时间、不同消费点发生的各项费用统一结账，这是酒店为方便客人结账提供的一种特殊服务。转账大致有两种：一种是店内转账，这是为方便住店客人的各项消费活动，客人在店内所有消费账单均由其签字认可，并注明房号，转到总台收银处统一结账；另一种是转外客账，这是根据客人要求，将客人在酒店内有关消费项目，均由旅行社（或委托单位）统一结账。两种转账的内容是完全不同的，不能混淆。电脑工程师搞清楚转账的定义后，随即将电脑软件做了修正，此后电脑账和手工账就能做到一致了。

2. 重复计算预收账款

在该酒店刚开始实行客账电算化时，电脑账和手工账的预收账款一连几天总是有些差异。起初酒店管理层总认为电脑计算正确，不可能会有计算错误，很可能是因为夜审员的计算能力差，正确性不高；而夜审员也怀疑是自己的错，但不知道自己错在哪里。为了搞清楚预收账款的账究竟错在什么地方，酒店管理层请了一位珠算高手重新核算了几天来发生的预收账款，经过反复验算确认手工账没有错，夜审员的计算是正确的。于是确定电脑账有问题，并且认定某个楼面的预收账款犯了重复计算的错误。电脑工程师检验了其编制的软件，果然如此，于是将这个楼面预收账款的计算公式予以重新设定。

随着经济的发展，企业财务管理在内部牵制的基础上产生了内部控制。内部控制是社会经济发展到一定阶段的产物，其内容是随着单位对内强化管理、对外满足社会需要而不断丰富和发展起来的。传统财务的基本原则是“管账不管钱，管钱不管账”，只有切实做到办理货币资金业务的不相容岗位相互分离、制约和监督，才能确保货币资金的安全。此外，电脑软件自身也有很多硬伤，如有的时候会有突然不能进某个系统或者对所有软盘都打不开甚至“丢失”数据等现象，第二天又恢复正常了；有时电脑计算会出些莫名其妙的错误，如几个数之和与正确答案出现差额。因此酒店实行会计电算化后，还应当防止电脑软件的硬伤给会计核算带来意想不到的错误和损失。

【思考题】

本案例中酒店会计电算化出错在哪里？结合贵酒店会计电算化的具体情况，你认为应该如何防止电脑软件的硬伤给会计核算带来错误？

案例121 收银与夜审

近年来适合星级酒店使用的酒店管理系统软件越来越多，模块日益丰富，功能渐趋完善，为酒店财务工作的开展提供了十分重要的保障作用。特别在营业收入、应收账款的日常核算方面，离开了酒店管理软件的有效支撑，要想完整准确地核算几乎是不可能的。但是管理系统软件再好，如果财务人员不能正确地加以利用，不但软件的作用得不到充分发挥，而且营业收入、应收账款的核算必将是一本糊涂账。

2003年年初，某星级酒店财务部经理易人。当月月底，新任财务部经理发现财务报表应收账款余额比夜审报表的全店累计应收账款余额少了一百多万元。经询问有关财务人员，差额原因没有人知道。

经过一段时间的分析查找，财务部经理发现了产生问题的原因：

其一，酒店财务部原有的营业收入及应收账款核算程序存在重大漏洞，应收账款科目设置很不科学。核算会计根据夜审报表——全店营业收入统计日报表上的当日应收收入数做如下会计分录：

借：应收账款——收入

贷：营业收入——××部门

出纳员将收银员交来的款项与夜审报表——全店营业收入统计日报表中的当日实收数核对无误后，根据实际入账款项做会计分录：

借：现金或银行存款

贷：应收账款——收入

从表面上来看，上述账务处理不存在疏漏。实际上，通过分析可以看出，月底财务账上的应收账款——收入科目的内容包含着两部分：一是前台应收未收款，二是前台已收款的银行未达账项。由于酒店支票、信用卡结算较多，而这些款项在尚未转入酒店银行账号之前，出纳员不做任何账务处理，实际造成月底财务应收账款——收入科目数据并无实际意义，更不能够准确及时地同夜审核对、确定月末全店应收款余额。同时，出纳员月底同银行对账的工作因此增加了不少困难。

其二，夜审员对于财务知识的欠缺，使得夜审报表的准确性得不到保障，夜审的监督审核作用大打折扣。由于该酒店管理系统的局限性，夜审报表的前后日之间的钩稽关系存在问题。如果夜审员做夜审审核时收银员不能及时退出当日操作，就很可能导致营业收入统计日报表中的当日应收收入产生少计、漏计现象，而核算会计据此记账必然会产生少计营业收入、少计应收账款的会计差错。事实证明，应收账款的差额主要是由于夜审报表当日应收收入数据的错漏导致。

其三，财务人员对日常据以记账的夜审报表的内容近乎无知，只知其然不知其所以然，不知道审核夜审报表的准确性，不知道与夜审报表核对全店应收款余额甚至当月营业收入总额，夜审报表与财务报表的应收款、营业收入差额越来越大且存在多年之久，也就不足为怪了。

在查清原因的基础上，财务部对收入及应收款的会计处理做了如下修改：

收入核算员根据夜审报表做如下分录：

借：应收账款——当日应收收入

贷：营业收入——××部门

借：其他应收款——当日实收收入

贷：应收账款——当日应收收入

出纳员根据实际到账的现金或银行存款做如下分录：

借：现金或银行存款

贷：其他应收款——当日实收收入

经过上述科目设置及分录调整工作，通过应收账款——当日应收收入科目实现了与夜审报表应收账款口径的统一，通过其他应收款——当日实收收入实现了对出纳员的有效监控，更便于银行对账工作。通过调整，财务部对几年来因为夜审报表的疏漏产生的应收账款差额进行了确定，经过几个月的跟踪确认无误后，他们对前几年产生的应收账款差额及由此少计的损益做了相应会计处理，加上日常对夜审报表的及时跟踪审核，有效地避免了多年来应收款账表不符、营业收入漏计现象的再次发生。

以上是一个非常典型的由于财务人员不懂夜审报表而导致财务核算产生重大错漏的真实案例。究其原因，除了上述三方面的问题以外，更为根本的原因主要有两个：一是财务机构设置不够规范，二是酒店管理系统与会计电算化系统的衔接不够科学。

直到今天，关于收银、夜审是否都归财务管理的争论还在继续，各星级酒店的具体做法也各有不同。争论的根源无非两个方面的原因：一是收银工作属于面客部门，应归前台部管理（总台收银）；二是夜审工作应直接向老总报告，与收银同归财务管理则担心失去监督。不管出于何种考虑，收银工作本身就是财务工作的一部分，这个性质无法改变；如果夜审部门独立于财务管理之外，夜审员又对财务工作一无所知，势必影响整个夜审工作的质量，单就夜审报表的准确性而言，就有可能存在问题。所以说，从财务管理工作来看，收银与夜审统一归财务管理，对于整个财务工作的有效开展具有重要意义。下面分别就几种情况下的问题做简要说明。

第一，（总台）收银归前台部直接管理。在此情况下，企业的正规化、法制化程度如何，发票管理是否存在死角，酒店管理系统对于客人押金核算科学与否，前台结算的程序是否存在漏洞等问题，必须予以充分考虑。如果存在某一方面的欠缺，就有可能导致重大疏漏，或造成重大损失。虽然归财务直接管理也不可能解决所有问题，但是财务管理有财务管理的具体优势。况且，总台收银归前台部管理，如果监督不到位更有可能导致收银舞弊行为的发生。在部分星级酒店总台接待与总台收银合二为一，这样做有很多的好处，但其前提是该酒店的管理系统必须相当完善，制度约束必须十分健全。就目前国内多数星级酒店而言，如采取此类方法，应该慎重。

第二，夜审部门独立于财务管理之外。夜审担负的主要任务是监督酒店结算的各项程序、各种单据，审核每日全店营业收入的应收、实收数额的准确性。如果夜审员对于酒店的财务核算程序不甚了解，对于必要的会计知识有所欠缺，夜审报表的准确性就无法得到保证，夜审报表与财务核算的有效衔接就成了问题，财务报表的准确性也就令人怀疑了。部分酒店的夜审报告仅仅局限于原始账单的签字手续是否完备，至于其深层的问题却无力涉及，夜审部门的重大作用就不能从根本上得到发挥。夜审如若独立于财务管理之外，必须完善酒店各种原始单据的管理，夜审人员必须懂得必要的财务知识，并应掌握酒店收入与应收款的具体核算程序，最起码的一点，夜审员要了解夜审各种报表的由来及报表之间的钩稽关系。没有必要的财务知识作基础，夜审工作的质量无法得到保证。

第三，夜审与收银均不归财务直接管理。当前各星级酒店基本上是会计电算化系统与酒店管理系统互相独立的局面，相互之间缺乏必要的衔接。在此前提下，收银、夜审、财务三方如果互相独立，酒店的财务工作必将困难重重，不但财务监督的作用无法达到，财务核算的要求也难以达到。

【思考题】

你对酒店收银与夜审统一归财务管理有利于整个财务工作的有效开展的观点，持何看法？请对下列三种情况分别予以辨析：(1) 收银归前台部直接管理；(2) 夜审部门独立于财务管理之外；(3) 夜审与收银均不归财务直接管理。

案例122 泰餐厅的亮点促销

当一家在老牌四星级酒店中成功经营了13年的泰国餐厅设想和追求新的利润增长点的时候，其难度和力度要比新开一个餐厅和改造一个餐厅大得多。尽管没有经过装修改造，酒店本身经营在所在地城市已经属于第一。为了满足目标市场顾客的新需求，为了促使餐厅本身能有新的利润增长点，酒店的餐饮部管理人员开展了“头脑风暴法”的新增利润研讨。

菜肴平均价格在50元左右的老牌泰餐厅，原来的目标市场客源为周围办公楼和商务楼的顾客，2～3人，4～5人，独特的风味，优雅的环境，正宗的泰餐。由于价格不菲，人均120元左右的消费，只能为餐厅在午餐时带来六成的顾客，而晚餐时间段，往往只有三成的生意。

庆祝13周年开业经营是一个宣传和促销的机会。宣传什么，促销什么？整个餐厅在当地已经无人不知，菜肴的质量也是无可非议。如何争取更多的目标市场的客源？附近由于泰餐厅的平均消费较高，办公楼人员在此个人消费人数不多。如果有新的价位合适的产品，这一目标市场的空间很大；在所有菜单中，有几个极具特色的地道泰菜，如木瓜色拉、大虾功莳汤、香煎石鱼等，由于一人份额的价格在40～50元，单菜的销售量只能排在后部。如果对这类菜肴采用促销价，销售量将会有一个大的突破；泰餐能否采用部分自助的形式？众多的想法和思路出来以后，餐厅管理人员对目标市场开展了进一步的调查，厨房管理人员进行了各类方案的细化成本核算。在各路人员的共同努力下，几套新颖的促销方案推出试行。一套方案是38元的午餐自助餐：一冷菜——粉丝色拉；三热菜——咖喱牛肉、鸡肉碎、炒杂素，加上泰国香米饭和水果。这套促销方案在一周时间内，只有周二和周四两天采用，周围办公楼的白领闻讯纷纷前来品尝。第二套促销方案是：除了周二和周四，木瓜色拉的优惠价为18元，大虾功荫汤的优惠价为25元；香煎石鱼的优惠价为25元。两套方案同时推出后，再加上对餐厅开业13周年的宣传，竟然出现了午市天天爆满的令人振奋的场景，晚市也有了六成的生意。

两套促销方案同时成功，餐厅是否达到了预期的新增利润的目的？这些促销，是否整个餐厅的平均消费水平大大地下降了？第一套促销方案的本身菜肴成本不高，选择自助餐的顾客平均消费大多数都高于自助餐收费标准的30%，因为光品尝自助餐，品种有限，顾客都愿意另加费用零点几个特色泰菜，几个同事一起享用。由于在一周的时间段内，只有两天的中午有自助餐供应，整个消费水平和成本水平与原来相差不大。正是由于自助餐诱人的价格，把泰餐厅的人气引到了一个新的高潮。慕名前来品味的顾客，遇到没有自助餐的日子，优惠价的特色菜同样对顾客有吸引力。整个餐厅的月营业额有了30%的提高，而平均消费水平只在原来的水平上下降了10元。新增利润的目标实现了。

泰餐厅新增利润的成功案例是一个改变个别产品而提高整体效应的创新。如果推出的38元自助餐，保证每天供应的话，整个餐厅的利润率会受到影响；如果把特色菜都实行优惠价的话，整个餐厅的利润率同样也会受到影响。群策群力研究出来的创新促销的成功关键，是设计了个别亮点来带动整体效应。而这些个别亮点又能够和细分市场的目标顾客形成“对话”，这样创造利润就有了前提。和顾客形不成“对话”的产品，往往很难获取利润。

行业在发展，雷同的产品需要创造差异才能满足顾客的动态的需求。顾客在同类产品中在不断地寻求“对话”，顾客的消费取决于能够“对话”的程度。因为整个市场的供求关系已经改变，顾客有了选择的余地。餐饮的创新，不是个别人的一时心血来潮能够做到的。对于顾客消费心理和消费习惯的研究，是赢得顾客不间断上门的必修课。传统意义上的餐厅服务，高峰时段上菜速度紧跟上怕已经不能适合顾客的动态需求。整个社会的发展，已经把餐饮从让顾客吃饱提升到让顾客吃好的水平。不发达地区的公费消费现象，在我国半数以上的城市逐渐减少，自费消费的比例正在不断增加。酒店经营管理者的压力不可能没有增加，没有创新能力的管理者将无法做好经营。

从收益管理的角度来分析，亮点促销带动整体效益的做法，是可以在酒店的各个部门和收益点进行推广的。

【思考题】

本案例中两套泰菜促销方案，是如何与其细分市场目标顾客形成“对话”的？试为本酒店餐厅构思一两套亮点促销方案。

案例123 “透明”账单

成都的银杏粤菜酒楼天天爆满。按四川的消费水平，其价格之高令人咋舌。然而论品味，银杏酒楼的粤菜绝对正宗，从厨师到原料都是从广州、香港过来的；餐厅装潢的档次相当高雅，服务也很热情到位。这些上乘的质量自然是打开市场的最重要的因素，也是价格昂贵的道理所在。但除此之外，还有没有别的原因？何故锦城中其他粤菜远不如银杏酒楼来得兴旺呢？

笔者一行四人去银杏酒楼用餐。饭罢欲付账，服务员将账单递上。一看，所有消费一目了然，并把就餐过程中出现的一些与波折（见下文说明）有关的价格处理亦记录在上。

银杏酒楼 CHENGDU GINKGO RESTAURANT CO.，LTD 中国四川成都滨江路16号　订座电话：6666688					
No.0010746　开单员：164　日期：×年×月×日　桌号：304					
		细目：			
		青岛扎啤	1扎	60.00	60.00
茶位	8.00	鲜榨果汁	1杯	20.00	20.00
烟	0.00	香炸金银馒	1打	18.00	18.00
酒水	80.00	潮州拼盘	2例	70.00	140.00
厨部（即“菜肴”，编者注）	835.00	白灼基围虾	250克	146.00	73.00
		潮州凉瓜排骨煲	1例	60.00	60.00
打折 20%	167.00	例汤	1例	30.00	30.00
服务费 0%	0.00	清蒸膏蟹	500克	168.00	168.00
共收银	756.00	清蒸红石斑	600克	230.00	276.00
		蚝油时蔬	2例	35.00	70.00
		水果（赠送）	1例	0.00	0.00

说明：

1. 账单上不仅有总账，还有细目，连啤酒的牌子、果汁的性质、菜肴的全称都打印出来。
2. 量化概念十分明确。四人要一个大拼盘。服务员点菜时就推荐说，干脆各样都拼些凑两个例盘。我们认可，打印出来也是如此。虾半斤，蟹一斤，数量纹丝不差。决没有不征求客人意见，多加几两来推销的做法。
3. 菜单上有红石斑鱼，结果上来是灰斑，我们提出异议。服务员稍做解释，说这里石斑鱼一直是灰斑，没想到你们吃得那么认真。餐厅经理过来，表示红石斑鱼最近无货，抱歉地说："疏忽了红、灰这点差别。客人实在不满意就退；若能考虑石斑鱼贵，酒楼损失太大的话，就请改吃这条灰石斑鱼。"同时，全部菜肴按8折计价给予赔偿（酒水无折扣），并免收服务费。这些口头的允诺，全部一字不漏、一分不差地打印在账单上。

别小看这份账单，就是这份账单的高透明度，赢得了顾客的信赖。"吃比三家"的食客评价高度一致而简单：只要你花得起，上"银杏"吃，值得！吃下来，感到公道，而没有被欺被宰的感觉。有了这样的账单，客人也就有了放心感，难怪银杏酒楼的回头客络绎不绝，慕名者纷至沓来！

【思考题】

请对本案例的"银杏账单"做一解析，并就"透明度"所反映的诚信经营谈谈你的认识。

案例124 前台的客房销售之道

销售客房是前台的重要工作。前台销售员不但要具备一般的专业技能，而且还要学会在实际工作中应变。广州一家三星级宾馆前台主管何女士，根据多年的工作体会，逐步摸索出一些客房销售的待客之道。

1. 恰当的服务用语是销售的前提

前台接待提倡使用“您好，欢迎光临”，但不能一成不变地“鹦鹉学舌”，对每一位客人都用“您好，欢迎光临”，这样未免太过机械。如果千篇一律地使用而不考虑客人的内心需求，有时就会事与愿违。尤其是接待常客，不能死搬教条，而应运用委婉灵活的问候语。在客人需求变化时运用不同的服务用语，让客人容易接受并收到恰到好处的服务效果。有一次，常客黄先生办理入住手续，何女士说：“黄先生，欢迎光临。”对方回敬道：“光临、光临，怎么不光临呢?”话语中显然流露出对这种欢迎词的不满。不久，何女士又遇到黄先生办理入住手续时，对他说：“黄先生，今天您满面春风，一定是遇到了高兴的事……”当时黄先生表情非常得意，他边登记边跟她聊了起来。从那以后，她就告诫员工们在接待常客时不能再犯“千篇一律”的毛病。另一次，客人结完账，收银员习惯地说：“谢谢，欢迎下次光临，请慢走，祝您一路顺风。”客人听后不高兴地说：“我要赶飞机，怎么能慢走，更不能顺风!”由此可见如果接待员的礼貌用语表达不恰当，就会弄巧成拙。

2. 销售客房，而非销售价格

接待员在接待客人的过程中，往往常犯的“错误”就是一味地只谈房价，而不是主动介绍房间的特点。特别是广交会期间房价上浮的幅度较大，常常使许多客人望而却步或勉强接受。比如说，在这期间15楼以上的豪华房价格较高，但在销售时不能说：“现在只剩下1000元的豪华房”，这样一来客人没有选择的余地，不易接受；而是要在介绍客房时突出房间的特点，布置新颖，舒适安静，并能观赏到美丽的中心花园等等。如果面对的是商人，则可对其说：“您住得高，望得远，您的生意也一定做得很大……”在接待过程中要讲究技巧，对房间做适当的描述，以减轻客人对房价的心理压力。前段时间，二号楼推出了不同价格的酬宾活动，有位客人看了广告，在入住时指定要住酬宾价的房间，可当时酬宾活动已截止，接待员又不能让客人失望而去。于是，接待员抓住机会向客人介绍房间特点，并带客人参观房间，在直观的推销中边介绍边对客人说：虽然酬宾价取消了，但我们还是可以为您的慕名而来请示经理，给予最优惠的折扣价（比酬宾价高出20多元）。当客人看了房间，听了接待员那番真诚的话语，觉得很有面子，于是满意地住下了。

3. 把握客人特点，灵活报价

在接受电话订房时，接待员应尽量先报中低价房，先把客人吸引过来。特别是广交会期间，报价一定要灵活，让客人在心中与其他宾馆的报价有个比较，待客人抵达后，接待员就有了第二次推销的机会。如果是直接上门的散客，接待员要针对不同类别采用不同的促销手段，不要急于机械地向客人盲目报价。一般常客心里都知道该选择住什么类型的房间，但是接待员可以向客人提供参考意见。如宾馆常客叶先生，每次来都习惯住298元的房间，何女士就向他建议："叶先生，您一直都住298元的房间，这次不妨试试住328元的房间，你一定会有不同的感觉。"叶先生果真高兴地接受了她的建议。住过之后，下次凡是他一人来住就要298元的房间，二人同来时就选择了328元的房间。逐步掌握了客人的心理习惯，就可以在推销时与客人的想法同步思考。但如果客人一来就有选择地报出可接受的房价，这时接待员就不适宜再一味地介绍其他类别的高价房。

【思考题】

联系前台接待的工作实践，谈谈自己客房销售中对语言艺术、报价技巧的心得体会。

案例125　一次成功的客房提价

深圳星级酒店林立，三星级的A酒店只是其中平凡的一分子，但酒店的整体销售工作是相对成功的，特别是客房销售在同一档次的酒店中始终独占鳌头，令同行刮目相看。

A酒店长期以来高度重视销售工作，仅业务人员就达十几人之多，在深圳酒店业中可能是数一数二的。每天一上班，部门人员开始碰头进行工作分工后，各自外出公关销售，下午5点集中返回部门开会，汇报工作情况，解决客户提出的问题，部门布置新任务，提出新要求等等。业务员大部分时间都在外面逐一拜访客户，与客户建立良好的人际关系，同时听取他们对酒店软、硬件服务的意见；适时地推销酒店的新产品和新服务；了解酒店同行业的各种经营和营销策略；等等。在巩固与老客户关系的基础上，销售部采取地毯式的方式不断挖掘新客户，据不完全统计，各类企事业单位、政府机关等与酒店正式签订住房和餐饮消费优惠协议的就达几千家。酒店为协议单位提供住房优惠价，如标准房全价是546元，而协议价仅298元，单人房全价是418元，而协议价仅228元等等。由于酒店正确的市场定位和合理的客房价格，很多国内外商务客人特别是一大批台湾客人始终青睐A酒店，他们认为A酒店的档次和服务与价位相称，而且位置理想，所以生意一直较火。

然而酒店却面临一个很棘手的问题。酒店当时单人间共有60间，其中有35间是近期装修的，其他25间是较早时期装修的，房间硬件设施设备反差较大，而由于历史原因等诸多因素，当时新旧单人间的协议价同样是228元。结果可想而知，旧单间的客房销售情况不错。而新单人间销售更好，每天上午时段新单间就被预订完毕，晚些预订或没有预订的老客户拿不到新单间意见很大，特别是住过新单间的人不愿意住同样价格的旧单间。鉴于上述情况，酒店领导及时召集销售部和相关部门经理协商，共同解决这个问题，会上大家畅所欲言，最后得出两种答案：一种认为不能提价，理由是：其一，客户长期以来已认同228元的房价，提价会导致客人不能接受或不满，可能失去部分客户，影响营业收入；其二，客户会认为酒店生意好了之后就不顾及顾客利益，产生逆反心理，不再支持酒店等等。另一种观点认为可以提价，理由有以下几点：其一，旧单间228元客人已经完全接受，新旧应有一定的差别。其二，新单间销售非常理想，调整30元幅度不大。其三，客户倾向认为新单间228元价格偏低。其四，酒店利润可大幅度提高，按新单间90％的住房率计算，每间提价30元，一年可多创利344925元，这可是一个不小的数字啊。为谨慎起见，避免决策失误给酒店带来不必要的损失，酒店领导要求销售部门做好全面的市场调研工作。经过15天的努力，反馈回来的各种结果如下：其一，客户对新单间提价普遍有一定的异议。其二，客户普遍认为新单间228元房价是偏低一些。其三，客户对新单间的装修风格、档次普遍认同。其四，客户认为新旧单间档次相差太大。其五，部分客户认为新单间提一点价也是可以接受的。

基于上述调研，酒店领导几次协商，决定对新单间进行适度提价，调整到258元，同时赠送免费自助早茶。但具体执行须有个时间过渡，让客户有个心理调整和接受的过程，因此让销售部以书面和口头形式通知客户，两个月后开始执行新单间价格，并密切注意观察市场动态，做好相关解释工作。最后，事实证明酒店的决策是正确的。

此次价格调整，说明要正确应用价格策略，一味地降价倾销不见得是一件好事。相反，合理的价格上调应用得当，可以在为企业创造更大利润的同时保持和扩大酒店原有的市场份额。

【思考题】

本案例中客房提价销售为什么会获得成功？谈谈你对客房销售合理提价，以及酒店业削价竞争现象的一些看法和观点。

案例126 客房及其小酒吧的促销

1. 客房促销十法

(1) 主题营造法。如文学家、科学家、收藏家、书法家主题客房等。一般而言，应以当地历史文化元素为切入点。

(2) VIP 命名法。在预订的前提下，根据 VIP 客人要求做个性化布置并予以新的房间命名，可以其英文名代替房号。

(3) 延住奖励法。如客人下榻 2 天以上，从第三天每延长 1 天即可获得一定的餐饮有价券，或换算成客房折扣积分。

(4) 电话促销法。客房电话机均采用 IP 制式并免收服务费，鼓励下榻客人在房内打长途电话。

(5) 退房延时法。视饭店出租率情况可同意客人将退房延时到下午 3～6 时。

(6) 钟点定价法。将客房“批发价”（以“间夜”为单位）改为“零售价”（以小时为单位），如 1 个小时的收费是 25 元，3 个小时收 70 元，6 个小时收 110 元，12 个小时收 180 元……“钟点房”适合交通枢纽区、大学住宿区、商务办公区等。

(7) 积分奖励法。以“间夜”为 1 个积分单位，每季/年统计并给予相应的免费房，或与其在饭店内消费的总额一并作为积分奖励的累计数。

(8) 绿色环保法。鼓励下榻客人积极投入环保活动。如选择不放置或减少“一次性客用品”的数量，或减少布草洗涤次数，均可获得相应的房价折扣，并在离店结账时兑现。

(9) 鼓励投诉法。凡在其下榻客房内，据管家部列出的“产品质量承诺一览表”找出与“OK 房”不相称的内容而投诉者，可视其情节给予相应的物质奖励，如免费取用若干“迷你吧”(即小酒吧)食品等。

(10) 常客计划法。将饭店常客列入“常客奖励计划”，以“VIP 跟踪服务系统”统计其入住饭店的频率，并实施奖励(包括“入住升级”等)。

2. “迷你吧”促销八法

(1) 灯光引诱法。客房服务员做完夜床，除开启床头灯外，再让“迷你吧”开关处于开启状态。客人进房一插电源板，除了“夜床”加背景音乐的温馨动人外，“迷你吧”的灯光也映照着吧台上琳琅满目的食品和酒水，频频向下榻客人传递无声但却充满魅力的召唤。

(2) 安民告示法。当服务员做完夜床，放置在床头或床柜上的不再是公式化的“晚安”之类的祝福卡，而是又附带了另一声敬告：如下食品/饮品有利您的健康，助您安度良宵：牛奶有助于晚餐后的消化，稀释血液，助您入眠；巧克力，会使您的睡意油然而生；千万不要饿着肚子上床睡觉，“来一桶”快速面就是为您准备的；来一小口威士忌，朦胧中伴您走进梦乡；如果您想偎在床上看一会电视再就寝，“开口脆”(一种膨化小食品)就是您最好的伴侣：甜甜的，宜和情感型电影为伍，咸咸的，只宜和刺激型的电视连续剧相伴。

(3) 定时提醒法。比如儿童玩具。放一个家庭化的“闹钟叫醒”似的装置在“迷你吧”上，定时播放如下悦耳动听的录音语言：“您享用‘迷你吧’的时间到了……”每隔十分钟一次，除非客人关闭此“提示器”。

(4) 迷你厨房法。这似乎对有“迷你厨房”的客房更有效。“迷你厨房”只是利用极小空间配以微波炉＋电磁炉＋水斗即可，而“迷你吧”冰箱里储藏食品即可丰富一倍乃至更多：海鲜、肉类、时令蔬菜，任凭你自由自在地创造“套餐组合”。在无须“充阔”作商务应酬的日子里，精打细算的你会欣然只耗用应酬的一个零头即完成了一套简约有致的“个人套餐”。

(5) 积分奖励法。客人在饭店里的消费每递增十元或百元，都会成为取用“迷你吧”上食品或酒水的折扣积分。这一切都已写在“迷你吧”的消费指南上，并在你入住登记时前台接待员就告知你了。

(6) 优惠诱导法。采取“买二付一”或“第二份半价”的诱导消费法则。当你饮尽一瓶“迷你型”红葡萄酒或啤酒后，获悉再喝一瓶也是“白送”或半价，此刻的你，除了再次委屈你的肠胃，别无选择。

(7) 玩具交换法。动用了“迷你吧”上的酒水或食品，即可依某项凭证去饭店大堂一角的那个“小卖部”去兑换一个“小熊猫”。

(8) 无所不在法。除了在“迷你吧”搁置常见食品外，难道就没有其他空间、没有其他“迷你”食品更能发挥诱惑人潜在需求的功能了吗？卫生间客用品盘架里的“口香糖”、床头柜上的10盎司洋酒、书桌上的小吃食品、沙发茶几上的香烟，等等。被“视觉诱惑”是人性的一大弱点，于是一不留神，你就一边嚼着“口香糖”、叼着香烟、喝着洋酒、含着小吃，一边还看着电视，多惬意！

【思考题】

简述客房促销十法和“迷你吧”促销八法。结合本职岗位，谈谈你对客房及“迷你吧”促销的经验体会。

案例127 冷清时段的热闹场面

春节期间，有几个朋友相约一位在酒店当经理的袁女士见面。见面的地点定在上海市中心一家五星级酒店大堂酒吧。下午2点30分，袁女士准时到达了酒店，但大堂酒吧座位爆满的情景却完全出乎她的意料。这种场面一般只能在星巴克咖啡才能看到，怎么现在到五星级酒店喝咖啡也成了这样？

几位朋友也都到了，带着疑惑，大家对这个大堂酒吧进行了仔细的观察。大堂酒吧共有座位68个，全部都坐满了。在大堂酒吧的入口处，有一块并不显眼的立牌，上面写着，午茶包价：68元/人（免服务费），包价含咖啡或茶及甜点。下午茶包价时间段：14～17点。是生意最冷清的时间段。在靠近入口处的一个角落，有一辆小型食品陈列车，上面放有多品种小块的蛋糕和巧克力。

等到了14点45分，有一个桌子有四位顾客离去，他们四位立即在第一时间做了“替补队员”。坐定以后，服务员上前询问需要什么，同时他们被告知咖啡、茶可以无限量饮用，并提供服务，只有甜点需要顾客自己到食品车处拿取。四个人将各自喜好告知服务员后，没有两分钟的时间，他们的咖啡及茶水都送来了。三位不是从事酒店管理工作的朋友差不多齐声问袁女士：“68元无限量吃喝，酒店能赚钱吗?”她说：“能。但这种包价促销节目若在十年前推出，那酒店准得亏本。”“能说一下原因吗?”朋友们好奇地要袁女士解释。袁女士回答说：“到我们离开前，你自己就能得到答案。”

整个大堂酒吧一直坐满了顾客，顾客们三三两两互不干扰地一边喝咖啡或茶，一边聊着天。大堂酒吧的服务人员只有两个人，不停地在顾客和服务台之间来来回回地忙着。在和朋友们聊天的同时，袁女士还是忍不住地行使了“职业病”的习惯。根据对顾客表象的观察，发现在顾客群中国内顾客占了90%；年龄在30～50岁之间；看了顾客到食品车取食的频率，大概只有20%的顾客品尝了甜点；他们四个人在两个小时的时间段内，喝咖啡最多的喝了三杯，喝茶的要求在茶壶里加过一次水，没有一个有胃口品尝甜点。原因十分简单，他们都是刚吃完午饭才来相聚的，晚上已经有其中的一位朋友发出邀请，共进晚餐。按常理，在两餐之间，在常出入五星级酒店的人群中，能喝多少，吃多少?当她把这些向朋友们做完解释后，朋友们连连称赞酒店促销成功。

现在不少顾客在五星级酒店的大堂往往只是小型聚会而已。真正喝咖啡的，往往会到有名的咖啡馆；真正品茗的，会去有名的茶艺馆。这种聚会，一般只是一杯茶、一杯咖啡而已，但占用座位的时间是没有限制的。而作为营业场所的五星级酒店的大堂酒吧，下午的两点到五点是最冷清的时段。该酒店这个促销节目成功地抓住了目标顾客群的消费心理：一般中国人对包价比较感兴趣，这个包价的内容和简单的咖啡及茶的单价相比，显示了充分的价优性。促销节目的成功还在于酒店对目标顾客现状的了解，这个群体到酒店聚会，求的是环境和氛围，并且十分注意健康饮食。三个小时的营业时间，平均两杯咖啡的消费量，收费68元，能使冷清时段热闹起来，并能达到一万元左右的收入。这一定是该酒店实行收益管理后的成效。

【思考题】

案例中五星级酒店为什么冷清时段会出现热闹场面?请说说其中蕴涵的收益管理的道理。

案例128 钟点房的开放时段与定价

钟点房的推出，有利于吸引那些只需短时间用房而又不想花太高房费的客人，从而提高了客房的利用率。顾客与酒店各得其所。这里就钟点房探讨两个问题：酒店在一天24小时的时间里什么时候出售钟点房较为合适？钟点房如何定价较为合理？

1. 何时出售钟点房

原则上讲，酒店推出钟点房往往是因为住房率不高。一般来说，白天（6～18点）房间占用的变动性比较大，利用客人进店、离店的时间差而穿插其间开出钟点房的空间也比较大，所以白天尽可能立牌告示招徕顾客。因此，大部分的酒店都规定只在白天出售钟点房。虽然有的地方客人在上半夜对钟点房的需求量比较大，但是酒店应当考虑：若以此提高了上半夜的住房率，却减少了过夜的客人数，那是得不偿失的。因此上半夜是否推出钟点房要看某一时期里住房率的高低及预订情况。有的酒店下午入住（全天）的客人比较多且住房率也不低，故以当天下午3点30分直至次日6点就不卖钟点房了。对于完全是过境式的酒店，全天24小时都放开出售钟点房是正常的。总之，一天中何时出售钟点房较合适，要根据本酒店的住房率高低和顾客抵离店更迭时间的规律而定。

2. 钟点房如何定价

考虑到客人开钟点房的用处不同，钟点房的时间区限可分为三档，其价格也因时限不同而异。实践证明，不足3小时的按3小时计价，价格一般在实售全天价的1/3左右是可以为顾客所接受的，这其中自然已保证了可变成本的回收。3小时以上至6小时以内按6小时计，6小时以上而不足12小时的按12小时计，这两档的价格当然介于实售全天价的1/3与全天价之间。例如，某家酒店的单床（大床）间实售价为230元，3小时以内一档为80元，3～6小时一档为120元，6～12小时一档为180元。

此外，按传统习惯即使是当天上午（6～12点）入住到次日12点离店也只按一天房费计算。自从有了钟点房，若是当天上午入住，当天18点以前因临时退房的也可按钟点房计价，客人自然更有合理感。至于下午入住，即使是上半夜离店，假如规定夜里不再出售钟点房的，就是按一天房费计算，客人也无可非议了。

【思考题】

你认为钟点房什么时候出售较为合适？如何定价较为合理？

案例129　一份公务型饭店的定位分析报告

重庆一家宾馆经过长期的经营实践和大量的市场调研，亮出公务型饭店的旗帜，让宾馆的竞争和发展从大众化的需求，发展为阶层化、个性化的需求，努力做出一个属于自己的公务客源市场。

1. 定位经营公务型饭店的优势所在

（1）随着重庆直辖市的成立，重庆正逐步发展为开发中西部地区的政治、经济、文化的中心。公务客源市场有相当大的潜力可以挖掘。

（2）经营公务型饭店具有较强的政治倾向性、可靠性、安全性。

（3）宾馆在长期的经营接待实践中，已经逐步积累建立了一套较完善的政务、公务接待服务经验、接待服务程序以及相应的配套设施。

（4）从宾馆的硬件服务和地理位置来看，软件服务呈逐年上升势头；从功能设施方面来看，有较大的停车场，房间、餐位数较多，娱乐、会议等配套设施较完善，硬件档次居重庆三星级饭店之首。因此，硬、软件服务能有效地满足各类政务、公务接待的需求，能较好地发挥直辖市“窗口”的作用。从地理位置方面来看，位于市中心嘉陵江畔，交通方便，紧邻市委、市政府办公地点，以及市委小礼堂和即将兴建的市政府综合大楼，能给来渝公干的公务客人工作和休息带来方便。

（5）经营公务型饭店，如果把宾馆的“舞台”努力变为政府政务公务活动的“舞台”，切实把政府的政务公务活动当做自己的活动来策划、组织、实施，为政务公务活动营造最佳的环境和氛围，就能让更多的政务公务客人乐于下榻，从而产生忠诚感，逐步树立起宾馆接待政务公务活动的品牌优势。

2. 定位经营公务型饭店面临的问题

（1）如何妥善处理好公务接待与饭店经营出现冲突的问题。

（2）如何增强与政府职能部门的沟通协调以密切关系。怎样寻求宾馆资源与政府资源的整合利用。

（3）如何通过培训提高宾馆接待人员对公务活动的组织、策划、协调、实施的能力，以及对本地区政治、经济、文化、教育、科技、历史、旅游、交通等方面的咨询服务水平。

（4）如何建立一支知识面较广、敬业精神突出、综合素质较高的接待队伍。如何组建一个从事公务接待、饭店经营的企业策划部门。

（5）如何完善公务系统的网络服务。怎样建立公务型饭店的联网销售或联合销售。

（6）如何调整现有的客房、餐饮、娱乐、会议厅室等服务设施，使之适用于、服务于公务客源的接待需求。

3. 定位经营公务型饭店的初步设想

（1）经营服务中应树立“公务接待是重点、经营服务是基础”的思想。在市场营销上，明确“以公务客源为主，以商务、旅游客源为辅”的原则。公务接待与经营服务出现冲突时，经营服务应服从于公务接待。树立起鲜明的公务接待品牌。

（2）宾馆有必要组织几名综合素质较高、协调能力较强的人员，组成一个专门的公务接待机构，负责全部公务活动的组织、策划、协调、衔接事宜。宾馆承担公务活动接待的策划人员、接待人员，务必要牢牢掌握本地区的政治、经济、文化、科技、旅游、历史、交通、行政事务、大型工矿企业等部门的机构设置、主要职能、相关事务、地理位置、联系方式；并经常保持与他们的密切友好关系，建立起一个强有力的满足公务活动需求的外部协调网络，使之高效、快捷、准确地满足宾馆公务客人公干的需求，逐步形成宾馆公务接待的优势和品牌。

（3）为做好公务客人的接待服务，满足公务活动和公务客人公干的需求，宾馆在具体做法上可采取如下措施：其一，承接公务活动的组织、策划、协调及公务散客公干的行程安排工作。其二，为公务客人介绍或引见机构负责人，协助他们办理公务事宜。其三，利用宽松有利的环境空间，创造宽松有利的饭店经营。为突出宾馆公务接待的品牌，展现改革开放特别是重庆设直辖市以来，在精神文明建设和物质文明建设方面取得的丰硕成果，宾馆可组织开设“踏着红岩英烈的足迹专线考察”“重庆市容风貌专线考察”等考察线路。其四，大厅内设立公务活动咨询处。其五，客房或公共区域摆放公务客人所需的，专门介绍本地区政府机构、行政机关、大型工矿企业的机构设置、主要职能、工作程序、相关业务、主要负责人、地理方位、联系方式、行车线路、作息时间等内容的《公务指南》及有关的公务刊物。其六，部分楼层开设公务活动办公室，免费或优惠为公务客人提供使用。其七，商务中心开设公务系统的网上服务，优惠公务客人的传真、打印、上网服务费用。其八，餐厅增设经济实惠的公务快餐或套餐。公务宴请免去最低消费、开厅费、开瓶费、服务费。中餐厅、西餐厅制作的菜品要价格适度，适合公务客人的消费水平，并确保色、香、味、形质量。其九，会议厅室价格适当下调、灵活处理。免去会标、迎宾牌制作费。为出席公务会议的领导免费赠送咖啡、饮料。大会议厅添置电视、电话会议设施及主席台的灯光和绿色植物。其十，文化娱乐方面，凭公务客人的住房卡享受一定优惠等。

(4) 为拓展公务客源市场，积极建立或参与国内具有共同条件、共同认识、共同积极性的公务型饭店的联网销售或联合销售系统。形成共同的标准化服务特色，共同开发目标市场客源，实现异地的市场、经营、信息、服务互补的目的。

【思考题】

本案例对饭店定位的市场分析说服力在哪里？试对本酒店的定位做一框架性的分析报告。

案例130 麦当劳代售月票的启示*

麦当劳作为当今全球最大的餐饮业服务企业，长期以来以年轻、活泼的风格面对市场，希望为顾客提供一个轻松的用餐环境。因此，麦当劳在中国容易被年

* 由于北京取消了纸质月票，麦当劳的该举措已取消。——编者注。

轻人接受和喜欢，却很难赢得较多的中、老年顾客的青睐。如今，麦当劳超越自身既定的经营服务范围，以社会意识作为餐饮业服务价值的卖点，融入社区服务，为居民提供便利。这种营销新策略，为麦当劳塑造起“责任＋服务”的公众新形象，无声无息地起到了较佳的促销效果。

最典型的例子就是北京市麦当劳通过调查，发现当地公交月票发售网点不足，一部分乘客很不满，而麦当劳的分店选址都十分注重位于交通便捷、人流量大的地区，于是麦当劳便利用其遍布在北京的各个商业网点代售月票。这一营销创新让广大北京市民从麦当劳的“好事”中获得便利，同时麦当劳也吸引了更多的新食客，不少中、老年顾客为了买月票，顺便在麦当劳就餐，接受麦当劳的文化氛围，就成为自然而然的事，从而起到了“双赢”的作用。所以，有餐饮业内人士说，这是餐饮营销理念的一个重大变化。

麦当劳代售月票给国内同行业以有益的启示：

其一，众所周知，麦当劳在开设分店时很注重地理区位优势，另外，员工的高效率和热情服务也是其重要的竞争优势之一。麦当劳充分利用自身的资源条件“拾遗补缺”，为广大北京市民提供购月票的便利，看似平淡，其实此举已经突破了麦当劳原有的“方便、快捷”的就餐承诺，客观上起到了吸引新的顾客群的作用，确实有笼络、温暖中、老年顾客的心的效果，这样就理所当然地为其夺得了新的市场份额。

其二，我们常见的市场营销手段有广告、促销、公关等，国内餐饮企业在广告、促销方面不乏大手笔之作。而麦当劳却以“便利”作为企业服务价值的一种创新，通过一些产品小改进、服务小好事，不断赋予“便利”以新的内容，创新性地满足了顾客的便利需要。相比之下国内仍有一些餐馆坚持认为，我是卖饭菜的，进了我的店就是入了我的乡，就得随我的俗，意思是要客人“入乡随俗”。这就完全把主次颠倒了，“要顾客随我的俗”的想法成了一些餐馆败走麦城的原因之一。如今公共关系成了市场营销中日益重要的沟通和促销工具，跨国企业在海外经营的关键的一着棋就是“本地化”。要想让企业立足和发展，就必须真诚地为顾客服务，得到当地社会公众的肯定和支持。

其三，在当今迅速变化且难以捉摸的环境中，餐饮业正受到各种冲击，如全球化、技术变化、多样化和顾客需求分散化等。这些力量往往超出传统的购买习惯，维持餐饮企业与市场同步的能力和能量变得越来越困难，但便民仍是一个颠扑不破的规律。麦当劳并不满足于已有的顾客满意记录，始终对顾客投以细心的关爱。在北京市，74 个麦当劳分店均代售月票，弥补了北京市只有 88 个月票发售网点的不足，为北京市上百万乘客带来惊喜和便利。高考前夕，麦当劳面对只要一杯饮料就在餐厅待上好几个小时的高考考生，不仅不驱赶，反而特意为他们延长了营业时间。这些小事既平凡又可贵。麦当劳无偿地做着这些看似与赢利无关、看似干扰了正常营业的“好人好事”，正是其“让顾客满意，事无巨细”营销思维的具体体现，不仅秉承了麦当劳的企业文化，同时也是对“让顾客满意”的服务内容的创新性拓展。

总之，麦当劳以代售月票这一看似微不足道的小事来表达服务顾客的诚意，来营造良好的公众信誉，真可谓以小见大，为我国餐饮业的营销创新提供了一个经典范例。

【思考题】

麦当劳代售月票的创新亮点是什么？麦当劳代售月票给饭店行业以什么有益启示？

案例131 人情化营销感人心

所谓人情化营销是指营销者对消费单位（人）在具体的接待过程中，加强感情联络，以情寓事，以情动人，达到彼此信任以至密切交往的目的。浙江湖州某酒店推崇“人情营销”这一理念，与客户彼此的信任度不断加深，多年来逐渐形成的客户链越来越长，并在这良性循环中产生了良好的社会、经济效益。

现代人随着眼界的扩展、物质生活水平的不断提高，更注重“人性”的抚慰，交情的满足，交情越深，朋友越“铁”，乃至会成为无话不谈、无底不交的“杆儿”。有理性的认识更要注重感性的实践。该酒店在选择营销人员时，除具备专业技能外，有意识注重有这方面潜质特点的人，让他们在工作实践中不断探索触摸这一“软”性特征，很好地发挥了自身的优势。

市里每年的人大、政协会议，人数多、规格高、较刻板，但影响大。酒店除马上拿出接待方案，把交代的事情全部做到外，对接待小组（会务组及经办人）也做出细致周到的安排。如 24 小时全程陪同跟踪服务，遇事随叫随到；对整体方案建议补充，为代表安排既有新意又凸现身份、烘托气氛的宴会活动；会务期间礼品采购、财务处理、文件打印等事先没安排但又必须马上经办的烦琐事项，做好侍陪事务处理；精心安排夜宵和消遣小娱乐等等。有些做法是对整体接待方案的直接补充，起到锦上添花的作用，直接体现了经办人的接待水平；有些做法是直接体现经办人的处事能力，尽管后勤事务烦琐，但处理起来也井井有条，操办有方；对于经办人直接受用的，他们会感到被尊重，脸上有光，随之的情感变化会视酒店为朋友，把情谊留在了心里。

对政府和大企业的接待的行之有效的做法，使酒店切切实实地交了不少朋友，每年的大型活动与高规格的接待非该酒店莫属。这其中经办人的倾向意见在单位领导的签字中占了很大的分量。

对民营企业家及其经办人实行人情化营销，更是该酒店的目标。有一次，一位民营企业家包了大宴会厅为他16岁的儿子做成人生日宴，要求很高，不惜花费，只要气氛好，客人满意。当时与酒店联系的经办人提出要在每桌的菜里放上一个价值一千多元的金戒指，让客人从中找寻，谁找到归谁的主意。酒店马上意识到这其实是一个层次低、有隐患的馊主意，他们在委婉劝他改变主意的同时，建议将这几万元去采购家电当奖品，有奖竞猜，宴会主题则改为既宣扬民营企业家的家族又宣扬其企业的品牌，并表示由酒店营销人员和服务员为他操办这场宴会，让他来当主持人。结果，宴会办得有声有色，民营企业家对经办人赞不绝口，而经办人对酒店的感激之情溢于言表。

从以上事例中可以看出，活动经办人的价值取向即操办的事必须光彩体面。这就是情感的切入点和闪光点，每当当事人置身这一场景中会自然而然地投以欣喜和信任的眼神，而这一眼神就是酒店人情化营销成功的“入场券”。

这几年，该酒店的营销目标已延伸到周边城市，尤其针对上海这一庞大的客户市场。他们通过走访各区政府有关领导和下属企业，上海一些有实力的企业、银行、民航公司及各大旅行社，主动上门介绍当地的旅游资源及该酒店的接待优势，邀请他们来湖州考察。从上海这个国际大都市来的客户，往往见多识广，但在细节处也很计较，哪怕一点点疏忽都会使其感到没有“面子”。所以酒店给予充分重视，派员分块负责接待，定员跟随，培养感情，从细处着手，对症下药，尽量满足需求。一次，一个上海团队的经办人不胜酒力，宴席上在座的人非要他喝完一杯白酒，就在他喝也不是不喝也不是的时候，酒店跟随的营销人员挺身而出，她不顾自身不会喝酒的状况，一把接过当事人的酒杯说：“大哥的酒就是我的酒，他喝不了我小妹喝，谢谢大家啦！”还不等在座人们反应过来，一仰脖子全喝了下去。后来当事人扶着这位营销员连声说：“够朋友，够朋友！”“非典”

时期，对上海的这些朋友，虽然不能前往探访，但酒店打一个电话嘘寒问暖，道一声平安，体现朋友间的一份关爱之情。事后上海朋友说：“你们真铁，在这非常时期还记得我们。”现在人们流行自驾车出游，更加看重对旅游目的地朋友的结交。往往一个电话，酒店就安排妥当，而且还给策划出游线路，甚至营销人员还可兼做导游，既省时又安全。酒店这些做法，充分体现了朋友间的情感和心意。

每逢年终岁末，酒店会发出邀请，组织客户单位的经办人去外地旅游。通过“客户恳谈会”“客户答谢会”等形式继续推进双方的情感联络，聆听客户的意见。朋友间的交流是诚恳的，即使是一些尖锐的批评，也不至于给对方造成尴尬。

人性化是一种时代的趋向和社会生活的必然。该酒店紧紧抓住这一时代特征，有效地进行了成功的人情化营销。

【思考题】

什么是人情化营销？谈谈你在工作实践中人情化营销的经历与感受。

案例132　行政楼层的经营困惑

不少高星级酒店看到国际上流行的行政楼层能够卖出比一般楼层高出30%的房价，经营管理者一般都会心动，想着、争取着能在酒店内有几层行政楼层，一是为了提高酒店的等级和档次，二是为了期望有一个新的利润增长点。所以在有机会进行客房、楼面的装修改造时，都会忍不住辟出两层楼面，推出行政楼层的概念。有的专门设计了行政酒廊，有的则简单地用了两个客房的面积，做成了行政酒廊。只完成形式改造的酒店，往往在增加了行政楼层以后把这些楼层的房价比原来普通的楼层房价上浮了30%左右，但这些楼层的使用率却不尽人意，并没有受到宾客的欢迎。在使用率不理想的前提下，如果考虑更新改造费用的回报率，会使得经营管理者想起来就不寒而栗。为什么事与愿违呢？

一个高星级酒店行政楼层的经营，其关键并不在于是否有单独的行政酒廊，而是能否为顾客提供他们需要的增值服务。增值服务的内容有很多：为顾客提供贴身管家服务，为顾客提供免费烫衣服务，为顾客提供免费会客场所和休闲食品，为顾客提供一系列与之行程配套的商务服务。这些服务是一种“一对一的服务”。这是顾客愿意多花费比一般客房高的房价后的基本期望。所谓“一对一的服务”是为顾客提供的专业化、私人化的一站式服务，即酒店的前厅、客房、餐饮融为一体的服务。入住行政楼层的顾客将得到一位指定的“贴身管家”的照应。这套系统的服务包括：机场接送、搬卸行李、入住和退房手续的办理、客房就餐服务、洗衣服务、叫早服务、订票、安排会议服务、秘书服务等。设想一下，要能够提供这种一对一的系统的服务，酒店需要一批训练有素的贴身管家服务员，酒店还需要有一套能够提供服务的运作系统。

作为顾客来说，入住行政楼层有两个目的：一是身份的象征，二是想拥有一个异地的“第三生活空间”。基于顾客消费者的这两个目的，作为开辟行政楼层业务的酒店，就需要认真地考虑以下几点：其一，酒店是否有足够的声誉度能够吸引有身份顾客的入住？其二，酒店是否有一批训练有素的员工能够为顾客提供“一对一”的贴身管家服务？其三，酒店是否有能力提供整套“一对一”贴身服务的运作系统？

客观地来评判，入住率低的酒店行政楼层往往就其酒店本身的品牌和声誉度就不符合开辟行政楼层的条件；另外，这些酒店没有一批能够提供“一对一”贴身管家服务的训练有素的服务员；再者，这些酒店也没有一套成系列的行政楼层的运作程序。在几个基本条件都不具备的情况下把行政楼层的概念经营成功，可能性不大，入住率低将成为现实。由于没有足够的入住率，这些酒店行政楼层所提供的免费早餐的质量往往还达不到酒店在咖啡厅提供自助早餐的质量，顾客的投诉在所难免。目标客户群的顾客，要将入住行政楼层作为异地“第三生活空间”的目的一般无法达到。

对于将一般楼层改造成行政楼层的酒店来说，都会面对这样的困惑。硬件的改造，只要有资金的保证都能完成，但只是形式上的完成。如何在“软件服务”的内容上给予顾客新的增值是酒店经营管理者需要解决的困惑。这一关键的问题解决了，酒店才能达到新的利润增长的目的。下面是对于酒店解决行政楼层经营困惑的几点建议：

其一，对于没有一定品牌和声誉度的酒店，没有条件提供“贴身管家”服务的酒店，以不搞行政楼层为好。

其二，有一定品牌和声誉度的酒店，必须先建立一套行政楼层的运作系统和培训一批能够提供“一对一”贴身管家服务的服务员，再推出能让顾客感受到异地“第三生活空间”的行政楼层的产品。

其三，对已经开设行政楼层而经营较差的酒店，应该以务实的精神，立即将行政楼层当做一般楼层运作，这样可以节省不必要的开销，而应该考虑将其以普通房销售，并增加软件服务，这样在价格的销售上同样可以上一个台阶。

【思考题】

客人为什么愿意多花 30%的房价入住行政楼层？你们酒店是否设有行政楼层？若无，你认为是否有条件开设？若有，你认为哪些地方需要改进，或者应该改为一般楼层运作？

案例133 “会议专家”的会议产品

上海某酒店是一家专业化的会议酒店。把酒店名称直接冠以“会议酒店”，说明了投资者在设计建设阶段已有了明确的市场定位，从而使酒店产品具有了在细分市场上的竞争特色和优势。

会议楼拥有大小会议厅室 34 个，所有大小会议室均有明亮的采光。其中能容纳 600 人以上的有三个，最大的近千平方米的大宴会厅可举行千人大会。会议配套设施都是世界一流的，从 7 国语言的同声翻译、多媒体 LCD 投影仪、灯光音响对讲控制器，到个人电脑、激光教鞭等近 30 种先进设备一应俱全，且存量充裕。从建筑设计到设备设施的会议产品，“硬件”优势可算是“先天条件”。

酒店对会议产品的“软件”更是高度重视，他们的口号是“保证客户满意，留住每一位客人”。其会议产品“软件”特色，主要有如下几点。

1. 组织结构

酒店设有宴会部，统管会议接待和宴会安排，归餐饮总监领导。宴会部主要负责运作，销售部负责会议接洽。但若客户需要，宴会部也可以直接接洽会议。把会议和餐饮归在一个口子的组织结构，有利于为客户统筹安排，提高整体服务质量。

2. 培训

要求每一位员工必须熟知酒店的设施、服务内容和近期各项推广活动、重大客户会议等。这种培训流水式地进行，每两个月考试一次。如所有餐饮活动场所的位置、营业时间、菜式，当月“特别推广”的时间、价格、特色等。

3. 会前客户沟通制度

尽管任何会议确定下来后与客户都有合同，但仍有许多细节是不可能写入合同的。因此，在会议前店方有关部门和人员与客户会务组要进行详细对话，一一落实对口负责的人员，建立店客会议联络网。这样，既能在会前尽量考虑全面周密又能在会议中随时沟通调整。

4. 提供产品的设计

会议的组织者并非都是内行，而且对先进的会议设备设施也有不少人不太熟悉。因此酒店根据客户会议的性质、人数和其他要求，主动精心设计两套以上方案供主办者选择。这种做法很受客户方具体操办者的欢迎，因为细节考虑得详尽，会议举办得圆满，最终是操办者脸上有光彩，是他个人成功的标志。

5. 不分等级的业务洽谈原则

以客户的喜好为标准，谁接会议谁就做总牵头人，没有级别高低之分。如果某客户专门找某主管级的人员联系会议，该主管就负责该会议的全部组织沟通工作，一般决策权均归该主管，由他说了算。这种灵活的原则，对内能激励每个管理人员的事业心；对外能加强与客户的亲近感，洽谈的双方都是能做决定的负责人。

6. 协调跟踪制度

会议的全过程中，酒店有专职的协调员跟踪，每时每刻听取客人意见，并及时将这些意见反馈到酒店有关部门。任何部门，从协调员那里收到这类信息，都设法尽快满足客人的需要。协调员的全部活动听从本次会议酒店方负责人的指挥，并对其负责。

7. 文字化和表格化管理

会议服务是非常琐碎、复杂的，也是多变的。靠口头、靠记忆就容易造成疏漏和失误。因此，酒店建立了会议检查、宴会检查、设备检查、客房布置检查、美工检查等近十种细致的会议前检查表格，一一落实，记录在案，照单执行。如一张“会前事件检查表”（Pre - event Check List）中包括了席卡、司机餐和欢送仪式等细节近40项内容。

8. 会后评价和反馈制度

会议结束后，酒店对会议服务质量进行综合评价。分为总体印象（下有指示方向明确性、员工态度、会议位置等7项）、技术设施（下有电子设备、视听设备、电话通信等8项）、会议期间（安全性等4项）、餐饮服务（5项）和结账（3项）五大类，按优、良、中、差打分。

此外，还要上门听取客户意见和反映，这既是一种诚意的表示，酒店也能从市场上得到改进会议服务的方向，并不断积累经验。每次会议，都有完整的详细资料归档。这也是会议产品的个性化服务。

该酒店在上海会议市场上占有一定份额，正是源于它以“会议专家”的眼光和思路，策划、组织和销售独具特色的会议产品。

【思考题】

本案例介绍的专业会议产品的“软件”特色，对于大多数常规酒店开发会议产品有哪些启示和借鉴？

案例134 破解营销考核的难题*

酒店营销员的薪酬是企业对营销员工作业绩的承认和肯定。如何通过一套比较科学的考核机制，充分反映营销员的工作绩效，从而确定合理的薪酬水平，以

* 关于本案例的详细介绍，请参阅《饭店世界》2005年第5期刘耿大《破解营销考核机制难题的创新之举》一文。

激励营销员对未来工作的积极性，已成为酒店营销工作和薪酬管理中一大关键性难题。上海四星级的城市酒店经过10年的大胆探索，成功地创建了一套比较成熟的营销考核机制——多层次的混合薪金制。这种薪酬模式的基本结构可以用以下公式来表示：

月收入（薪酬）＝底薪（基本工资）＋月销售奖＋月营业奖

1. 底薪

城市酒店管理层基于以营销为中心的战略思想，坚决贯彻按劳分配的原则，并充分考虑到社会劳动力市场状况，来确定营销员的基本工资收入，将底薪定位在社会劳动力市场的平均上限水平，如2001年为2300～2500元。应该说这一底薪幅度的把握是比较合理的，因为底薪太少会增大营销员的风险而不利于他们工作的稳定性。同时在具体实施过程中，则贯彻了一条积极进取的薪酬管理新思路，即为了防止个别营销员满足于不错的基本工资而产生不思进取的惰性，通过调低完成销售指标的比例下调营销员的基本工资，以促进其通过主观努力去拿到他们该拿到的基本工资。操作方法是确定在完成销售指标80％的前提下，营销员一般名义上基本工资为1800元，而当完成销售指标的80％以上时可以通过上浮得到补偿，通常完成了销售指标的100％即可得到600元的补偿。这样，对于一般稍有一定销售潜力的营销员来说，只要稍做努力就可以比较容易地拿到高于社会劳动力市场平均水平的基本工资（2500元左右）。

此外，营销员的底薪还可以随着其良好的工作表现（如长期超指标完成营业额）或提升管理职务而得到提高。

2. 月销售奖

酒店根据营销员不同程度完成销售指标的情况实行严格的奖励制度，这部分奖励的薪酬即为销售奖。城市酒店每年做财务预算时总要留出一块作为营销奖励，近年一般达到营销收入的0.5％～1％，甚至更多的份额。销售奖以营销员的销售额为基础，再根据销售额相对于销售指标的提成率以及相关因素确定，以月为单位进行考核。以酒店客房销售为例，其计算公式如下：

$$销售奖=销售额\times提成率\times\frac{实际房价}{目标房价}\times房价调整系数$$

关于提成率和房价调整系数的概念内涵，这里参照酒店2004年有关条例做以下说明：

(1) 提成率。鉴于销售指标100％以下至80％区间段的提成已纳入基本工资范围统计，这里只取100%以上作为统计范围。

①部门、小组或个人营销收入达月度指标100%（含100%）以上的，按月营销收入的8.5%提成。

②部门、小组或个人营销收入达月度指标115%（含115%）以上的，按月营销收入的9.5%提成。

③部门、小组或个人营销收入达月度指标130%（含130%）以上的，按月营销收入的11%提成。

（2）房价调整系数。

①当部门、小组或个人的月实际平均房价低于相应部门、小组或个人的月目标房价5%（含5%）时，房价调整系数取0.95。

②当部门、小组或个人的月实际平均房价低于相应部门、小组或个人的月目标房价，但不低于5%（不含5%），或高于相应的月目标房价，但不高于5%（不含5%）时，房价调整系数取1。

③当部门、小组或个人的月实际平均房价高于相应部门、小组或个人的月目标房价的5%（含5%）时，房价调整系数取1.05。

④当部门、小组或个人的月实际平均房价高于相应部门、小组或个人的月目标房价的8%（含8%）时，房价调整系数取1.1。

⑤当部门、小组或个人的月实际平均房价高于相应部门、小组或个人的月目标房价的12%（含12%）时，房价调整系数取1.15。

⑥当部门、小组或个人的月实际平均房价低于相应部门、小组或个人的月目标房价8%（含8%）时，房价调整系数为零，即不作奖励。

当然，有奖必有罚，当营销员未完成规定比例的销售指标时，酒店将给予必要的扣罚。

3. 月营业奖

在城市酒店，营销员除了因各人销售业绩不同而获得各自的销售奖以外，还能获得因酒店完成总体营业预算目标而给予每月一度的奖励，即营业奖。当然，这个营业奖是面向全体员工的，只是营销员相对于部门其他员工来说，由于其营销业绩已在销售奖中有所反映，他们所获得的金额受到一定的限制，略低于部门的平均水平。对他们工作表现考核的标准，则是以劳动纪律、工作规范和团队合作意识等为主，以业绩为辅。

【思考题】

本案例破解酒店营销考核机制难题的薪酬制度创新，其基本指导思想是什么？本案例的制度创新和薪酬模式，对你有何启发和借鉴？

案例135 万豪国际酒店集团的积分营销*

万豪是全球第一家、也是唯一一家建立跨行业积分营销的酒店集团。除集团旗下酒店共享积分外，还与航空公司、铁路、租车、邮轮、信用卡公司和商场积分联网营销，这是近年来万豪集团得以迅速扩张的有效执行力的显示，也是它战略思想和运营措施的成功表现。独特而强势的营销使万豪近年来一直高居全球酒店集团营业收入的榜首。

万豪基本不实行按门市价打折的传统促销方式，集团营销策略以积分营销为核心，营销的整体主线就非常明晰。全球所有万豪集团旗下的不同品牌，通过积分营销形成一个高效且可预见业绩的运作系统。

要享受积分优惠，客人首先要与酒店集团签订加入会员积分的协议（不收入会费），然后会给客人一张积分卡，客人走遍全球 2400 多家 9 个品牌的万豪酒店，都能“一卡通”。当你成为会员时，实际上已成为万豪的回头客了。拥有万豪积分卡的一般会员极少，因为在营销策略中万豪又将会员分为银卡、金卡和白金卡会员，住满 10 晚就能拿到银卡，住满 50 晚就能拿到金卡，住满 75 晚以上就是白金卡会员了。持以上三种卡的会员统称为“高级会员”。积分计算根据下榻不同酒店而有高低，一般以酒店住宿消费 1 美元计 5～10 分不等，积分达到 1000 分时每消费 10 美元就可得 1000 分；而航空、租车、购物、信用卡等计分又另有各自细致的积分条款。

万豪根据不同国家和档次，将酒店分为 7 个等级，积分奖励名目繁多，分类

---

* 关于本案例的详细介绍，请参阅《饭店世界》2005 年第 3 期王大悟《万豪国际酒店集团的积分营销》一文。

细致，但在万豪旗下酒店住上两晚以后，基本就可以享受优惠了。这里选择万豪最高级别的白金卡（Platinum membership）的优惠条件做一专述：

——享有万豪额外奖励的30%的积分。当客人选择获取积分时，将会在客人原来下榻过的万豪酒店的基础积分上，额外加上30%的积分。

——48小时内的保留预订。确保客人一定有房间入住，在抵达任何一家万豪酒店之前，都会在48小时内保留客人的预订（除万豪度假俱乐部外）。

——保证休息室方便进入，免费享用欧陆式早餐。在万豪酒店旗下，客人到万丽（Renaissance）等几家品牌酒店，可以在酒店所提供的金钥匙服务范围内或是行政楼层酒廊内享用食品、饮料以及免费赠送的欧陆式早餐。对于不提供金钥匙服务以及不设行政楼层的酒店，则在周一至周五提供免费的欧陆式早餐。

——客房升级。白金卡客人入住酒店，不需额外支付费用，便可升级客房。

——给白金卡会员提供礼物。无论客人在世界哪个国家的万豪酒店，作为白金会员，能在抵达和离开时收到万豪酒店专门提供的礼物。

——周末折扣。在周五和周六这两天晚上下榻部分万豪旗下的酒店，可享受10%的房价优惠。

——免费的本地电话和传真。下榻美国和加拿大的万豪酒店，可享有不限时本地电话免费以及每天给该两国不超过15页的免费传真。

——特殊的专门报价。为特殊身份的会员报价，全年及时电邮给白金卡客人，以方便他们及时了解酒店的个性价格优惠动态。

——提供奖励。根据客人的选择，可以在一定限额下把酒店的积分奖励和其他奖励出售，转换成现款。

——预订保证的补偿。如果因为某些原因，集团无法提供客人预订的客房，那就会在附近的酒店为客人提供免费住宿，同时送上支票作为赔偿（但是必须达到积分才有资格享受）。赔偿金最高为200美元。

——白金卡预订热线。专为白金卡会员所开通的特殊预订热线。

——非同寻常的客户服务热线。为白金卡会员提供特殊的服务热线可在线查阅自己的账户信息。

——确保房间预订类型。为确保客人享受到舒适的环境和满意的服务，确保白金卡客人所要求的客房类型。如果没有得到想要的房间或是您已声明要预订无烟楼层而未预订到，赔偿金最高为100美元。

——延迟退房优先权。白金卡会员有延迟退房的特权，只需在退房当天上午通知前台。

——支票兑换成现金的特权。每天最多可将支票兑换成现金500美元。支票兑换的额度根据酒店品牌的不同而不同。

——礼品店折扣。凭白金卡可在万豪旗下酒店礼品商场购物获得10%的折扣。

银卡和金卡的持有者亦可享受以上部分优惠条件，如客房升级就是各类客人都经常需要的一种享受。会员客人可享受到免费住店、免费航空交通、代办度假旅游、邮轮优惠、租车优惠、休闲运动奖励（高尔夫、滑雪、水疗等）、免费电影、观光旅游奖励、主题公园免票、购物折扣和礼品赠券等12项优惠。尤其是免费住酒店和免费航空交通这两项，对消费者最有吸引力。

总之，万豪集团在打造酒店产业链上是全球酒店业中最为成功的一家。它充分利用自身的优势，把上下游和并行的企业（机构）联合在一起，以万豪品牌为核心，构筑了产业链平台，而这个平台的“盟主”就是万豪。产业链营销，既使万豪主营的酒店业增加和稳定了客源，也使它在和其他行业的合作中获得了其他“守本分”的酒店所没有的巨大效益。

【思考题】

简述万豪集团积分营销的主要内容及其产业链的特色和优势。

案例136　0.8：1——安徽绩溪宾馆的人力配置

绩溪宾馆是一家很不起眼的，仅相当于二星级标准的饭店，位于皖南山区绩溪县县城内，有客房100间，餐饮、会议设施、美容、商务中心、歌舞厅、酒吧，一应俱全。宾馆有固定合同工60余人，临时工20多人，常年平均劳动用工80人左右，员工与客房比例为0.8：1。这在我国饭店业中是一个很低的比例。需要指出的是，0.8的比例并非是绩溪宾馆因最近饭店竞争激烈而采取的应急措施，而是他们23年来坚持不懈的做法。此外，其退休人员的负担仅6人，这也是长期调整的结果，用当年宾馆总经理朴实的话来讲，叫做“乡下锣鼓乡下敲”。实际上他们的“土经验”中闪烁着许多当代先进的管理思想和方法。不管饭店是大是小、星级孰高孰低，各有用工的实际情况，但这种科学合理、高效全能配置的指导思想，是所有饭店在人力资源安排中应该予以研究、探索和实践的。

1. 一专多能，大部分员工都能熟练从事两个以上岗位的工作

绩溪宾馆从改革开放起就注重员工多面手的培训，很有超前意识，即使在国际上，也是到了20世纪80年代后期才提出交叉培训（Cross - training）的概念的。如宾馆后勤部只有4个人，人人都是“万能工”，锅炉、水、电、煤气、空调、电梯都能维修保养。后勤部经理本身就是锅炉工出身，且一专多能，任何岗位都能顶，他的电梯、中央空调技术都是刻苦自学出来的。对这样的业务骨干，宾馆给予重奖。厨师队伍历来是个棘手的问题。绩溪宾馆有几套厨师队伍，不怕刁难、跳槽，宾馆有意识分期分批将其他岗位的员工送去厨师培训作为后备。一般服务员最起码能做客房和餐厅两个岗位，哪儿需要就调剂上哪儿。有些楼层服务员还能顶总台的岗位，电话总机接线员能熟练地从事餐饮服务，小车司机亦充当了半个办公室秘书的工作……

宾馆建立了一专多能的考核制度，连临时工也不例外，不合格的员工不录用、不留用。这支全面多能的员工队伍为宾馆劳动力的缩编提供了可靠的技术技能保障和服务质量保障。

2. 压缩二线人员，全力以赴保证一线服务

一般来说，小饭店在规模经营上是不利的。“麻雀虽小，五脏俱全”，二线机构及其人员往往与大、中型饭店一样，要铺很大的摊子。绩溪宾馆则坚持精简二线的原则，把后台人员压缩到最低限度，仅占20%不到。如餐饮部仅一位经理、一位副经理、一位主管；接待部仅一位经理、一位主管。饭店机构设置只有接待部、餐饮部、保卫部、后勤部4个部，再加一个办公室，总共加起来才10多人。不仅如此，这10多位管理人员还必须在需要的时候能补一线的缺，顶一线的岗，即既有管理能力又懂操作技能。

3. 注重效率，合理统筹人员，科学配置工作岗位、工作时间和工作内容

县城宾馆不仅有淡旺季之别，且常因会议和接待的多少而忙闲不均，即使在一天24小时中，宾客到离也较有规律，相对集中。针对这种情况，绩溪宾馆打破机械刻板的人力资源配置的办法，从工作效率和服务质量统一的角度进行动态安排。把他们这种经验上升到理论上来评价，就是统筹方法（简称PERT－CPM方法）的实际应用。全体人力资源实现了满负荷运转。

宾馆新楼的4个楼层加会议厅，只有9名服务员，每层2名轮班，会议厅的服务员在没有会议时，参加楼层服务。而有会议时，则在会议开始前后的45分钟内由全体服务员支援。9名服务员之上还有一位主管，这位主管同样也要顶班。当有VIP客人到店时，楼面服务员同时又是门厅的迎宾员。因为迎宾不过10分钟时间，无须再专门配人。楼层班次和工作的安排也十分科学，在整理客房卫生最忙的上午和客人活动最频繁的傍晚，始终保持2名员工在岗。总台3人，加上1名领班，负责24小时的接待运转。

餐厅仅5名服务员，上有1名主管，高效工作，除了饭店中一般的摆台、折花、斟酒、上菜的工作之外，还负责摆台的所有餐具的洗涤（不含盛大菜的盘子）和桌面清洗。餐厅服务员工作效率高得令人难以置信，在没有斟酒、派菜等其他服务的情况下，5个人能承担起500人会议餐的全部上菜工作。

宾馆内所有公共场所均有分工包干，如吧台轮班的两名服务员要负责大堂和底层洗手间的经常性卫生打扫。

客房与餐饮的忙闲有很大一部分时间是错开的，因此客房与餐饮两个部门就科学协调，相互支援，确保在不增人的情况下保证服务到位、质量达标。

虽然工作很忙，但员工的休假能得到保证。不过轮休按工作忙闲而定，即闲时必须休，忙时不能休。有了这一规定，人员调配就更加灵活、主动了。

4. 加强团队精神和协作意识，使员工认识到工作效率与个人效益的关系，从而使理论上的管理原理得以成为现实

对交叉培训、网络技术、统筹方法，学过管理的人都懂，但真要有效地实现这种人力资源配置，谈何容易！它的难度，更在于思想障碍——谁愿意这样去做呢？

绩溪宾馆20多年的努力，使这种人力资源配置形成了制度和习惯，不再会受到员工的抵触。就员工的切身利益而言，其正激励作用在于：员工人数少，保证了大家的高收入，无效增人就意味着在减自己的工资，这个道理已深入人心。其负激励作用在于：谁不愿意干，每个岗位即时就有“替补队员”，根本难不倒宾馆，宾馆却可以辞退你。

【思考题】

你们酒店员工与客房的配置比例是多少？你认为绩溪宾馆哪些经验最值得学习和借鉴？

案例137 换个角度选拔人才

小李是某大学酒店管理专业的高才生，工作能力强，是校学生会主席，曾组织了多次学校的大型活动，均取得了很好的效果；学习成绩优秀，专业知识扎实，英语口语更是不在话下，但等到大四找工作的时候却遇到了难题。他的志向是做一名出色的酒店经理人，虽然很多酒店的负责人对他的能力都很肯定，但看到小李1.7米不到的身高，都只能摇摇头。

上述例子是当今社会上的一个普遍现象，虽然对人才需求旺盛，但不少饭店在招人选人方面仍然存在重身高轻认知态度、重已有工作经验轻发展潜力、重专业背景轻综合能力、重绝对水平轻企业匹配等误区。随着近年来饭店业的飞速发展，新饭店不断涌现，人才成了饭店业发展的头等大事，而饭店业在人才选拔上的这些误区也严重影响了人力资源工作的整体效益。因此，饭店换个角度选拔人才势在必行。

1. 从注重相貌到注重态度

现在饭店招人多数都把身高和相貌放在首要位置，似乎相貌平平，男的不足1.7米、女的不足1.6米就不能干饭店或干不好饭店。其实，从饭店服务的要求来看，除极少数岗位外，员工愿意不愿意干是能否干好的最关键因素。从实践来看，往往是相貌越好的员工越不稳定，越干不长久。改变一个人的认知和态度是非常困难的。所以当有人问世界著名的里兹饭店创始人里兹："您饭店里的员工都笑得这么好，是怎么培训出来的?"回答是："微笑的员工是挑选来的，不是培训出来的。"瑞士洛桑酒店管理学院前院长吉达女士在北京的一次饭店经理培训班上也明确表示，她在中国的饭店里感受不到热情，员工似乎都不愿意和她打招呼，也没有笑脸。所以她建议中国的饭店应多招一些外向、热情、喜欢做服务工作的员工。

2. 从注重经验到注重创新潜力

经验对于任何企业和个人来说，都是一把双刃剑，用得好可以促进企业发展和个人成功，用得不好则会成为阻碍发展的制约因素。现在不少饭店在招人时都强调有饭店经验甚至是同级饭店、同职位的工作经验，似乎有了这种经验就可以把工作干好。这种相对封闭的选人制度，虽然为饭店带来了经验，省去了一定的培训成本，但同时也带来了不良习惯，并限制了业外优秀人才的进入。其实，原来没有干过饭店的人，在服务和管理领域取得成功的大有人在，有的甚至成了富有创新精神和开拓精神的饭店经理人。

因此，饭店选人时一方面要看经验，但应该是与本企业的文化相匹配的成功经验，而不仅仅是“干过”的经历；另一方面更要看发展潜力，即向“未来的经验”学习的能力。沉溺于过去的经验，企业创新将变得非常艰难。所以将经验作为一道门槛，在一定意义上是人力资源开发的一种倒退，因为它只关注现实，却忽视了未来。研究表明，企业培训越深入越能稳住人才；人才的经验越丰富越有可能跳槽。这说明强调经验对于企业稳定人才也是一个不利因素。

3. 从专业对口到能力对口

目前不少饭店招人时都要求是学饭店专业或从事饭店业的，以力求专业对口。其实，饭店的岗位包括三类，即专业性岗位、半专业性岗位和非专业性岗位。其中只有从事厨师、财务、工程等专业性岗位的人员，其专业背景比较重要，要求其必须经过专业培训，有专门的资格证书。而对于另两类岗位的人员来说，对专业知识和技能的要求不是很高，因此专业性背景不应成为他们从业必不可少的条件，因为这些岗位所需要的知识和能力通过企业的专业培训和岗位锻炼都比较容易做到。

国际上一些著名的大公司在招聘人才时，往往都把综合能力放在首要位置，从过去的“专业对口”转变为现在的“能力对口”。除了一些特殊岗位外，对应聘者一般都不要求与所学专业对口，但必须通过公司的综合能力测试才能进入最后的面试，当然面试内容也基本上不是专业知识，而是分析能力、思维能力等内容。因此，饭店招人应当拓宽视野，把是否具备基本的服务素质作为一种要求，而不仅仅是以专业来定取舍。

4. 从依靠经验到依靠科学

依靠经验就是靠员工反映、领导推荐或熟人推荐等，目前饭店选人大多采取这种方式。这种靠经验选人的方法有对被选人才更为熟悉、了解的优势，但也往往包含着一些弊端，有时很容易蒙蔽人们的耳目，因为知人知面难知心，要把一个人看透是很难的。所以，除了靠经验外，饭店还可以借鉴心理学、计算机等科学的原理，引进一些科学的人才测评手段，对应聘者的综合素质进行全面考察。如运用目前国际上比较盛行的“人才素质测评系统”，可以初步判断一个人的能力、兴趣、性格等是否和企业岗位相适应。

现在有的外资饭店根据自身要求，研究制定了一套完善的测评系统，以保证选人用人更加科学、准确。比如，每一位选入万豪国际酒店集团所属丽嘉饭店的员工在经过最初的一轮面试之后，都必须做QSP（质量选拔程序）测试，以衡量应聘者的价值观和态度是否适合丽嘉饭店的企业文化，然后才有资格进入下一轮的专业面试。这种选人的方式值得国内饭店业学习和借鉴。

5. 从内部确定到公开选拔

是不是人才，如何选拔人才，饭店一般都采取内部“相马”的方式，即由相关领导或人力资源部进行考核面试，然后决定是否录用或提拔。但如果面试者不是伯乐，看走眼给企业带来的损失是无法弥补的。因此，饭店选人不能仅仅是“相马”，更要“赛马”，即把员工放到相应的位置上进行见习，以工作业绩来决定是否胜任，是否应该得到重用。这样既可以开阔人才选拔的视野，拓宽人才选拔的渠道，也可以避免人为选拔中的一些感情因素，显得更为公正、客观。更重要的是，它会使企业所有员工把精力都集中在干好工作、提高业务能力和水平方面，而不是放在拉关系、走后门上。

从“相马”到“赛马”，是一种人才选拔制度的革命，它不仅为真正的人才提供了广阔的事业发展天地，也让那些平庸之辈最终被淘汰出局。“赛马”机制将会为饭店造就一支有能力、能战斗的员工队伍和管理者队伍，为企业发展奠定较好的人才基础。

【思考题】

谈谈你对酒店人才选拔标准的看法。在市场经济环境中，如何才能使符合酒店需要的人才脱颖而出？

案例138 酒店劳务的社会化使用

所谓酒店劳务社会化使用，其实质就是酒店劳务的社会采购，即酒店对自己在日常营运中的劳务需求（如公共区域和客房的清扫、宴会的服务等），采取购买社会上专业劳务公司所提供的服务产品的方式来满足，而不是靠员工来解决。酒店因此可以缩减自有固定员工人数，节省人力成本，用以满足高素质人才之所需。

近几年，上海一些高星级酒店开始采用社会化劳务，尤其是一些国际品牌酒店（如四季饭店、威士汀饭店等）用得比较成功。这些酒店的做法是：其一，在酒店内部某些使用简单劳动的部门，根据最低限度的劳务需求测算社会化劳务的起用线（如威士汀是按出租率60%时清扫客房所需的劳务来测算）。起用线内的劳务需求折算成员工职数，配置正式员工；起用线以上超出部分向社会采购。其二，与之相适应，社会上出现了几家酒店劳务的服务公司（如客房清洁公司、宴会服务公司等）。作为酒店劳务的承包商或者说酒店劳务产品的供应商，他们招聘、培训和管理劳务人员，负责劳务人员的工资和保险。在酒店需要的时候使用这些人员承包酒店的劳务，或者说向酒店提供劳务产品，并根据不同劳务的特点，按照或长或短的时段与酒店结算费用（如公共区域的清扫是按月结，客房清扫是按天结）。其三，每家公司都与多家酒店签订合同。根据签约酒店的需求预报来决定劳务人员在酒店之间的调配或确定招聘与训练新劳务人员的计划。

从实施酒店的情况看，劳务的社会化使用使酒店的人力资源管理更有效率。主要表现在三个方面：

第一，社会化劳务的使用直接减少了酒店的人力资源成本。以某饭店为例，用一个客房服务员，基本工资1500元，加上50%的各类保险、年终双月奖和其他福利，每人每年要近5万元，如果分摊上广告费、面试费、体检费等招聘管理费就更多。使用社会化劳务后，不但省去了招聘管理费，支付给劳务公司的费用平均下来只接近原来的70%，节省幅度为20%～30%。

第二，社会化劳务人员比较稳定，从而避免了人员频繁流动对员工情绪的负面影响。劳务公司提供的劳务人员一般固定到人，情绪比较稳定，不存在跳槽的问题。即使有人员变动，也是劳务公司的内部调配所致，与酒店无关。这有利于酒店稳定自己的员工队伍。

第三，高素质复杂人才的薪酬变得较有吸引力。成功使用社会化劳务的酒店节省了人力成本，因而有可能将较多的资金用于激励高素质骨干人才，从而提高酒店的吸引力和凝聚力。从实际情况看，上述酒店的中、高层人员相对比较稳定，人才流动保持着顺差。

酒店劳务社会化实现的条件和要注意的有四个问题：

第一，酒店劳务社会化的前提是酒店业比较发达或者酒店一定程度的集聚，而这是与所在地经济发展到一定阶段相联系的；酒店劳务社会化也不可能靠单个酒店的活动来实现，而是有赖于社会上的酒店群体与劳务产品供应商的协作互动。这样的前提和条件并不是所有地方都具备的。酒店是否采取劳务社会化的方法来改进用工形式、用工结构和人力资源管理，应实事求是，视具体情况而定。

第二，专业的酒店劳务供应商是实现酒店劳务社会化的关键。酒店劳务供应商应该具备三个条件：一是专业化。只有熟悉酒店相关部门的业务和流程，才能有效承接和组织实施酒店的劳务业务；二是规模化。一家公司只有同时经营多家酒店的业务，才能从营运和管理中产生效益，降低成本；三是角色化。劳务供应商在劳务社会化使用的关系中是酒店所需劳务产品的供应商，而不是酒店所需劳动力的中介商。这一点至关重要。劳务供应商只有坚持这个角色才能独立自主地继续发展业务。否则转变为劳动力中介商，劳务社会化的关系就不复存在了。

第三，对社会化劳务的使用要把握好“度”。劳务社会化可以在一定程度上降低人力成本，但并不是酒店中所有的劳动力都可以用社会化劳务来替代；此外，从质量保险系数看，社会化劳务似乎要略逊于酒店自有员工的操作。因此，在决定使用社会化劳务的时候，应从全局出发，既要考虑成本节约又要根据人力资源储备、质量监控要求等具体情况把握好使用的范围和程度。以威士汀饭店客房部使用社会化劳务为例：由于考虑到社会化劳务的熟练程度略逊于本店员工，同时考虑到在需要打扫的客房中留住的房间状况复杂，客人可能随时在房间出现，一旦有差错难以弥补；而结账退出的房间清理比较简单，后面的新客人不会马上入住，做完后发现有缺陷还可以弥补。酒店做出客人留住的房间由员工打扫、当天结账退出的房间采用社会化劳务来做的安排。由于正确把握了“度”，既最大限度地使用了社会化劳务，又在客人心目中树立了客房清洁、高品质的形象。

第四，对社会化劳务的培训应恰当分责。虽然酒店劳务服务公司向酒店提供劳务产品，包含了对劳务人员的培训，但事实上由于酒店之间市场定位不同、企业文化等存在差异，对劳务产品的要求也不尽相同。劳务供应商难以按不同酒店的不同具体要求分别对劳务人员进行不同的培训。因此酒店有必要进行培训。但是，酒店要与供应商双方就各自负责培训的内容做明确界定。否则酒店承担的培训内容过多，起不到使用社会化劳务降低人力成本的作用；承担的培训内容过少，劳务产品又不能符合自己的要求。在实践中，上述酒店是这样与对方分责的：劳务产品的供应商负责有关酒店业务的基本培训；酒店方则根据自己需要的内容进行入店培训或岗前培训。双方各司其责，便可避免培训重复或培训不到位的现象。

【思考题】

为什么酒店劳务的社会化使用使酒店的人力资源管理更有效？对社会化劳务的培训，酒店与劳务供应商应如何恰当分责？

案例139 酒店员工的“情商”

目前酒店的软件建设往往存在着一种倾向：重智商轻情商，即重视对员工业务知识的教育和培训，忽视对非智力因素即情商的开发和培养。实践告诉我们，饭店既要开发人的智商更要开发人的情商，情商应重于智商。“靠智商得以录用，靠情商得以提拔”；“个人奋斗要靠智商，而彼此合作要靠情商”；“智商是舟，情商是水，舟行借水力，水阔任舟行”。

情商（简称EQ），是指个人在集体中的心理平衡能力和情绪调整能力，主要包括：自我感知力；自我管理能力；自我激励能力；识别他人情绪能力；人际交往能力。

1. 自我感知力

“人贵有自知之明”，一个人如能了解自己的情绪和产生情绪的原因，才能更好地去了解别人，为别人提供服务。酒店业是服务行业，是经常要与方方面面联系的行业，员工要有一种自我感知力才能取得与客人联系的最佳效果。自我感知力是培养员工情商的基础，是提高服务质量的前提。一个好的员工一定要有好的自我感知力：要经常考察自己的心态，扪心自问自己是否热爱所从事的行业，是否胜任某个岗位，工作中的差距有多少等等。有了这个自我感知力才能与客人打好交道，才能与同事协同合作，才能为客人提供良好的服务。无锡某饭店曾发生这样一件事情。一位服务员一上岗就对她的主管说：“对不起，今天我不能在前台为客人服务，恳请安排我做其他工作。”主管很奇怪：“为什么呀？”她说：“我今天上班之前与丈夫吵架了，吵得很凶，现在的情绪很坏，可能会在服务过程中出差错。我也不想这样，但是很难控制住自己。”这个员工的感觉就是自我感知力，她自我感觉到在这种心理状态下上岗工作肯定不会有好的服务效果。

2. 自我管理能力

包括两个方面的含义，一是调整自己情绪的能力，二是控制冲动的能力。服务是无私的，全身心的，是不计个人得失的。这种无私的服务精神只有具备一定自我管理能力的人方能具备。试举两例：一次河南某饭店总台接待员小马因房价问题遭到客人黎先生殴打，小马明知客人不讲理，但挨打以后强行控制住自己的情绪，用平静的口吻向客人解释，最终赢得客人的道歉。另外，上海一家五星级酒店宴会厅的小孙在一次婚宴上给主桌送乌骨鸡汤时，新郎“霍”地站起来要给一好友敬酒，由于动作过于突然，一下子碰撞了刚在桌前停步的小孙。小孙顿时失去平衡，手里的汤盆倾斜了，眼看滚烫的鸡汤即将倒在新郎的身上。小孙出于职业本能，迅速把汤盆往自己身边一拉，结果近100℃的热汤统统泼到小孙的胳膊上。顿时阵阵疼痛似万箭穿心，但小孙却咬着牙不吭一声坚持工作到婚宴结束。席终宴散时，新郎新娘才发现小孙的胳膊上布满了大大小小几十个水泡，面对此情此景，新郎新娘半晌说不出话来。以上两个例子充分说明了小马和小孙具备了一种自我管理能力，他们因为具备了这种能力，所以工作如此之好，服务水平如此之高。

3. 自我激励能力

通过自我鞭策养成乐观热诚的心态，胜不骄，败不馁，日日是好日，事成在人为，这就是EQ中的自我激励能力。在酒店日常工作中，谁都难免会碰到挫折。面对挫折通常是两种心态，一种是积极的，一种是消极的。持积极心态的人越挫越勇，从失败中吸取教训，从失败中思考、总结、提高。如服务人员在受到饭店领导和客人批评时，不气馁，而是“三省”自身确立新的奋斗目标；遭到客人投诉，不埋怨，而是自己查找原因，提出改进措施；销售中拜访客户屡遭拒绝，不放弃，而是靠热心和耐心赢得客人。持消极心态的人则不然，困难面前怨声载道，工作精神不振，遇到挫折就跳槽转行。毋庸置疑，前者具备一种自我激励能力。无锡某饭店餐厅王经理，刚从学校毕业时有两点明显不足：一是性格内向，不善交往，不怎么敢与客人打交道；二是铺台基本功不到位，达不到要求。这两点不足，曾受到过主管的批评。小王面对主管的批评没有生气，没有气馁，而是重新自我定位，一是认识到既然从事了酒店行业，就得与客人打交道，她规定自己每天与客人交流50句，作为一个硬任务一定要完成。后来在交往中渐渐地发现客人并不“可怕”，而是越交往越“友好”、越自如、越得体，有时还受到客人的赞扬；二是每天加班练习铺台，人家铺一遍，她铺三遍。功夫不负有心人，小王的工作精神终于结了硕果，她获得了全国“青年技术能手”的称号，并从一名普通的员工被提升为餐厅经理。

4. 识别他人情绪的能力

酒店的服务最讲究知客之所需，急客之所急。善于识别客人的情绪，在客人未说出要求时即以最快的速度提供服务，这就是我们常说的“察言观色，应需服务”。当客人的酒杯仅剩 1/3 酒时，服务员便主动斟酒；宴席气氛热烈，客人说话的声音越来越大时，服务员悄悄将背景音乐的音量相应调低；当过生日的客人在大厅行走时，钢琴师献上一曲《生日快乐》；宴会上，服务员了解到宾客中有糖尿病患者，就主动为他送上一碗无糖的芋头汤……凡此种种，客人无不称好。

无锡某饭店餐饮部的服务员在接待某外资公司的总经理 PAWLING 先生时，可称得上是善于识别客人情绪、提供优质服务的范例。这位 PAWLING 先生是一位对菜肴质量要求很高、非常注重用餐气氛的德国人。刚开始，服务员为他点菜都是小心翼翼，然而经过一段时间的观察，发现他的胃口较大，点了开胃食品(Appetizer)，还喜欢吃意大利面，汤要极浓、极稠，而且还要配上十只专为他烹调的虾，每道菜上菜的速度要求极慢。了解了这些再为他点菜，服务员就应付自如了。一次，他到餐厅用餐，服务员送上他最爱吃的黑麦面包，倒上“Bardolino”、红葡萄酒和“Perrier Water”并递上《China Daily》，PAWLING 先生高兴极了。由于服务员的真诚、真心、真切的服务，PAWLING 先生每次来该饭店用餐的时候，都对服务员特别友好，好像回到家一样的自在自如。迎合客人心理，做到应需服务，而这种“迎合”和“应需”就是一种识别他人情绪的能力。

5. 人际交往能力

人际交往能力是 EQ 中的核心部分。毫无疑义，高情商的人都是社交能力很强的人。人际关系的核心在于沟通和交往。而沟通和交往的关键是要善于关心别人，善解人意，从他人的角度考虑问题。大约是 2001 年年初，有一对夫妇入住广州某五星级酒店。本来夫妇俩是高高兴兴来度假的，但不知何故在房间里吵闹起来，结果妻子将先生推出门外，不准入房，先生只好借坐在酒店楼层服务台休息。过了一会夫妇俩的气均已平息，但谁也不好意思先开口提出回房的意愿。宾馆服务人员根据客人这种心态，主动打电话到房间征询意见：“夫人，您的先生现在我们楼层服务台，他要进房取证件，您能同意他进房吗？”夫人答道：“请他进来吧！”先生进房后，他们和好如初。该酒店服务员灵活地解了客人之难，这是一种典型的亲和力，更是一种人际交往能力。

培养一支高情商员工队伍是现代酒店人力资源开发的主旋律，这个理念正被越来越多的酒店所接受。

【思考题】

什么是情商，它包括哪些基本要素？为什么说酒店员工“靠智商得以录用，靠情商得以提拔”？联系自己的经历和见闻，说明提高情商对做好酒店服务的重要作用。

案例140 培训原则与技巧面面观

同样的培训计划、同样的辅助工具、同样的培训对象，由不同的培训工作者来具体实现和执行，会产生不同的培训效果。所以提高培训员的素质，使其掌握一定的原则与技巧是十分必要的。

1. 有效的培训原则

(1) 是培训而不是教学。成年人有一定的社会阅历和工作经验，对他们的培训在目的、基础、课程设计、反馈方式等方面均不同于对在校学生的教育，应遵从“培训—反思—理论—应用—培训”循环的原则。

(2) 培训要以学员为中心。学员是培训的主角，决定培训的效果，所以培训员要以学员为中心，从对待顾客的角度出发，了解学员的知识结构、工作性质、年龄层面等因素，设计和推销自己的培训课程，让学员充分参与，调动他们产生共振，时刻注意提高“顾客”的满意度。

(3) 有计划地进行提问或测试，找出每个学员的优点和进步之处，并给予适当的奖励。提问一般有两种情况：一种是发问，即对情况不熟悉，通过发问来了解；另一种是为启发对方思考某一个问题，通过提问的方式把对方思路引导到某个要点上。测试可以是书面的问卷，也可以是口头的提问，还可以是实际操作的考核等。激励理论告诉我们，适当的奖励会强化一定的行为并能给予受训人员自信心和更高的学习积极性。所以，培训员千万不要吝啬对学员的赞美。

（4）案例的选择要真实而生动。作为培训员要经常走近员工，了解他们的工作内容，及时捕捉真实的信息，搜集发生在他们身边的典型案例。做到在培训中说身边事，议身边人，引发学员与其以前的经历做比较，从而理解得更加深刻。

（5）要采取灵活多样的培训方式，让学员在轻松的环境中学习。培训的方式有很多，如：讲授法、操作训练法、电教法、研讨法、案例分析法、角色扮演法、问卷法、游戏法等等。培训员要结合实际、因人而异选择有效的培训方式，组织、引导学员配合完成培训活动。

2. 培训时的技巧

（1）比学员提前15分钟来到培训场地，这样可以了解和熟悉现场环境，及时调整和改变培训方式，增加自信心。提前到场的另一点好处是，可以亲自迎接学员，通过交流拉近彼此间的距离，了解他们的背景、希望、对培训的态度等，更能做到培训时有的放矢。

（2）要有一段好的开场白。授课的开始是至关重要的。要注意开头不讲诸如“我没做什么准备”、“讲课毫无经验”等话，这种自谦可能并非发自内心，不过是遵循了开场客套一番的陈规。其实好的开场白就看培训员善不善于发现和提炼了，可以从引发学员的好奇、展示一些事物、向学员提问、开门见山直奔主题，甚至从现场人员的服饰、道具等作为开场白，时间以不超过五分钟为宜。

（3）注意你的表现。首先要精神饱满、口齿清晰、充满自信。与人打交道是培训的特点之一，运用生动活泼的语言，将自己全身心地投入到培训活动中去，让学员感受诚恳与自然，使自己颇具感染力。其次要运用好肢体语言。目光要与学员多进行交流，及时捕捉学员在培训中的表现信息，赞许学员要面带微笑、含首示意等。请记住，这些非语言的信息会向学员传达培训员的思想状态，同样会让学员们由此对培训员做出评判。

（4）注意语言的逻辑性与严密性。培训当中切忌“脚踩西瓜皮，滑到哪里算哪里”，让学员不知所云。尽量让自己的观点无懈可击，更要避免在自身的弱项上花费较长的时间，同时应注意避免前后矛盾的事情发生。

（5）努力培养自己的幽默感。说话风趣可以使尴尬、难堪的交际场面变得轻松，运用幽默感可以增进你与他人的关系融洽。

（6）注意做好培训后的反馈工作。培训效果的好坏，学员最有发言权。听取学员的意见和建议，做好沟通与交流，随时补充、改进、完善、提高自我，这同样也是培训员的收获与所得。

【思考题】

简述培训中应掌握的原则与技巧，并回顾自己在工作实践中与培训有关的心得体会。

案例141 体验式培训——素质拓展训练

为了在酒店培训中更新观念和方式，四川某市一家宾馆将体验式培训——素质拓展训练这一新颖独特的培训模式引入酒店的培训中，与日常的培训有机融合，取得了良好的效果。

整个培训过程都是经过周密细致的计划和安排，学员统一食宿，晚上是热身运动，主要进行训练科目介绍、分组、选队长、发放服装、制定队名、队训及队歌；次日清晨安排晨练活动；早餐后训练科目按计划开始实施。

1. 信任后倒（背摔）

目的：训练信任他人、背负责任；亲密合作与换位思考的工作态度及思维方式，加强团队内部的有效沟通，建立团队内部的信任感。

内容：你信任你的同伴吗？当你闭上双眼，双手被捆，眼前一片黑暗的时候，你的勇气和对同伴的信任感将支持你勇敢地向后倒下……

启示：(1) 相信自己，相信他人；(2) 勇气与默契同样重要；(3) 酒店服务工作需要各部门的通力合作和及时补台，没有团队的默契配合和协作精神，对客服务难以做好。

2. 高空断桥

目的：挑战个人极限，“断桥一小步，人生一大步”是对此项目的最好总结。主要培养学员自信力，勇于尝试，在机遇面前果断决策，有战胜自己的决心，对于销售人员的胆略和决心起到良好的促进作用。

内容：地面上 1.3 米的距离，任何健康的成人都可以跨越，而将此距离移到 4 米的空中，您还可以轻松而勇敢地跳过去吗？考验即将开始……

启示：(1) 人生选择需要胆识和勇气；(2) 战胜自我——“别人敢过，我也能过”；(3) 对营销人员克服心理障碍及心理素质提升非常有益。

3. 穿越生死线

目的：突破思维定式，组织、指挥、协调能力培养，学会倾听，大胆尝试，合理利用规则。

内容：您和您的队友在行军途中遇到一片生死电网，时间非常紧迫，后面有追兵，而每个队员必须全部安全通过，而电网却只有那么小……考验开始了！

启示：(1) 管理的构成缺一不可。此项目展示了管理的全过程，从计划、组织、指挥、协调到人力资源分配都涉及到了，哪一项没做好就可能导致失败；(2) 在酒店管理工作中，经常容易出现一些现象——管理错位、分工不明、职责不清等情况，通过活动大家主动找出自己工作中的不足之处，认识到自己今后应该怎么做。

4. 火海逃生

目的：训练团队成员在较短的时间内提出问题解决办法，制定策略，形成实施方案，并实践和调整方案；合理安排和周密计划及人力资源的有效分配；关心同伴的感受。

内容：办公大楼响起一级火险警报，所有的人都在慌张中逃生，当你和你的队友救助完其他同事后才发现所有的出口都已被大火封住，唯一的出路就是翻过那个 4 米的高墙……

启示：(1) 当生命遭遇危险的时候，尽显团结协作的无穷魅力；(2) 在危机时刻，周密的计划、策略及实施步骤缺一不可；(3) 关键时刻见真情，很多队员为了他人的安全，甘当人梯，是多么可贵的奉献精神；(4) 酒店的工作更是离不开团队精神，各部门、各岗位既分工又合作，哪一个环节出了问题都会影响到整体服务质量，顾客满意度也是由一个一个服务细节产生的。

以上体验式培训魅力何在呢？

第一，培训内容与形式的完美结合，寓教于乐，学员兴趣浓厚，参与性高，易于接受新观念，易于达到预期培训效果。

第二，员工在训练中相互关心、增进友谊，团队精神尽显无遗，同时还能化解平时在工作中所产生的一些摩擦和矛盾。

第三，每项活动后，教练都要组织学员认真讨论和分析活动中出现的问题，引导学员主动思考问题，并找出解决问题的正确方法。学员都有发表自己想法的机会，通过项目过程引入全新的观念和思路，同时也使学员的口头表达能力得到锻炼，很多平时不爱说话的员工此时也踊跃发言，展示自己的观点和能力。

第四，学员在训练中得到的启示能与自己的实际工作相联系，这种做法和效果非常好，大家主动找出平时工作中存在的问题，通过相互沟通，彼此之间增进了解，对今后工作的默契配合起到积极的作用。

第五，员工与酒店共赢。学员在训练中获得观念的更新，个人潜力被挖掘，能力得以提高，受益匪浅；各级管理人员及员工的团队意识增强了，反映在对客服务中的补台意识有明显的增强，部门之间、岗位之间少了推诿扯皮，多了协作配合，因此酒店的整体服务质量能够得以提升。两全其美，何乐而不为呢?

创新是我们这个时代的主旋律，培训观念和方式同样需要创新和变化。通过培训，不仅要转变我们观察问题的角度，转变固有的思维方式，还要提供解决问题的思路，体验式培训正是迎合了这一理念，通过项目活动，并在教练的启发引导下去主动思考问题并积极采取行动，使学员不断增加能力。体验式培训是一个具有活力和生命力的培训模式，对学员有无穷的魅力。

【思考题】

从案例中介绍的训练科目，剖析体验式培训素质拓展的特色与功效。为什么说体验式培训是一个具有活力和生命力的培训模式?

案例142 御温泉的“金纽扣”

“金纽扣”是我国温泉度假村第一品牌“御温泉”独创的一种员工激励形式，也是提高服务质量的一种考核制度。

“金纽扣”特别强调和重视服务过程，激励员工天天向上。有了“金纽扣”

的激励机制，可以说员工天天在比赛，时时刻刻在竞争。员工每天要进行绩效考评，通过自评和主管评两次评定，得出每天在完成任务、工作质量、出勤、仪容仪表、工作纪律、服务态度、团结协作七个方面的分值，当天即由本人和考评上级签字确认。考核范围包括部长级管理层在内的全体员工，也就是全店范围的考核，无人例外。从服务链出发，在顾客面前表现的任何服务质量，都是由全店每个岗位的各个环节来保证的，因此，一线部门和二线部门都必须加入考核的行列，只是一线部门金纽扣的比例略高些，为22%，二线为18%。

金纽扣分三个等级，一粒型、二粒型、三粒型，其中三粒型为最高级别的金纽扣。二粒型金纽扣必须是蝉联两期一粒型金纽扣得主；或连续获得一次二粒型得主、一次一粒型得主；或连续获得一次三粒型得主、一次一粒型得主的员工方可申报。三粒型金纽扣必须是蝉联两期二粒型金纽扣得主；或连续获得一次三粒型得主、一次二粒型得主的员工方可申报。获得各等级金纽扣的员工，在荣誉期满后，须重新考核评定合格后，方可授予相应等级的金纽扣荣誉。

不论哪个等级，评定期均为三个月，荣誉期也是三个月。可见，“金纽扣”是动态的、短期的，这就充分调动了员工的积极性、主动性和创造性，使员工长期地保持高昂的服务热情。同时在这一过程中，员工的服务意识和服务技能都能得到极大的提高，在整体上树立起御温泉的服务品牌。

表1　金纽扣的评定标准

项　目		一粒型	二粒型	三粒型
处理记录		无客人、公司、人力资源部、质量环境部等给予的任何投诉、处理记录		
奖励记录		同等条件下受客人、公司、人力资源部、质量环境部等授予的任何奖励次数多者优先		
考评期内绩效考评总分	一线	29.7(三个月累计)	29.7(三个月累计)	29.7(三个月累计)
	二线	29.9(三个月累计)	29.9(三个月累计)	29.9(三个月累计)
感情化服务事例	典型		≥1件(三个月累计)	≥2件(三个月累计)
	一般	≥6件(三个月累计)	≥6件(三个月累计)	≥6件(三个月累计)
表扬信		有表扬信者优先	有表扬信者优先	≥1件(三个月累计)
英　语		略，另有《御温泉金纽扣英语考核明细标准》		

表 2　金纽扣在荣誉期内享受的待遇

金纽扣等级	享　受　待　遇
一粒型	1. 荣誉奖金 50 元/月、颁发荣誉证书 2. 参加所属部门部长级以上管理人员经营工作会议 3. 参与度假村重大外事和商务活动的贵宾接待 4. 允许旁听或参与度假村各类专业培训或专题讲座 5. 享有度假村举行的任何重大活动嘉宾专席 6. 由度假村宴请一次，度假村领导亲自参与接待 7. 每月免费温泉浴一次 8. 珠海市内一日游一次 9. 荣誉期内可在所属部门相应岗位轮调 10～20 天
二粒型	1. 荣誉奖金 100 元/月、颁发荣誉证书 2. 免试进入部长级管理人员的竞选 3. 荣誉期内可在度假村相关部门各岗位轮训 10～20 天 4. 享受一粒型金纽扣待遇中第 2～8 项待遇
三粒型	1. 荣誉奖金 200 元/月、颁发荣誉证书 2. 享受送外培训一次 3. 享受二粒型金纽扣待遇中第 2 项待遇、一粒型金纽扣待遇中第 2～7 项待遇
特别说明：蝉联四届“金纽扣”员工，由公司颁发金质奖章及荣誉证书（个人终身所有）	

这里有几个细节需要特别说明：（1）金纽扣是御温泉投资几十万元用纯金制成，体现金纽扣与服务质量同样是货真价实；（2）环境保护也列入对每位员工每天的考核计分，这在国内外酒店都极少见；（3）强调团队协作。团队精神、整体意识是确保酒店服务质量的重要指导理念，也是酒店中最难解决的问题。“金纽扣”把部门间、岗位间的协调合作、相互支持作为重要考核计分指标，在制度上明确了全员合作的职责；（4）精神奖励与物质奖励并重，除上述“金纽扣嘉宾”专席外，还建立了金纽扣俱乐部。精神奖励虽有许多具体项目，但其核心体现一个思想，即让优秀基层员工享受白领，乃至高级白领的待遇。这正与当前国际上人力资源管理中“宽幅交叉薪酬制”的改革不谋而合。而个人终身的奖章则是高价值的，二等功是纯金的，而一等功是白金镶钻石的，总价值高达几十万元，这也是其他酒店很难做到的。

多年实践证明，御温泉的“金纽扣”制度是成功的，它与金钥匙殊途同归，为酒店业发现人才、培养人才、造就人才创出了一种新的形式。

【思考题】

简述“金纽扣”考评激励机制的基本内容，并剖析“金纽扣”的评定标准。请你对“金纽扣”的做法发表自己的观点。

案例143 酒店产品的整体培训

两位客人走进一家四星级酒店的大堂，正好碰上刚送完行李的行李员。行李员以为客人要住店，就指引他们去总台登记。未料客人并不是来住店，而是来就餐的。

客人问：“你们的旋转餐厅很有名，在几楼？”

行李员答：“28楼。请乘左边的快速电梯上去。”

问：“是广帮菜吧？”

答：“有粤菜，也有淮扬菜。实际上，像上海这样开放城市的酒店，菜肴已是集各帮之长，这里也有北京烤鸭，也有四川火锅，很难绝对说只是哪一帮。你们不妨上去试一试。”

客人又提出第三个问题：“价钱贵不贵？”

答：“旋转餐厅和二楼的潮州餐厅都很豪华，档次高，价格比较贵。平均每位消费总额要100多元，如果点海鲜或高档菜的话恐怕要200多元了。底楼东侧的百花厅也可以吃，价格适中。你们两人去吃，100元出头就差不多了。”

两位客人得到了准确的信息，商量了一下，决定还是直奔28楼旋转餐厅。临走之前，又问行李员一句：“旋转餐厅开到几点？”“晚上11点。”行李员不假思索地回答。

【评析】

别以为这位行李员是位先进员工，在这家酒店里每位员工——不管是哪个部门、哪个岗位，也不管是前台，还是后台，进店之后都必须进行酒店整体培训。

酒店将所有的服务设施和项目写成培训册子。员工对全店这些设施的服务作用、服务对象、所在位置、性能、特点、开放时间、专门要求等都必须背出记住，并进行考核，过关后方能上岗。这就是酒店产品的整体培训。当客人来到酒店，客人在酒店里向任何一位员工打听任何一项服务项目，都能得到及时满意的回答。如果刚才那两位客人碰上的不是行李员，他们同样也能如愿以偿。

在客房，楼层服务员也会把酒店的餐饮、康乐、购物、商务等服务向客人介绍得一清二楚。

对于前台的一线员工，尤其是前厅、餐厅、公关销售部门的员工，这种整体培训更为详细严格。如销售人员，必须对客房数、客房结构、房价、客房档次及其价格浮动幅度，各类餐厅餐位、毛利率、售价、菜肴品种和特色菜肴等都了如指掌。

【思考题】

酒店整体培训到底是一个什么样的概念？整体培训应当包括哪些内容？

案例144　跳跃式培训

众所周知，培训的目的是改变受训员工在酒店工作时的不当行为。跳跃式培训的目的是要尽快改变员工不符合酒店要求的行为，是对在岗员工培训的一种方式。

1. 培训时间的跨度跳跃

由于酒店工作的特殊性，大多数酒店员工不可能参加长时间的培训学习，所以在岗培训本身就存在着一种时间的跳跃。跨周、跨月、跨季度、跨年的跳跃培训；跨旺季时间段、跨节假日时间段、跨有重大接待任务时间段的跳跃培训。必须强调的是，虽有时间跨度的跳跃，跳跃式培训仍应保持培训的持续性、有效性，必须按计划进行。关键是必须把握时间跳动的脉搏，合理、科学地安排培训的时间及内容。

2. 培训内容的合理跳跃

（1）了解员工的培训需求。培训也要分轻重缓急，要打破常规，优先安排员工急需的培训内容，挣脱系统学习的束缚，第一时间跳跃至员工急需的培训内容。

（2）对员工的重点、难点问题，集中力量进行培训，加大培训力度，跳跃至员工培训的关键内容，对员工存在的问题一一予以解决。

（3）针对性培训完成，员工的培训效果巩固后，再寻找、跳跃至下一个培训内容。

3. 人力资源部如何制定跳跃式培训计划？何人、何时需要进行跳跃式培训？

（1）调查法。口头调查及书面调查，征求各部门员工的意见。

（2）观察法。配合酒店质检工作、值班经理的工作报告，认真观察员工的工作表现，获得跳跃式培训信息。

（3）在调查研究的基础上，结合本店实际，科学、合理、认真地编制跳跃式培训计划，真正做到有的放矢，富有成效。

4. 跳跃式培训对师资的要求

要求培训老师必须有专业酒店知识，全面了解本酒店的实际情况，并能就实际问题编写针对性的跳跃式培训教材。

5. 如何进行跳跃式培训

让培训在宽松的环境中进行，务必引人入胜；针对性、趣味性要强；多点案例分析，少点说教，少点程式性的东西。例如，一次跳跃式培训时（培训内容：酒店文件的处理），列举了大量的酒店公文及应用文范例，培训时注意幽默、风趣的语言艺术，创造宽松的上课环境，激发员工的学习积极性，取得了良好的培训效果。

6. 员工学习效果的跟踪、反馈及总结

培训中要认真听取员工对培训的意见，以便及时调整培训重点方式，真正跳跃到员工所需的培训上来；培训后仍可用调查法及平时工作中的观察法来评估，由于跳跃式培训针对性强，培训后要将员工培训前的“弱项”变为培训后的“强项”，彻底改变受训员工自身的缺点和弱点，让他们满怀信心地投入到工作中去。

7. 如何进一步完善酒店的跳跃式培训

“跳高运动”是对跳跃式培训的一个有力补充。派员去高星级酒店，去高等院校学习，暂时跳离本酒店的管理模式，跳跃一步学习更好、更先进的酒店管理知识和经验，跳跃至高处，更能登高望远。另一可行的方式是：请高手，让酒店管理专家来酒店培训，让他们带领酒店跳跃至更高的一个专业知识平台，员工必然会受益匪浅。

【思考题】

跳跃式培训包含哪些内涵？除了跳跃式培训，如何进一步拓展培训工作的“跳跃式”思维？

案例145　敢揭短，才能提高

在饭店培训中，成功的范例要讲，失败的案例也不可不讲，因为这样做，从正反两方面教育员工，使受训员工听着生动、记忆深刻；再则通过失败案例，从反面教给大家怎样去正确地做事，不犯此类错误，能从中悟出一些深刻的道理，从而达到培训的目的。

秋天的一个早上，河北某市一家酒店王总巡视到大堂的电梯旁，从梯内走出两位澳大利亚客人，王总微笑着注视对方，但没等他开口，两位客人“Good morning……”的问候很清晰地送给了他，尽管他急忙说“Good morning……”

问候还是晚在了客人之后。后来在“培养和树立较强的服务意识”一课中，王总引用此例，要求饭店的每个员工一进入工作场所，就要“主动”寻找服务目标，“主动”为客人服务，“主动问候”。如果做不到“主动”，服务质量就大打折扣。

一次迎宾，王总错把李厅长叫成了张厅长，使客人很不高兴，当他知道“李冠张戴”后也很尴尬，宴会上特地向客人赔礼，做了些补救，但还是在心中留下遗憾。在学习世界著名的曼谷东方大酒店“快记客人的姓名、身份、职务”这一服务技巧时，王总引用此例告诫受训者，快记客人的姓名、身份、职务这一方法，关键是要记准，记不准就要出笑话，使这个服务技巧在使用上适得其反。

一位客人带他的亲戚到酒店办婚宴，事前与酒店主管副总商议好在调整修订个别菜的基础上，每桌宴席优惠一折。到办婚宴那天，由于酒店主管副总忙于其他工作，忘记把原订的口头协议告诉餐饮部，结果在婚宴结束结账时主家与收银员出现争执。那位客人带着酒后的大红脸找到主管副总，开口指责他不讲信誉。这时主管副总猛然想起原来的协议没有告诉餐饮部，他立即向客人道歉，并通知餐饮部妥善处理了此事。在学习“诚信”的经营理念时，王总搬出此例，剖析了此例的问题根源所在，从而强调大家在经营活动中一定要讲“诚信”，任何失误都会伤害客户，进而伤害酒店的经营效益。出现了问题就要马上修正，挽回影响，只要对客人坦诚相见，客人是会理解的，这也是“诚信”的具体表现。

敢于引用自己的反面事例，敢于揭自己的短，敢于剖析自己，是饭店经营管理中职业道德的要求所在，也是饭店经营管理工作的又一驱动力。把一些失败的案例拿到培训中去讲，同样也是改正错误、弥补不足的实际表现。

【思考题】

在培训中讲失败的案例有何积极意义？若你从事酒店培训工作，试从自己“失败”经历中提炼出若干培训案例。

案例146 案例表演胜于说教

案例表演通过情景式的动作和语言，让表演者和观赏者感受服务的诸多细节，培训效果更胜于说教。浙江某饭店每年一届的案例表演赛，餐饮部、前厅部、财务部、管家部和康乐部五个部门经过悉心排练，表演出一幕幕精彩纷呈的特色案例，令台下员工回味无穷。

本次案例表演仍由自选案例和规定案例两部分组成。自选案例由各部门自行挑选案例；规定案例由人事培训部根据各部门实际情况选择一些已经造成顾客不满的案例，让各部门通过后继服务来挽回失误。本次案例表演的评委由部门经理以上管理人员担任。

由餐饮部表演的《生日的关爱》，将优质服务和细节的感动表现得淋漓尽致。服务员小丁抓住每一个提供细微化服务的机会，当得知老太太过生日时，就暗自打电话订了鲜花和蛋糕，同时通过语言的交流使客人渐渐淡忘了刚开始的不快，让一对带有抱怨情绪的老年夫妇因为得到了殷勤款待，满意和惊喜洋溢在脸上。由小郁和小陈饰演的老年夫妇，经过巧妙的装扮，惟妙惟肖，惹来台下笑声阵阵。这个案例主旨在于员工应不失时机地紧跟顾客需求，提供超值服务。

前厅部表演的《班机误点之后》情节复杂，展现了各种服务的细节，表演生动新颖，小朱饰演的客人妙趣横生。这个案例表现了服务的缜密性，同时剧情贯穿了为客所想的高尚服务理念，让台下员工深受启发。

财务部表演的《漫长的结账》将几件小事堆积到服务的一个点上——结账服务，客用吧台消费的争议、总台结账的规范与效益等，从反面来说明服务的灵活性和服务员快速反应的重要性。

《月饼三步曲》案例是来自管家部的作品，通过三位员工不同的月饼推销方式，以及由此产生的不同结果，反映了真诚待客才是营销获得成功的关键。饭店推行“全员促销”的销售理念，如何运用技巧去营销是摆在全体员工面前需要不断培训的议题。

康乐部表演的《停电以后》，是发生在棋牌室的一个小故事。在突发的停电之后，员工用各种方法去弥补宾客因此产生的抱怨，停电并没有阻碍宾客的再消费，语言技巧的运用在服务中显得尤为关键。

规定案例表演，目的是为了更加真实地反映员工的服务技巧和即兴表演能力、分析能力等。管家部的《洗发液风波》讲述的是一名员工想当然地将宾客的洗发液丢弃后，主管想方设法将它找回来的故事；前厅部的《我不是换钱的》反映一位门童把客人得罪后，金钥匙快速切入服务，先用自己的钱为顾客找零，并及时消除客人的不满情绪；餐饮部的《手机不见了》表现当酒醉客人欲离开包厢时，发现自己的手机不见了，就要服务员赔偿他的手机，服务员经过细想之后，联系到与他同来的客人，原来是同来的客人带走了，一场误会及时得到了消除……面对一个个服务中经常遇到的难题，员工们运用自己娴熟的服务技巧，找到圆满解决问题的良策，充分展示了员工较强的处理各类突发事件的能力和饭店的整体服务水平。现场观众为员工们精彩的表演所折服。

案例表演一方面让员工扮演顾客，站在顾客的角度去看问题，体会顾客的心情，使“想客人所想，急客人所急”的服务要求落实于实际工作当中；另一方面，案例培训也是一次形式别具一格的公开培训课。部门在培训中都已将案例作为一项重要内容来抓，把具有代表性的案例改编成剧本来表演和培训，随着矛盾的展开，优质服务点化了其中的瑕疵，最终提升了宾客的满意度。案例表演使员工进一步提高了对客服务技巧，有助于相互之间的理解和协作，同时也挖掘了一批多才多艺、具有表演天赋的员工。

【思考题】

采用案例表演的培训方式，其别具一格的亮点在哪里？你们酒店是否可以借鉴这种方式进行培训？

案例147　宴会上的客房服务员

美国某饭店碰到这样一件尴尬的事情：一个重要的宴会马上就要开始了，一切准备工作基本就绪，餐厅经理正忙着检查各个工作环节，这时当班的宴会厅服务员打来电话。

“经理，我儿子早上从楼上摔下去了，我马上要送他去医院，今天不能来上班了。”

经理汤姆放下电话马上通知顶班的雅克，可是不巧他正好在度假。于是马上设法联系另一位可以接替该项工作的珍妮，一查询，她生病了。

可宴会马上就要开始了，服务员还没到场，怎么办呢？汤姆焦急异常。这次宴会要招待酒店的VIP客人，这批客人是饭店好不容易才从竞争对手手中争取过来的，成功与否关系到饭店的声誉和今后的营业。餐饮部为此做了精心准备，偏偏节外生枝，在节骨眼上出现缺人的意外事情。事到临头，到哪儿去找人呢？大家都在想办法。

这时汤姆突然想起上个月来宴会厅实习的客房部服务员安娜。安娜参加过饭店的交叉培训项目，她的第二专业是宴会服务，熟知宴会服务的程序和规定，实际操作能力也符合规范要求，完全能胜任重要宴会的服务。

很快，汤姆与安娜联系上了，她欣然来到宴会厅，汤姆简单地向她交代了几句，安娜点点头，走到自己的岗位上并很快进入了角色。

看到宴会一切工作全部到位，汤姆悬着的一颗心才放了下来。这时，客人已陆陆续续走进了宴会厅。

【评析】

由饭店客房服务员客串宴会厅服务工作，避免了出现意外事件可能为饭店造成的损失，这是国外饭店对员工进行交叉培训并成功地为饭店救急的一个普通事例。交叉培训在饭店管理中的积极作用由此可见一斑。

所谓交叉培训是饭店员工接受一项以上的专业技能培训的一种培训形式。如上述案例中的安娜既接受了客房服务的培训，也接受了宴会服务的培训，她能同时胜任客房和餐厅两项服务工作，关键时刻为饭店解了围。推出这一培训制度既能为饭店节约人员，也能在饭店有繁忙接待任务时集中力量，又能满足不同顾客的额外服务要求，其较大的机动性给饭店管理带来了方便，是目前国外饭店较为盛行的一种培训形式。如美国密歇根州的罗兹克尔顿饭店自1994年就实施交叉培训，完全由员工自由选择，目前450名员工中有60名取得了一项以上技能的培训合格证书，员工增加了工作机会，而饭店也从中得到管理上的方便。

【思考题】

什么是交叉培训？谈谈交叉培训在酒店管理中的必要性。

案例148 走近交叉培训

西安一家四星级饭店利用淡季在各部门之间开展交叉培训活动。这种跨部门、跨工种的交叉培训别开生面，取得了出人意料的成效。

1. 一线与二线

饭店员工分为一线与二线，一年365天都在属于自己的那个圈子里忙碌着。在交叉培训中，一、二线部门员工的角色进行了置换，相互去体验对方工作的甜酸苦辣，尤其是二线员工要走到一线工作岗位，要面对面地直接为客人提供服务，对他们来说，还真算是个不小的考验呢。客房部文员小张来到前台培训的第一天，穿上了前厅部员工的制服，站在前台里面好不神气，她向前台员工学习接待程序，还真有点新鲜感。别看小张平日在客房部里为客人提供各项服务时既从容又麻利，特别是转接客人电话、回答客人的询问时，那语气真是和蔼可亲，让客人在电话的那头都可感受到她送去的关心与问候，可一站在前台感觉就有点异样了。她真有些手足无措，看着客人朝自己走来，竟也会紧张地把已准备好的"早上好/下午好"这类简单的问候语说得结结巴巴，连自己都感到脸上的微笑显得几分僵硬不自在。"看来还是锻炼太少。"小张坦率地说道："交叉培训不仅让我了解了前台的工作，也让我明白了直接与客人打交道时语言的重要性，一旦碰到心情不好的客人，不同的谈吐和交谈的技巧往往会带来完全不同的效果，这也就要求自己必须在这方面下工夫去多练才行。虽说这次在前台的培训只有三天，但通过与前台员工的接触，加强了相互间的沟通，为今后工作上的合作奠定了基础。"

同样，前台员工到客房部培训后也是感触颇多。前台接待小付来到客房与客房服务员一同清扫房间，亲身体验那份艰辛与压力。当看到一些年龄较小、身体单薄的服务员吃力地拉着大床，认真清扫房间的每个角落时，她深深地感动了。她说："以前通知客房部将脏房转为净房时，我总会嫌他们速度太慢，让客人等的时间太长。现在不同了，我知道打扫一间房子所需的时间，再碰到这种情况，我会耐心向客人做解释工作，或安排他们到咖啡厅去休息、喝茶。另外，我也明白了饭店工作只有分工不同，没有高低贵贱之分，员工之间永远是相互平等的……"

2. 中餐与西餐

不少人以为中餐和西餐的区别只是菜肴的不同，在服务上是大同小异的。然而当中餐厅服务员到西餐厅服务后，方才感受到其中的差异。中餐厅领班小刘到西餐厅帮忙接待600人的早餐，她感到西餐的服务比自己想象的要复杂许多，中餐摆台一般只摆上筷子、勺子、碟子、杯子等较为简单的餐具，可西餐仅是早餐就又是刀又是叉等一大堆东西，加上吃早餐的人又多，服务员要不停地翻台、不停地端着沉重的不锈钢餐具摆台。另外，中餐厅忙时，只需给每个客人的茶碗里倒上茶水，将茶壶放在餐桌上由客人自己去倒茶，可西餐的服务却要求服务员一只手拿着咖啡壶，一只手拿着茶壶，边走边不停地为客人倒咖啡、倒茶水，客人多时，服务员要为客人找座位，忙得没有一刻空闲时间。她深有感触地说："通过对外宾的服务，我感到要努力提高自己的外语水平，更重要的是我们学会了西餐服务后，可以在忙的时候到西餐厅来熟练地为客人服务。另外，在这里看到了老年客人的彬彬有礼和幽默，碰到客人高兴时，他们会为我们变小魔术，有趣极了。"

餐饮部员工小柳来饭店后在西厨工作了两年，每天接触到的是奶油蘑菇汤、焗大虾、意大利面条等西式菜肴。这次他来到川厨培训，虽说时间短，还是学会了烹制麻花回锅肉、宫爆虾仁和香辣蟹等川菜。在川厨培训的日子里，品种繁多、做工精细的川菜让他大开了眼界，使他看到了中餐与西餐两种饮食文化的差别，他希望今后能有机会再到中厨、面点房、冷厨去培训，想趁着年轻学点东西，为今后的发展打下基础。

3. 商品部与前台收款

小刘在商品部工作了5个年头，成天站在琳琅满目的柜台前忙碌着。在这次交叉培训中她来到了前台收款处培训。她格外珍惜四天的短暂培训，仔细地看着前台收款员如何给客人C/I和C/O，特别是看到一大早，各种肤色的客人一批又一批蜂拥在台前办理结账手续时，前台收款员沉着、细心地为客人结账、兑换外币，她从心里佩服这些收款员每天为饭店收回大量资金时的那股子认真、负责劲。这次培训使她满载而归，像以前碰到客人买东西要挂账时，她只知道到前台要个单子，填上金额让客人签字后再交给前台收款，至于收款员如何审验客人押金、房号、签字，知之甚少。现在不同了，熟悉这一切后，小刘更加耐心地配合收款员工作了。

4. 电机组与弱电组

工程部是饭店的一个特殊部门，虽同在一杆大旗下，却又分担着许多完全不同的工种。以往客房电话若出现故障，必须找到弱电组师傅修理。现在情况不同了，适逢节假日期间电机组师傅值班，客房部只需一个电话告诉某房间电话坏了，电机组师傅会立即赶去处理。这一切都源于交叉培训的结果。电机组曾工程师的本职工作是负责酒店的排风系统，他利用空闲时间来到弱电组、电梯组培训，现在只要他当班，一旦得知电梯夹人后，他就会立即冲过去先将被关的人救出来，这在以前真是不敢想的。他说："交叉培训使我们学到了更多的技能，这将有利于随时处理突发性事件，对个人、对酒店都受益无穷。"

饭店交叉培训的开展使大家增长了知识，开阔了眼界，培养了学习兴趣，也找到了各自的差距和努力方向。为了能学到更多的东西，更好地塑造自己，越来越多的员工希望能早日加入到这项培训中来。

【思考题】

你们酒店是否开展过交叉培训？你是否有一专多能的愿望和行动？

案例149　光天化日下的窃案

某年年初，山东某三星级饭店发生了住店外宾财物被盗的重大案件，案件过程大致如下：

实习生小王把值房车停在房间门口，然后按顺序要求清理房间。在清理卫生间时，一位西装革履的青年男子推开值房车进入房间，小王慌忙抬头问好，男子面露不悦："怎么还没做完？快一点，我过一会儿还有朋友来访呢。"小王本来要向客人索要房卡核实身份，看到客人不满意，害怕会被训斥，就打消了念头。男子进入房间一两分钟后，就拿了一只公文包离开，临走时还督促服务员动作快一点。中午时分，外出返回房间的韩国客人突然发现手机、信用卡、现金等大宗财物失窃。因是涉外案件，饭店方面立即报告了市公安局涉外分局，数辆警车呼啸而至。紧张的调查之后，却没有发现很有价值的线索。案子陷入困境，至今未破。

【评析】

1. 服务员违规操作酿大祸

案发时，在房间清理卫生的实习生小王未按规范确认进房者的身份，直接导致了犯罪分子冒充客人身份进入房间行窃。如果严格执行有关规定的话，案件完全可以避免。还有一点，客人本是韩国客人，理应讲韩语，而犯罪分子明显讲的是汉语，遗憾的是服务员对客人情况一无所知，这也反映了饭店培训的薄弱。

2. 客情通报欠缺

按规范，楼层服务员应基本掌握住店客的主要特征，如国籍、入住期、出游目的和在店消费习惯。这些可以部分做到对犯罪的预先防范。

3. 饭店安全意识淡薄

调查证实，犯罪分子是从饭店正门大摇大摆而进，得手后又原路返回。在这一过程中，门卫、行李员、前台工作人员均有可能注意到这位不速之客，然而由于思想麻痹、安全意识淡薄，使得犯罪分子如入无人之境。作为三星级涉外饭店，却并未安装摄像监控系统，这不但未能给犯罪分子以心理震慑，案发后又不能留下直观的影像资料，为破案带来了极大困难。调查表明，嫌犯曾经在同一楼层长时间徘徊观察，寻找作案机会，如果有摄像监控系统，他决不会如此猖獗。

4. 饭店正成为新的犯罪目标

联想到近期发生在饭店的刑事案件呈上升趋势，且抢劫、贩毒、凶杀等严重犯罪时有发生，可见饭店正在成为新的犯罪对象和场所。据有关员工描述，嫌犯西装革履、戴着眼镜，完全一副老板派头，对饭店相当了解，可以非常老到地冒充客人，可见是对饭店非常了解的惯犯。不法分子之所以把饭店作为犯罪目标，可能是基于以下原因：饭店环境开放，客流量大，不引人注目。饭店放松了警惕，而客人往往身带贵重物品又不注意存放。

5. 客人安全意识有待提高

本案的直接受害人是一位韩国客商，作为经常身在旅途的商人，理应知道贵重物品应存放于前台，或许是疏忽大意，或许是心存侥幸，或许只是图省事，然而一旦意外发生，一切都悔之晚矣。针对客人麻痹心理，饭店在警示顾客的防范心理上要加强力度。

拥有安全的消费环境是客人的起码要求。这是每一位饭店管理者需要切记的。

【思考题】

如碰到在客房楼层转悠的人，你该怎么办？如何做到有理、有礼、有节？

案例150 酒店内的麻醉抢劫案

犯罪分子在酒店内除惯用的作案方式外，逐步向智能化方向发展，如武汉某地区发生的麻醉抢劫案就说明了这一点。

一天晚上12时左右，犯罪嫌疑人刘×、吴×搀扶着两位小姐到该区某宾馆，使用名为王×的假身份证登记，两男两女同进入307房间，因事先两位小姐与两男在外吃宵夜时饮用了放有麻醉药的饮料，感到头晕。在昏迷不醒的情况下，被两男乘机抢走手机两部、现金500余元，得逞后逃离现场。罪犯又用同样手段在其他宾馆旅店作案时被当场抓获。经公安部门审查，刘×、吴×两犯系社会无业人员，组成一个犯罪团伙。

此案表明，一些宾馆旅店的治安管理存在着严重漏洞，原因主要表现在以下几个方面：

第一，此案首先选择合适目标，有预谋在另一场所作案，在夜宵的饮料中放了麻醉药，最后谎称小姐喝醉了酒需要休息，登记进房后实施抢劫。服务人员在接待服务过程中，未留心观察喝醉酒的小姐身上有无酒味、有无呕吐现象，使罪犯得手后从容离开现场。

第二，验证不严。罪犯用名为王×的假身份证登记时有两处明显误差：一是工作单位栏填写“省计委接待办”，事实上无此单位；二是假身份证编号栏出生月写成32。如能及时发现上述疑点，就可把住登记验证关，将情况报告有关部门。

第三，一人登记多人住宿，或甲登记乙住宿，明显违反《旅店业治安管理规定》第十条第一款，即凭本人有效证件登记验证后方可住宿。而登记员在仅一男青年登记的情况下，竟允许两男两女同住一间客房，说明他思想松懈；深夜值班人员警惕性也不高，缺乏安全管理责任感，致使犯罪分子作案后逃之夭夭。

此案引发的教训值得同行借鉴，特别是要加强对员工的治安业务知识培训，提高安全意识，严格把好住宿登记验证关，真正将各项安全制度落到实处。

【思考题】

本案反映了酒店的治安管理存在哪些漏洞？结合本酒店的实际，你认为安保工作需要做哪些改进？

案例151 一张押金收据

某日中午，江苏某三星级酒店总台的收银员小陈脸上布满愁云，因为她遇上了一件从未遇到过的麻烦事，不知如何是好。

"没错，上午是我帮你结的账，但我已经把余款还给了你呀，怎么说余款没有还清呢？"由于小陈过于激动，满脸通红，说话的声调带着颤抖，尽管已经压低了音量。

站在她面前的一位中年客人一脸沉着，并不急着搭腔。从其富态长相和光鲜衣着等特征来看，似乎是个收入不菲的"大款"，不会因为不多的余款未还给他而急不可耐地反驳小陈的申辩。他缓缓地把香烟递到嘴边，吸了一口，又让烟雾缓缓地从嘴里漫出来，然后眯起细小的眼睛，眼神定定地看着小陈，一字一顿地说："我记得很清楚，是你上午说一时不便，该退的300多元等中午来取，押金收据暂时由我保管。现在你怎么不承认了呢？这样吧，请你的经理来。"

当大堂副理问清情况后，低声地向客人解释说："数额不大的账单一般都会当场结清的，是否您记错了，请您回忆一下好吗？"

这位客人则反驳说："既然已经结清，那押金收据怎么还会在我的手上呢？无非就是300多元，你认为我欺诈不成？"说话的声音显然带有本地口音，还是那样沉沉稳稳、不紧不慢。

“押金收据没有收回，这是我们收银员有可能因疏忽造成，但并不等于说余款未还清。我刚才看了一下押金收据，上面并未有余款未付的文字说明。这样吧，收银台上方装有闭路摄像探头，我们调出上午的摄影录像看看如何?”大堂副理灵机一动，突然冒出令这位中年客人未曾料及的建议。

中年客人一时说不出话来，本来就没有什么表情的脸一下子僵硬了。等他缓过神来，似乎意识到什么，最后只是恨恨地扔下一句：“真是活见鬼了!”掉头就往大堂门口走去。

一场风波总算平息了。事后从调出的录像看，整个结账过程一清二楚。小陈确实退还过余款。但也明显地看出小陈工作中的一个环节疏忽了——没有及时收回押金收据。

小陈向“英明”的大堂副理投去感激的目光。大堂副理当然也没忘记将此事记入他的工作日志本里。

【点评】

总台为客人办理结账手续速度快、效率高，这是优质服务的表现之一。但光有快捷服务的愿望是不够的，还应当讲求严谨而不出娄子。收银员小陈只因匆忙忘了收回押金收据，而被怀有不良意图的客人钻了空子。这一教训想必会让小陈记上一辈子。

幸亏酒店总台收银处安装了闭路摄像探头，加上大堂副理应对机灵，才没让“大款”客人诈钱图谋得逞，也还了收银员小陈一个清白。

从管理上说，对各岗位工作在安全上的要求如何强调都不过分。作为一名与钱打交道的收银员更要有安全防范意识。钱款进出的同时，一定不能忘了严格按照程序办妥相关手续。优质服务不仅体现在操作的熟练程度上，而且要体现在执行程序的严谨上，做到忙而不乱、快而不错。

【思考题】

从押金收据的风波中应该引出什么教训？本酒店收银台上是否安装了摄像探头，并且正常运转？

案例152 寄存服务备忘录

某酒店前厅，台湾的康先生来取前几日寄存的皮箱，员工小张按规定核对存单，确认身份后，将皮箱交给客人。几小时后，康先生怒气冲冲地向大堂副理投诉，说放在箱内的数万美金不翼而飞，要求酒店赔偿。据悉，酒店已向宾客明示“须将现金及贵重物品存于免费专用保险柜，否则丢失后概不负责”。另外，康先生的皮箱有一处较隐蔽的开口在交存时就未上锁，受理的员工没有发现。后来，公安机关查明失窃美金系一犯罪集团所为。

以上是一起因宾客寄存物丢失而导致的投诉。

酒店对宾客人身、财产安全的保护责任毋庸置疑。虽然国内尚无一部关于酒店的特别法，但基于法的地域效力和对法的精神的理解，现行的一般法均适用于酒店业经营。《消费者权益保护法》第7条规定：“消费者在购买、使用商品和接受服务时享有人身、财产安全不受损害的权利。”从商业规则上讲，酒店要获得大的市场份额，理应建立诚实信用、健全保障机制，把维护宾客利益、关注宾客需求作为立店之本。

《合同法》第375条规定：“寄存人寄存货币、有价证券或者其他贵重物品的，应当向保管人声明，由保管人验收或封存。寄存人未声明的，该物品毁损、灭失后，保管人可以按照一般物品予以赔偿。”康先生在寄存过程中的主要义务是：交存时的告知（向酒店声明箱内装有美金）和提取时的验收（检查寄存物是否有异常状况），但他既未履行告知义务，提取时也未立即表示异议，显然有严重过错。《旅馆业治安管理办法》第7条规定：“（旅馆）对旅客寄存的财物，要建立登记、领取和交接制度。”酒店受理寄存时的核心义务是验收，物品的种类、数量、色泽、完好度、品牌等，均需一一登记。根据行业惯例，若属无锁物件，应提醒宾客上锁；若属危险物品，有权拒绝寄存。本案中酒店在受理寄存时验收不仔细，使康先生的皮箱在寄存期间处于无锁状态，存在安全隐患，也有一定过错。

综上所述，就民事责任而言，康先生应对美金的丢失承担主要责任，酒店仅按一般物品的价值对其予以补偿性赔偿。

为了阐述寄存服务中的难点问题，借助本案特做如下引申：

1. 酒店的免责条件

假设酒店在受理寄存时已提醒康先生将皮箱上锁，责任的承担会发生何种变化呢？《合同法》第374条规定："保管是无偿的，保管人证明自己无重大过失的，不承担损害赔偿责任。"寄存服务只免费提供给住店宾客，酒店只要能证明自己无重大过错，如24小时闭路监控、尽到了必要的义务、发生了无法抗拒的意外事件时及时采取了补救措施等，就可以免除责任。因此，完善安全制度，强化员工的责任心，培养其处理紧急事件的能力很重要。

2. 酒店的寄存地点

《合同法》第369条规定："当事人可以约定保管场所或方法。除紧急事件或为维护寄存人利益的以外，不得擅自改变保管场所或者方法。"事实上，寄存地点不规范（达不到确保物品安全的要求）、不固定（随意变动）的现象比较普遍，这一点若得不到足够重视，诉讼时很可能成为法院进行过错推定的直接依据，使酒店处于不利地位。

3. 酒店的留置权

宾客的住宿行为和寄存行为有主从之分：住宿是主要的，是宾客的抵店意图；寄存是次要的，趋从于前者——寄存只是酒店与宾客所订住宿协议的一项内容。《合同法》第380条规定："寄存人未按照约定支付保管费及其他费用的，保管人对保管物享有留置权，但当事人另有约定的除外。"换言之，宾客离店时若有拖欠费用现象，酒店在其欠费额度内享有对寄存物的留置权；自留置之日起，宾客若在不少于2个月的期限内仍未付清欠款的，酒店可将寄存物折价，或依法拍卖、变卖寄存物，以实现其债权（《担保法》第87条）。

4. 酒店对寄存物的提存

怎样处理无人领取的寄存物？《合同法》第101条规定：债权人无正当理由拒绝受领，致使债务人难以履行债务的，债务人可以将标的物提存。《旅馆业治安管理办法》第8条规定：（旅客遗留的物品）旅馆经招领3个月后无人认领的，要登记造册，送当地公安机关以拾遗物品处理。可以推知，对无人领取的寄存物，自宾客离店或应当离店之日起，酒店只需保管3个月，而后应提存给公安机关。这样，店、客之间的债权债务关系将归于消灭，酒店亦无须向宾客承担违约责任。需要指出的是，上述规定同样适用于其他宾客遗留物品。

5. 关于店堂告示

本案中酒店“丢失后概不负责”的声明效力如何呢？《民法通则》第 113 条规定：“当事人双方都违反合同的，应当分别承担各自应负的民事责任。”住宿协议双方有各自的权利和义务，法律责任的确定应建立在对主、客观因素充分剖析的基础之上；酒店以“宾客未将现金及贵重物品存至指定地点”为由，逃避有可能承担的法律责任，有悖于“法律面前人人平等”的原则。《消费者权益保护法》第 24 条规定：经营者的格式合同、通知、声明、店堂告示等含有对消费者不公平、不合理的规定，或者减轻、免除其损害消费者合法权益应当承担的民事责任的内容的，其内容无效。可见，本案中酒店免除自身责任的声明没有法律效力。

寄存服务看似简单，却容易引发“上纲上线”的事件。以“复杂的”态度去分析它，是规避争议的前提；坚持“小处不可随便”的做法，是提高宾客认可度的必由之路。

【思考题】

本案例中“丢失后概不负责”的声明有无法律效力，为什么？对照本案例，你认为本酒店寄存服务哪些地方需要改进和完善？

案例153 车子被刮伤之后……

已是下半夜时分，天下着蒙蒙细雨，某酒店停车场的大功率钠灯早已熄灭，只有周边的路灯泛出微弱的白光。这时一辆黑色轿车缓缓地开进停车场。停车场门口岗亭的保安员急匆匆地赶到车旁，正想指挥车辆停靠，可是车里的客人已经出来并往大堂方向冒雨跑去。保安员只好作罢，回到自己的岗位去了。

第二天一早，这辆车牌显示来自浙江的奥迪轿车主人找到停车场门口岗亭的保安员，声称他的轿车右边尾部被刮伤，并说肯定是原先停在他车右旁的另一辆车开出去时刮的，责怪保安员没有帮忙指挥那辆车开出，才导致这样的结果。这位保安员则回答说："我一直都在岗亭里，但并没有听到有车的刮碰声，会不会是你的车未进场之前就已经被刮了？"话音未落，这位人高马大的中年男子就上前抓住保安员的衣领，大有要揍人之势，幸好被其他人劝住。

事情到此并未结束，该客人随后找到大堂副理，要求酒店给予赔偿。由于该酒店停车场的监控探头早已损坏，也就没有停车场的摄影录像。因此，大堂副理无法判断该车是否在本酒店停车场被刮，只好请求客人找保险公司赔付。没想到该车保险期刚过，未作续保而无法索赔，于是客人坚持要求酒店予以赔偿。大堂副理则以尚难断定该车是否在本酒店停车场刮碰为由拒绝了客人的要求。不料，这位恼怒的车主竟然将车停在了酒店大堂门前的回车道上，堵住了其他车辆通行，并声称要请媒体曝光此事。无奈，酒店只好与客人协商，最后以免去这位客人的两夜房费才平息了这场风波。

几个月后的一天，该酒店大堂副理接到一位客人报称其车身被刮，同样要求酒店予以赔偿。大堂副理很快将停车场的探头录像调出来与客人一起观看，录像中清楚地表明该车从进入车场到客人发现车身刮痕的整个过程中，该车两旁在近距离内并无其他车辆与之为伴。附近车辆进出均在保安员的指挥下安全行驶，没有发生过包括该车在内的刮碰现象。车主看后不得不承认自己的轿车应是在酒店之外就被刮过，此事得到顺利解决。

【评析】

为了减少乃至杜绝客人车辆被刮、零件被偷甚至整车失踪的事件，酒店当局应把停车场看做是酒店产品之一，同时也是一家酒店用以促销的条件之一——若停车场不方便或不安全，那些自驾车的客人是不会上门的。为此，酒店应有如下的措施：

1. 设看场保安岗，24小时走动巡视，主动指挥车辆进出，以防车辆碰撞或堵车事件发生。

2. 设有24小时运转的电子眼监察（当然夜间也要有足够的光源），并保留一定时间的录像资料，以备发生意外后可供回放查看和判断之需。

3. 为防止客车被盗，客人的车辆进入停车场时，发给停车卡，离开时凭停车卡放行。另外，为避免在本店消费的客人对停车收费不满，可以不予收费，那么在发卡之时应交代客人凭此卡到总台或吧台换一张表明在本酒店消费的另一种停车卡。而对那些不在本酒店消费的客人车辆照样收费，此举可限制附近居民的私家车停放本酒店车场而影响营业。也许有人认为，酒店发停车卡给客人似乎存在风险——万一车辆丢失，此卡岂不成为客人与酒店打官司的凭据？说到风险，天底下恐怕还没有不担任何风险的商业活动，重要的是应想办法如何去规避风险。酒店采取种种措施（包括发停车卡）的目的就是力求客车安全，把风险降至最低。如果有以上担心而不发卡，那么客车丢失之后吃官司的可能性则更大。假如都不想承担风险，那干脆事先向客人声明本酒店不看车，如丢失概不负责。这无异于告知客人本酒店没有停车场，显然会直接影响到有自驾车客户上门投宿与消费，损失将更为巨大。

4. 购买包括客车安全的公共责任险，也是一种以防不测的措施。为预防不测增加了一道“防火墙”。

【思考题】

通过比较本案例的两个事例，试分析一下自己所在的酒店在安全保卫方面是否存在隐患？如果有，指明隐患并给出改进建议。

案例154　门卡上应标明房号吗

神情沮丧的白先生找到大堂副理小潘诉称：当天上街购物时，放在上衣口袋的钱、身份证、寄存单以及酒店房间的门卡（钥匙）统统被小偷扒走，不知如何是好。小潘向总台查实白先生是住本酒店809房的客人后，安慰他道：“你还有寄存在总台保险柜的钱，可以经我们酒店有关人员确认后，你报出密码后即可领走。房间门卡丢失不碍事，可以重新制作一张供你使用，请你不要太难过。”

虽然客人一时得到安慰，但事情还没完。原来，当重新制作的门卡打开房门后发现，原先放在房间里的旅行袋被打开，一套崭新的西服不见踪影，前一天刚购买的三条本地产香烟也一起消失了。

问题出在哪里呢？接到白先生报案后，大堂副理小潘陷入了沉思。她在保安部经理的建议下，查看了从白先生上午约9点离开酒店到下午约2点回到酒店这一段时间里8楼过道电子探头的录像，发现在中午12点左右，有一个男青年进入过白先生的房间，不一会儿又拎了两个酒店的礼品袋离开。

小潘询问白先生："你有没有叫一个男青年到你房间取东西?""没有啊!"白先生大声回答。

"那你发现上衣口袋东西丢失是什么时间呢?"小潘心里似乎已有了答案，仔细地查询白先生发现失窃的具体时间。白先生不假思索地回答道："在我到一家小餐馆想吃当地风味小吃时发现的，大概下午 1 点吧。不瞒你说，由于我身上没钱了，不但吃不上东西，而且我还是走路回酒店的哩。"

小潘引领客人先到咖啡厅用餐，然后说道："回头我把分析的情况告诉你。"

准备怎么将分析情况告诉白先生呢？小潘感到左右为难。她知道，丢失门卡的责任固然在于白先生，但酒店对失窃事件是否一点责任都没有呢？答案是否定的。因为酒店提供的门卡上不但有酒店标志，而且还明白无误地标有房号！显然，当白先生发现钱、门卡等丢失时，小偷已经按门卡上的酒店名称和房号"光顾"了白先生的房间。平常头脑还算活络的小潘，这时真不知道该向白先生怎么解释了。

【评析】

房间失窃，问题显然出在门卡上的房号。如果小偷偷去的门卡没有标明房号，顶多知道的是失主住在哪一家酒店，倘若每一个房间都去试开，十分繁难，且风险很大。而门卡打上房号，这无疑给小偷提供了莫大的方便——可以赶在失主未发现失窃或即使发现而未要求酒店封闭房间之前，直奔该房间下手作案。

许多酒店为什么要在门卡上贴上房号标签呢？回答是：怕客人忘了自己房间的房号，打上房号便于客人辨认等等。其实，房号已在房卡（欢迎卡）或钥匙袋上注明，何况客人开一两次房门后对房号应当也熟悉了。出发点首先是为方便客人考虑，还是为客人安全考虑？笔者认为应以后者为重。至于一些酒店管理人员说一般不会因此而出问题，那是侥幸心理。"不怕一万，就怕万一"，上述案例足以告诫我们：在门卡上标有房号的做法潜伏着风险。

【思考题】

你们酒店的门卡设计是否标有房号？你认为标有房号的门卡是否应该改进？

案例155 核对的必要性

一天下午，一位朱先生手持一张钥匙卡至杭州某酒店总台，要求帮助查验此卡是否是2212房的。总台员工检查后确认此卡为该房钥匙，同时为了确保安全，在告知前询问了客人名字及公司，但在电脑中却显示出该客的住房为2112。总台员工当即表示，由于钥匙卡不是他房间的，故不能告之房号。朱先生一边解释说此房是他朋友所开，一边抢过钥匙就离开了酒店。

总台员工立即将此事报告了大堂副理，大堂副理觉得情况较为可疑，朱先生对钥匙卡对应的房号不确定，而且客人资料与所查房间毫无关系，为以防万一，就要求客房中心把2212的房间予以封锁，同时要求总台每一位员工对要开此房的人多加注意。到了深夜24点左右，有一客人在楼层致电总台表示钥匙不见了，要求开2212的房门。总台在与该客核对名字及身份证号码无误后，让客房中心开了房门。可到了凌晨2点多，又有一位先生手持钥匙卡到总台说开不开门，但却无法提供相应资料，故接待员拒绝为其开门。谁料，此人立刻大吵大闹，不断对接待员加以辱骂，接待员坚持原则，并对客人好言解释。一招行不通，这位先生又换了一招，表示不开门也可以，就再开一间房，费用和2212房一起结算。总台员工再次拒绝了这个无理的要求，请客人自己联系住客，经对方同意后方可按此操作。最后，这位先生见无法达到目的，只好离开了酒店。

【评析】

从这个案例来看，只要其中任何一个环节稍有疏忽，2212房住客的人身及财产安全就有可能受到损害，后果不堪设想。总台员工在工作中体现出的高度警惕性，坚持按规定核对不知房号的房卡持有者的身份，避免了可能发生的损失，也保障了酒店的名誉和利益。

酒店应提供给客人优质服务，而优质服务是以保障每一位客人的入住安全为基本前提的。为此，酒店员工必须提高安全防范意识，并严格执行入住接待等有关服务流程和管理制度，才能有效地保障客人的人身及财产安全。

【思考题】

当房卡持有者不能确定房卡所对应的房号，为什么要核对持有者的身份资料？如果不符，酒店应采取哪些防范措施？

案例156 访客深夜未走

“我是7楼服务员小郝。刚才我发现712房的客人马先生回店时带了一个朋友进房。现在快12点了，他们在房里已经待了3个小时，估计这个朋友很可能今晚要在饭店住宿。请您查一下712房客人今天有否办理过访客的住宿手续?”上海某宾馆客房部的小郝是个极心细的服务员，由于她认真负责的态度，宾馆避免了多次潜在的事故。今夜又是她值班，发现了712房的异常情况马上与总台联系。

总台接电话的是个已有多年工作经验的老员工小凌。他打开电脑看入住登记，没有发现712房的新记录，再查看三天前马先生来办理入住手续也只有他一个人的名字。显然今天来访的朋友并没有到总台登记过。

小凌忽然想起近日市公安局向各宾馆发过一份内部治安通报，今天712房来的那位不速之客要好好查问一下。于是他一面打电话给小郝，要求她提供客人的年龄、相貌和特征，另一方面则向保安部报告，请他们密切注视712房客人的动态。

“叮咚——”小郝按响了712房的门铃。

“马先生，根据我店的规定，来访客人须在12点以前离开房间，望您能谅解，予以配合。”小郝说话态度十分诚恳。“我有个建议，如果您的朋友今天打算住在这儿的话，也可以，不过请到总台办理一下登记手续。”小郝讲到此时，稍许停顿了一会，同时又打量了一下马先生的朋友。接着她还是很亲切地说：“如果您的朋友不打算留宿，而你们的谈话还没有结束，那么可以到咖啡厅去边喝饮料边谈话。”

马先生欲留朋友过夜，对方也没有异议，于是两人便下楼到大堂总台。在他们出示身份证和填写表格时，旁边一位宾馆保安人员在暗中观察。他发现，马先生的朋友并非公安局的通缉对象，经核验，他的身份证也是真的，这便解除了对其身份的怀疑。

【评析】

饭店好比一个小社会，形形色色的客人均有。一些犯罪分子经常选择饭店作为藏匿之地，所以公安部门经常向饭店保安部门发送一些刑事案犯的内部材料。事实上确有不少罪犯是在饭店里被捕的。

本例中的宾馆地处上海闹市区，过往客人甚杂，因此保安措施更严于一般的饭店。饭店对于住店客人及其来访亲朋的管理，有一套相当严格的制度。该宾馆的员工安全意识较强，能自觉遵守各项规章制度，在不降低服务质量的前提下，保障了饭店的安全。客房部服务员小郝吃不准马先生的朋友是否办理过入住手续，因此先打电话到总台，在查清情况之后，便以委婉的语气建议客人或去补办手续，或去咖啡厅小憩。总台的小凌同样有很高的警惕性。他一获悉有客人未办登记手续且深夜不离房的情况，连忙同最近公安局发送的内部材料联系起来，随即又及时报告给保安部门，这一气呵成的几个环节体现了该宾馆员工良好的安全管理素质。

该宾馆的治安管理系统很具特色，整个宾馆内安装了电视监控装置，每天24小时定时录像。另外，宾馆每位部门经理都向总经理签署了治安责任书；一些主要岗位上的员工又向部门经理签署了个人治安责任书。这样就使宾馆能从硬件和软件两方面着手，确保为每一位客人提供一个安全的下榻环境。

【思考题】

客房、总台与保安应如何识别可疑人员？请你提出识别的要点。

案例157 安全服务：维护酒店产品的基本保障

服务是酒店提供给客人的一种产品，是维系酒店品牌与客人忠诚度的纽带，酒店重视与客人每一次“产品”交易的结果，对增强客人的忠诚度，提升企业品牌有着重要作用。

我们来看一些事例：某酒店满足客人要求，为客人煎中药，后来却被客人投诉煎出来的汤药喝了肚子痛；有位酒店客人遗失了豪华行李箱钥匙，要求酒店工程部帮助将行李箱打开。行李箱打开了，但行李箱锁再也不能使用。男宾客说不要紧，站在其身旁的夫人却沉着铁青的脸，默不作声；某酒店的贵宾外出办事，客房楼层服务员抓紧时间为客人整理房间。在清理放在床头柜面的半杯白开水时，把客人放在白开水中的假牙也一起清理掉了……

以上事例都是酒店服务的失误。虽然其出发点是“让客人满意”，最终却事与愿违。因为这些服务，表现出来的只是对“产品”交易过程的追求，忽视了“产品”交易的结果，即忽视了安全服务。

安全，是人类生理发展的基本需求，也是消费者购买产品的前提条件。只有产品保证了消费者的安全，消费者才会感受到产品的价值。如果客人购买了缺乏安全的产品，无论该产品具有多大的价值，实际在消费者心目中都是负值。

酒店加强安全服务管理，可以从以下几方面考虑：

1. 规范性

安全服务是酒店服务体系中一项不可缺少的内容，且较多地融合在酒店服务全过程中。因此，安全服务应与其他服务一样要进行规范化、程序化、标准化管理，以促进员工自觉地实施安全服务。

2. 专业性

安全服务有别于其他服务，是独立或附加于酒店服务的另一种无形产品，具有一定的专业性。酒店的任何一项服务，尤其是超值服务，若了解和掌握其专业知识和技能越多所提供的服务越安全。加强安全服务的管理就要加强对员工专业知识的培训。提高了员工专业知识和技能水平往往会收到令客人惊喜的效果。

3. 灵活性

酒店要提高市场竞争力，理所当然要为客人提供更多的个性服务、超值服务。但客人的要求是多种多样的，这就要求酒店的安全服务应因求而异，因事而变，灵活掌握。要使员工提供的安全服务能满足客人的要求，首先要提高员工的安全意识，要让员工明白，没有安全就没有一切。其次要提高员工对法律、法规知识的认识，有理、有利、有节地开展安全服务。对于技术难度较大、专业水平要求较高的超值服务，酒店应邀请专业技术人员来进行。对紧急的、超越酒店本专业技术，有可能给客人人身、财物或者心理带来危害的服务，服务前应依据《消费者权益保护法》的规定，“对可能危及人身、财产安全的商品和服务，应当向消费者做出真实的说明和明确的警示”，得到客人同意后再采取有效措施。力争控制不良后果扩大的情况下才规范地向客人提供服务。

4. 细微性

一般来说，酒店对重大的、明显的安全服务是比较重视的，较多忽视的是隐藏在常规服务中的特殊情况。往往稍一疏忽就会失误，酿成不良后果。加强安全服务管理，还应通过各种案例教育培养员工时刻关注客人、重视细微行为的习惯，力争万无一失地为客人提供优质服务。

【思考题】

上述案例中，出发点是“让客人满意”的酒店服务，为何结果事与愿违？酒店加强安全服务管理应从哪些方面考虑？

案例158 99颗安眠药

酒店易发的突发事件包括：入住客人的猝死、坠楼（自杀）、盗窃、诈骗、凶杀、客人醉酒导致中毒等等。酒店应设置有效的应急程序，以应对紧急事态的发生。

应急程序是正常程序在紧急状态下的延续，是维护酒店在非常态下运行的保证。正常程序在紧急事态下转换为应急程序时的衔接必须简单易行，在紧急状态结束后，应急程序应迅速恢复到正常程序。下面简述一起“99颗安眠药”紧急事态处理的范例加以说明。

一日，一男一女找到酒店大堂副理，要求查找一刘姓女士，男士自称是刘女士的弟弟。大堂副理根据酒店为客人保密的惯例进行处理，先打电话到刘女士的房间，无人接听，遂转告：“客人房间无人接听”。（未泄露客人的房号）——执行正常程序。

随后，男士出示一封刘女士的遗书，上面写明：“在离开这个世界的时候，将要入住在本市最好的酒店……”前台接待立即通知酒店安全部。——启动应急程序。

安全部接报后，一边接待客人并安排在大堂酒吧，同时稳定客人的情绪；一边根据前台提供的刘女士的房号迅速派员赶赴房间，发现刘女士已服安眠药呈半昏迷状态（后证实其服用了99颗安眠药和一瓶洋酒）。安全人员遂通知其在大堂等待的亲属赶到现场，同时通知酒店的值班汽车在停车场待命——执行应急程序。

当亲属赶到现场时，会同安全人员将刘女士通过员工电梯运送到地下停车场，迅速送往医院抢救。房务部人员赶到现场，同安全人员和其亲属对现场物品进行清理，并做好详细认证登记。随后清理现场。——房务部启动并加入应急程序。

刘女士经抢救脱险。大堂副理到医院送去鲜花；计财部清理客人账单，并将余额退返其亲属。——恢复正常程序。

从刘女士的亲属进店查找到离店送往医院抢救，从正常程序转为应急程序，整个过程经酒店监控系统记录为23分钟，赢得了宝贵的时间，避免了严重的后果。

案例中酒店对服药自尽的客人实施了及时有效的抢救，得益于平时制定了一套应急程序，在突发事件中发挥了“定海神针”的作用，并且由于从执行正常程序到启动、执行应急程序，再到恢复正常程序的流程上，衔接得顺畅自然，保证了整个抢救过程有条不紊地进行。

【思考题】

从本案例看，酒店正常状态是如何转入应急程序的？酒店应急程序是由哪些步骤组成的？

案例159 当客人损坏了酒店物品……

宾客在酒店中住宿、消费，可能会因为这样或那样的原因出现诸如不小心打碎杯子、香烟烫坏床单等对酒店利益造成损害的情形，一般情况下，大多数酒店都会从自身利益角度出发让客人给予适当赔偿，但那样又可能会影响到与客人的关系，酒店可能因小失大，失去一个或一群顾客，甚至见诸媒体，影响酒店的声誉。如何正确地处理这些问题，就成了一道难题摆在了酒店经营者的面前。

我们可以根据酒店的规模和档次分为高、中、低三个档次，针对不同的档次采用不同的措施。

高档酒店对客人造成的一些小的损失可以不追究赔偿责任，因为此类客房用品的成本相对于客房价格来说是很少的一部分，而且该类酒店的客人大都比较有身份，素质和涵养较高，如有损坏，客人一般也会主动赔偿，产生矛盾的概率较小。对待此类客人，只需前台收银员在客人结账离店时委婉地暗示一下就行了，这样既可维护客人的尊严，也不会损害酒店的形象。

如某日凌晨六点，住在酒店818房的张小姐迷迷糊糊地起床，她要赶早班的飞机。忙乱中，一不小心将漱口杯滑落在卫生间的地面上，杯子摔成了碎片。“糟了!”张小姐蹲下身拾起了玻璃碎片，放进垃圾桶内。收拾好行李之后，张小姐匆匆到总台结账。在总台查看账单时，客房服务员打电话告知总台，房间少了一只漱口杯。于是收款员很委婉地询问客人：“张小姐，您是否将卫生间里的一只漱口杯放在房间里其他地方了？我们的服务员一时间找不到它。”张小姐马上带着歉意回答说：“噢，我忘记了。今天早上我把一只漱口杯摔破了。”收款员很体贴地对张小姐说：“杯子摔破了倒没什么，您没有伤着吧?”听了收款员这句话，张小姐更觉得不好意思了，连忙主动问道：“一只杯子要赔偿多少钱?”……

中档酒店从酒店利益出发，总是尽可能地希望客人赔偿以挽回损失，降低经营费用，而客人则因为种种原因，大多不肯爽快地赔偿。那么本着“客人永远都是对的”原则，应先耐心地向客人解释，尽可能让客人自愿赔偿。如客人执意不肯赔偿，则应让理于客人，因为客用品成本与房价相比始终是“芝麻”与“西瓜”的关系，酒店大可不必因小失大，影响自身形象与客源。

有曹、郭两位女士到沪游玩，入住某三星级酒店，当夜曹小姐例假不期而至，在白色的床单上留下污渍。隔日中午退房时，服务员称宾馆有规定，客人弄脏床单必须赔偿30元。双方就此发生争执。该宾馆值班经理的处理意见是不赔也可以，但必须将床单洗干净。曹小姐只得在将床单清洗干净后才退了房。事情虽到此结束，但学法律的两位小姐认为，作为一种消费关系，宾馆应事先明确告知有这种规定，否则涉嫌欺诈，更表示今后再也不会入住该酒店。

低档次酒店由于房价一般较低，对物品消耗的控制也较严，为了达到所有损坏都能得到赔偿从而降低酒店经营费用的目的，可在房内放上客房中的各种物品的价目清单（注意此价目一定要定得合理、合法，否则会引起客人不满），客人入住时就注意提醒客人注意清点，发生损坏与丢失则一律要求赔偿。由于有言在先，在遇到要求赔偿的时候客人就先理亏了，这样就可为酒店减去不少的麻烦。如王先生因公出差到桂林入住某二星级酒店，当晚去拜访久未谋面的大学同学，一高兴就多喝了几杯，临睡前将烟放在床头柜上就睡着了，把床头柜烫了一个洞，结账时酒店要求赔偿30元，由于自己理亏和酒店声明在先且赔偿合理，王先生非常痛快地交了赔偿金。

【思考题】

简述高、中、低档三种酒店对客人损坏物品处理上宜采用的不同措施。为什么不同档次酒店要区别对待？

案例160 为“同情”埋单

不久前，央视“今日说法”节目报道了一个酒店索赔案例，案情及审判结果值得酒店经营者关注。案例如下：

沈某，在城中酒店（化名）二楼楼梯拐角摔倒受伤，法医鉴定为右腿骨折。事后，沈某多次向酒店提出赔偿一定医药费的要求，遭拒绝。后经消协调解仍未果。无奈之下，沈某向法院起诉，状告该酒店并提出包括医药费、误工费、精神损失费在内共计四万余元的索赔要求。沈某认为，该酒店楼道过窄，扶手紧贴墙壁并被拐角处门框所遮挡，其楼道设计不符合国家建筑设计规范，存在安全隐患，这是造成他摔伤的主因，酒店应为其侵权行为负主要责任。酒店则辩解说，沈某当天并没有在酒店消费，与酒店不存在合同关系，双方之间没有权利、义务关系，根据《消费者权益保障法》，酒店不承担任何责任。此外，沈某当天曾喝过酒，摔倒时手持香烟与手机，沈某应为自己的疏忽大意负全责。

法院判决原告承担主要责任，被告承担部分责任，并支付原告赔偿费一万余元。事后，酒店表示接受审判结果，但完全是出于对沈某的“同情”而支付赔偿费。对那段“危险”的楼道也没有进行任何改造。

法院对案件的判决是公正的。对酒店经营者来说，这首先是一个法律问题，同时也是一个经营管理问题。经营者们有必要重新审视和加强自己的法律意识和安全防范意识。否则，若是仅仅为“同情”埋单，那么这个“学习”成本也就太高了！

1. 对案例的法律解读

目前，我国并无专门的旅馆法，在解决法律问题时是按照我国《合同法》和《民法通则》的有关规定，并援引国际惯例和国际条约进行处理的。

法律上所指的酒店也包括它的一切附属设施，凡是在该酒店实际控制下的任何部门或空间，均属该酒店的范围。也就是说，不管是否是酒店的客人，只要在旅馆可控范围之内，旅馆都要对其履行好通知、协助、保护、保密等义务。我国《合同法》将这种义务称为先合同义务。

酒店向客人承担民事责任，通常是由违反合同和侵权行为引起的。一般来说，酒店侵权行为的产生，绝大部分是因为酒店的过失或疏忽大意所造成的。形式可以多样，如对有故障的设备不加修理而造成他人伤亡。对存在安全隐患的楼道不加改造而造成沈某摔伤，同样也是侵权行为。我国《民法通则》第106条第二款规定：“公民、法人由于过错……侵害他人财产、人身的，应当承担民事责任。”这是法院判酒店承担部分责任的法律依据。虽然城中酒店没有与沈某形成合同关系，不存在承担合同所约定的义务与责任，但却因为自己的过失与疏忽确实发生了侵权行为。因此，酒店虽然不必承担违约责任，但必须为其侵权行为承担侵权责任。双方按照过错的大小，各自承担相应责任。

2. 对酒店经营管理者的启示

这个案例告诉我们，酒店要注意保障顾客在酒店内的人身、财物安全，也包括那些不在酒店进行消费的“过客”，只要这些过客身处酒店可实际控制的范围、场所之内。城中酒店之所以认为自己没错，是因为法律意识薄弱；之所以对有安全隐患的楼道视而不见，在事后又置之不理，是因为安全风险意识薄弱。安全防范工作必须做到全面。安全保护对象不仅包括住店客人，也应包括其他人；安全保护范围不仅包括酒店内部的大堂、餐厅、客房，也应包括酒店外围的停车场、大门、庭院等可控区域。

发达国家的经营者们在这方面做得似乎过于“小心”。有例为证：美国北部的冬季多数时候都有雪，每天清晨，商店、餐馆、旅馆等在开门营业前一两个小时，便会有人出来在店门前奋力扫雪、铲雪。这么做的目的是为了方便人们行走。在国人眼里，这似乎是一种“毫不利己、专门利人”的行为。然而，店主这么做实际上是生怕路人摔倒在自家店前，而找自己麻烦。正是因为具有这样一种强烈的法律意识和安全风险意识，他们才会如此为客“小心”，哪怕客人并不进店消费。他们这种做法恰恰是一种合乎情理的“利己”行为。

对酒店经营者来说，加强对相关法律与风险的认识，做好安全防范，是投资小、收益大、降风险的大事，有助于大大降低大量烦琐、高额的民事索赔事件发生的可能，也有助于维护自己的合法权益。假如城中酒店事前能意识到楼道安全问题，并对其加以改造，则酒店可以完全免责。除了经济意义之外，还有助于避免因法律纠纷、客人伤亡等事件带来的酒店形象受损。

【思考题】

如何理解案例中酒店承担主要责任、支付原告赔偿费是对不在酒店消费的“过客”承担安全隐患的法律责任，还是出于对原告的“同情”而埋单？从法律层面深入思考如何加强酒店的安全风险防范意识。

案例161 无主轿车的背后

某酒店的保安部任主管已是第三天看到这辆黑色本田轿车似乎都没有人动过，只是静悄悄地停在一个角落里，车顶也已蒙上一层薄薄的灰。

由于该酒店的停车场没有向客人收取看车费，所以保安员对什么人把车停在这里印象不会太深。任主管根据停车记录本，查到当时给客人发停车牌的是保安员小金。根据小金回忆，三天前这辆车进场后车主似乎很匆忙，刚停好车就到酒店门口搭上一部“的士”走了。当时保安员小金心里不免有些纳闷：这人怎么本田车不用却乘“的士”呢？但这种事情以前也曾有过，也就没往深处去想；要不是今天任主管提出来，小金压根儿就把这事给忘了。

近来本市轿车被盗事件时有发生，这辆车会不会是有人偷窃后暂未出手而藏匿在此的呢？再看车牌不是本市而是郊县的，任主管就更坚定了这一想法。于是他把这一情况向保安部经理汇报，经同意马上向当地派出所报了案。

派出所根据车牌号查到车主是本市郊县一家工厂的陈姓老板，再根据留下的电话联系上了车主本人。原来陈老板三天前因临时有一笔紧急业务，需要立即乘飞机赶往外地，但由于当时不便将轿车开回工厂，只好将轿车“丢”在酒店，搭“的士”直奔机场。至于为什么选择在这家酒店停车，陈老板的回答是：“我曾住过这家酒店，发现他们服务很细致认真，我想把车‘丢’在那里比较放心。”并表示过一天就回来了，到时还要住在这家酒店，还对酒店保安部和当地派出所的这种负责精神表示了感谢。

任主管心中的一块石头总算落了地。

【评析】

车主陈老板之所以那么放心地把车“丢”在该酒店，就是因为他平时住在这家酒店从没出过问题，评价是：服务细致认真。这样的评价看似寥寥数字，其实分量却相当重，重到可以用一部价值不菲的本田轿车做“押注”。

优质服务的取得必须从管理入手，而且要求提高管理的严谨性和细致性。本案例因寻找车主事件而巩固了一位忠诚客户，其成功应得益于管理的严谨和注意到客人停车安全的细节：停车场有停车记录；为停车客人发放停车牌（客人要开车出场需交回停车牌，说明是该车主人，否则不予放行）；保安人员严密看守；管理人员走动巡视以及电子眼24小时监控。如此一来，客人停车安全就有了基本保证。即使出现疑点，也会有如同本案的任主管这样细心的管理人员注意观察、及时追查。所有这些都足以让客人放心和信任。

也许有人会问：该酒店既然不向客人收取停车费，为什么对无主轿车如此“费心”呢？这个问题从陈老板说“到时还要住在这家酒店”这句话中即可找到答案。停车场是酒店产品的一部分，它可以吸引像陈老板这样有私车的顾客。但是停车场不收费，不等于可以不关心客人的停车安全。正因为有了客人停车的安全，才可能给酒店带来更多的整体收入。因此，这家酒店对客人停车不收费的做法无疑是明智的。

【思考题】

为什么本案例的酒店停车场不收费，保安员还对无主轿车如此费心呢？无主轿车的背后在服务、管理上给我们以什么启示？

案例162 不可忽视的“经营提示”

境外某酒店以绘画艺术作为体现其文化主题的载体。一天，一位宾客带着小孩经过一幅巨大的意象派原始图腾作品时，因光线较暗，孩子被画面上的大嘴和獠牙吓得哇哇直哭。客人认为该作品比较另类和夸张，并非人人皆宜，加之酒店未尽环境提示义务，使孩子的心理健康遭受了侵害，故要求酒店予以赔偿。

数年前国内若出现此类事件，我们可能觉得离谱，但最高人民法院《关于审理人身损害赔偿案件适用法律若干问题的解释》实施后，这种观念就非变不可了。因为自2004年5月1日起，权利人的精神损害赔偿请求有了明确的法律依据，它已从隐性走向了显性。从此，对于装修改造、硬件配备、物品布局、环境装饰等常规事项，酒店须较以往更加慎重，使“多问”成为习惯：是否存在隐患？标识是否有歧义？是否能被特定群体（如残疾、信教的客人等）所接纳？

在酒店可控区域内，隐患、风险、意外事件是客观存在的。因此，酒店设置相应的“经营提示”十分必要。为了保护宾客的人身、财产、心理安全，酒店适时、适地标注警示说明，或以合理的方式直接对其所做的提醒就是经营提示。

经营提示体现了以客为尊、易位思考的工作哲学，是店客关系由物化走向人化的标志之一。其作用大致有：其一，减少纠纷。防范胜于补偿，争议出现，即便救济途径再具效率也有缺憾。把基础工作做到前头，未雨绸缪，从根本上讲能使酒店间接得益。其二，建立互信。经营提示以不足之处示人，是开门揭短，更是诚实信用。坦诚以待当然有助于建立互信。其三，弥合误解。客人对一些酒店或道听途说，或成见使然，或有不愉快的经历，没能留下好的“第一印象”。此时经营提示就像缓冲区，在一定程度上拉近了彼此距离，有助于消除误解。

经营提示之所以具有普遍性，原因如下：首先，店客之间存在契约，对于所购产品（服务），宾客有权知悉其真实情况。宾客的权利意味着酒店的义务。经营提示正是酒店迎合宾客知情权的主动履约行为。其次，满足宾客的个性需求是行业趋势。著名的如家酒店连锁，规模都不大，也鲜有标新立异的举动，却一直保持着旺盛的人气，就因为它始终致力于营造“家的感觉”。一句温馨的提示，一张想客所想的小贴士，谁能说不是人性化服务？再次，拳头产品的推出应建立在准确把握客情的基础之上。一个经营提示，如果引起一句提问、一段对话或一种陈述，我们即可由此判断客人的类型、了解其嗜好、完善客史档案，并不失时机地推介自己、塑造形象。

经营提示不管采取口头还是书面形式，均要注重温情化，因为宾客要的是休闲安逸而不是如履薄冰。时间上，经营提示要有提前量，但也勿小看善后工作。例如，当客人退房离店，我们在道别的同时若能告诉他“门前车流量大，请注意安全”的话，也能收到不错的效果。还有，身正为范，上行下效，管理者作为提示人，对引起宾客共鸣、发现酒店薄弱环节、启发员工创造性的作用更为显著。

经营提示的重点，除了诸如写字台的棱角、行李架上翘起的金属条、过于明亮的玻璃门等易给宾客造成伤害的安全盲区之外，对突发状况的恰当处理也很重要。例如，客人挑选瓷器时不慎失手摔碎，员工只顾处理赔付事宜，不料另一客人的脚却被散落一地的碎片划伤。理论上看，受伤的客人在索赔对象上享有选择权，他有权以宾客的身份向酒店主张权利。这样，酒店由单纯的权利人变成兼具权利人和侵害人的双重身份，无形中优势不再。无论从一般的认识角度还是从法律上讲，这种难以彻底界定的“三角关系”都比较扰人。而这些都源于酒店没有在瓷器摔碎后及时给其他客人以必要的经营提示。

不难看出，只有具备了责任心、经验丰富、知识面广、分析能力强等条件，我们才能提炼出更多有价值的经营提示，从而使对客人深层次安全保障的服务体系日臻完善。

【思考题】

什么是“经营提示”？它包括哪些内容及重点，有何特点？简述“经营提示”体现的管理原理。贵店有没有做到必要的“经营提示”？

案例163 在戳穿骗局的背后

某日上午约10点，福建某酒店中餐厅来了一位四十开外自称姓江的中年男性顾客，预订了一桌午宴。

不一会儿，江先生带另外两位客人来了。当他们在5号包房落座后，江先生即向服务员小赵要了3包普通牌子的香烟，分给那两位客人，江先生接着又对服务员小赵说："其他几位客人马上就到，你再给我拿8包中华香烟来，要软包装的。"小赵立即照办了。

没过多久，江先生走出包房踱到吧台，要求餐厅陈经理先叫人往包房送一瓶"剑南春"、2瓶"张裕干红"和2箱啤酒，然后突然问道："你们这里有整条的中华香烟吗？我要一条软包装、一条硬壳装的。"吧台酒水员接话："有的，你今天接待什么客人要这么好的香烟呀？"江先生回答道："没办法呀，要托人办事嘛。"江先生拿过香烟后翻来覆去仔细端详，不放心地问："不会是假烟吧？"在得到肯定不会是假烟的回答后，他立即要求酒水员用塑料袋装好，并显得轻松地说："我现在要先把香烟送给交警中队的朋友，顺便把其他客人接来。"

在一旁的陈经理是一位有一定工作经验的管理人员。她因以前工作过的酒店曾发生香烟被掉包的事情，要求吧台酒水员对凡是从本餐厅卖出去的香烟哪怕是一包、两包的都要在上面做个记号。这时她想到的则是更复杂的问题，一般说来烟草专卖店的香烟要比酒店便宜，而面前的这位客人买这么高金额的香烟为什么不在专卖店买而在酒店买呢？有的客人是因为用就餐发票好报销才从餐厅买香烟，但这位客人说是做个体生意的，并无开发票要求。她越想越觉得事情蹊跷，所以当酒水员将装好香烟的袋子交给客人时，陈经理立即伸手接过香烟袋子，对江先生说道："请问，今天是你请客埋单吗？"江先生答道："没错，是我请客。"陈经理又说："那请你先把香烟的账结了好吗？"江先生先是一怔，然后不无气愤地说："包房里还有两位我们的人，你还怕我拿走香烟不认账？"接着自找台阶地说："那这样吧，等吃完饭再拿烟，到时一并结账。"

其实在这之前，陈经理对服务员小赵之前将11包香烟交给这位陌生的客人就不放心，嘱咐小赵要严格按工作规定去做，即在客人未埋单之前必须关注其动向，以免"跑单"。当这位先生又回到5号包房时，服务员小赵就盯住了他。

当小赵向陈经理报告那位姓江的先生已离开包房说是去接客人时，陈经理立即找5号包房的另两位客人问道："你们原先认识这位先生吗?"虽然问话有些唐突，但因事发突然，陈经理也就顾不得许多。两位先生都说是刚认识，原来那两位由他带来的"客人"，是他以请他们运货为由找来的司机，说是请他们吃完饭再走。陈经理意识到那位客人有诈，于是立即请餐厅的另一位男主管去追江先生。

主管追至楼下，看着江先生坐上一辆停在酒店门口的三轮车走了，于是他奔向停车棚开上自己的摩托车去追那辆三轮车。由于5号包房还有其他两位客人在，尚不能确定江先生是否行骗，为了稳妥起见，只是缓缓驱车跟踪，不敢立即截住那辆三轮车。当三轮车把江先生载到郊区公路旁停下时，主管意识到此人欲搭乘过路长途汽车溜走，心里正着急，手机响了，接到陈经理电话说：此人疑点重大，已向110报警，无论如何要想办法拖住他，等待110到来。主管也向陈经理报告了他所在的位置。

江先生终于被"请"进了派出所。他对其欲行诈骗的事实供认不讳，并交出了被其骗去的8包中华香烟。事后了解到，此君系来自江西的惯犯。两位司机原先以为这位老板又是请吃饭又是分香烟，真是遇上出手大方的生意人了，哪想到竟被骗来充当"托儿"，当他们也被请到派出所作证时才大呼上当。

【评析】

此案陈经理等人之所以能戳穿骗子的骗局，成功追讨被骗物品，主要靠两条：一是酒店管理人员的丰富经验，二是相关人员的机智勇敢。但仅凭这两条恐怕还不足以从根本上防范骗子的伎俩。本案若不是陈经理恰好在现场及时阻拦，岂不就有被骗子得逞之虞？可以这么说，本案成功地制止了诈骗很大程度上靠侥幸因素，而危险则存在于物品交接程序和制度上的缺失。

怎样才能从根本上防范？归根结底还是在于加强管理上的程序化和制度化。本案酒水员仅根据客人的口述要求，差点就把香烟直接交到客人手中，这是极可能产生漏洞的关键所在。

假如规定：凡是客人提出菜肴、烟酒等物质消费要求，必须由点菜员或看台服务员开出菜单或烟酒单，然后经过收银员签章方可进入下一道加工或发货程序；凡是未就餐完毕而客人本人要求预支烟酒（容易被带走），同样必须由点菜员或看台服务员开单后经过经理签字认可，再经收银员签章方可允许烟酒保管人发货，如此一来，骗子设局诈骗的得逞概率几乎为零。这是因为经过多道把关，再加上经理凭其丰富经验和对客人信用的熟悉程度，比较有把握处理此类事情，也就可能在最大程度上堵住物流的漏洞。或者干脆规定，客人用餐时购买整条香烟须先付款再提货。由此可见，程序、制度的严密性是管理到位的基础和保证。若不从管理上建立科学的程序和完整的制度，酒店因发生本案中的类似现象而被骗子得逞的情况将是很有可能的。

【思考题】

总结本案例骗子骗局被戳穿背后的经验教训，思考如何从加强管理上的程序化和制度化入手，从根本上防范类似的诈骗行为。你对本酒店的财产安全管理制度建设有何建议？

案例164 酒店的安全保障义务

2003年10月27日晚上9点左右，23岁的王某和朋友一起来到郑州市一家酒店就餐，就在他们边吃边聊的时候，酒店突然闯进三名男子，气势汹汹地直奔王某而来，没容王某问明情由，三名男子已将猝不及防的王某打倒在地。王某当即血流满面，他一边躲闪一边向周围的服务员大声呼救，并请求抓住三名男子。但是服务员站在一边观看，却没有一个人出手相救，其朋友及时拨打了“110”、“120”，将其送到医院治疗。王某头部缝了8针，并到派出所做报案询问笔录。

事后王某越想越生气，饭没吃成反而莫名其妙地被别人打了一顿，酒店方不仅没有尽到“安全保障义务”，而且在事情发生后袖手旁观，任由打人者从容离去。王某一纸诉状将该酒店告上法庭，要求被告赔偿医药费、营养费、精神损失费近2500元。酒店则称其诉不合事实，但法庭调查公安机关报案问询材料证明，王某所诉事实成立。法庭审理认为：原告王某作为消费者到被告处就餐，被告应为原告提供必要而充分的安全保障，在第三人对王某实施不法侵害时，由于被告未积极地履行安全保障义务，致使王某的人身受到损害，酒店应在与其防控能力相适应的范围内负补充赔偿责任。故此，王某要求酒店赔偿医药费等相关费用的合理部分法院依法予以支持。由于此事件的发生，王某遭受极大的精神损害，因此要求酒店赔偿精神抚慰金亦应予以支持。依照《民法通则》的相关规定，法院一审判令被告承担原告经济损失的80%，但被告不服并提起上诉。

读完以上这个案例，想必会有这样的疑问：酒店在安全保障义务的范围方面是否有法律的规定和明确的标准呢？

1. 安全保障义务是法定的

近些年，出现了不少公众在住宿、餐饮、娱乐等经营场所或者其他社会活动场所遭受损害的事情。因直接侵害分子无法确定或者虽已确定但其无力承担赔偿责任，受害人需要获得及时和全面的救助。

2003年12月29日最高人民法院公布的《关于审理人身损害赔偿案件适用法律若干解释》第6条规定：从事住宿、餐饮、娱乐等经营活动或者其他社会活动的自然人、法人或其他组织，未尽合理限度范围内的安全保障义务致使他人遭受损害，赔偿权利人请求其承担相应赔偿责任的，人民法院应予以支持。因第三人侵权导致损害结果发生的，由实施侵权行为的第三人承担赔偿责任。安全保障义务行为人有过错的，应当在其能够防止或者能够制止的范围内承担相应的补充赔偿责任。

既然是法定的，那么作为经营者的酒店就要在安全保障义务方面多下工夫了。在安全管理上应转变观念，把安全工作作为酒店的文化品牌来做，将治安防范、消防安全防范放到首位，“资金再紧不能紧消防、不能紧安全”。明确而全面制定安全保障应急方案和相关处理程序，确保宾客人身、财产安全，最大限度地预防各类恶性消防、治安事件的发生。如宾客车辆安全巡检程序、宾客遗留贵重物品专人看管程序、宾客房门开锁程序、醉酒客人亲情服务程序、宾客伤病处理程序等等，把安全防范做在事发之前，预防事件或事态的扩大或恶化。

2. 安全保障义务要在合理限度范围之内

“安全保障义务”是指从事住宿、餐饮、娱乐等经营活动或者其他社会活动的自然人、法人或其他组织应尽的合理限度内的使他人免受人身损害的义务。

在实践当中，我们接触的有受到人身伤害的，也有利用污言秽语进行人格攻击的，所以对这些伤害的防止和制止限度的实际把握就不是那么容易。当然，一旦制定了相关的处理程序，对相关事件或事态的发展规律做了深入研究和分析后，就能顺利地遵循其发展规律。根据事态的具体情况以积极、公平、和气的方式，从控制双方情绪入手，进而适当地引导双方磋商，给受害人适当的补偿，矛盾自然就化解了。

但如果义务保障行为人不能及时协调和控制，造成事态恶化或导致一方受到损害，作为义务保障的第三方就可能由此承担相应的“替代责任”。案例中，王某被打伤以后，义务保障行为的第三方所承担的补充赔偿责任就是一种特殊的民事赔偿责任。在承担赔偿后如能确定加害人，第三方还可以依法直接向人民法院对加害人提起民事诉讼，但这种亡羊补牢式的做法对于酒店是既伤神又伤财。

此外，又如何理解“合理限度范围内”的安全保障义务呢？判断标准一般是：安全保障义务人的实际行为是否符合法律、法规、规章或者特定的操作规程的要求，是否属于同类社会活动或者一个诚信善良的从业者应当达到的通常的程度。比如酒店在制定醉酒客人亲情服务程序时就要充分考虑，对醉酒客人要做到先帮助其到安全地点进行醒酒，检查和保护其身上财物或丢失在附近的财物，寻找他与亲朋之间可联系的电话，妥善交与亲属确认和照顾。这样尽了义务，不仅可以确保宾客人身财产的安全，还可赢得宾客的良好口碑，借此宣扬酒店美誉度，何乐而不为呢？

【思考题】

酒店对客人承担法定的安全保障义务，酒店应如何转变观念，把安全管理放到一切工作的首位？结合你的工作，谈谈对“合理限度范围内的”安全保障义务的理解。

案例165　特定对象免入住登记的后果

“五一”黄金周期间，广东某地一家二星级饭店像其他饭店一样热情地接待着各地的游客。6日这天有四位男女客人因与该店的一位副总经理在某培训班相识，相约下榻此饭店。客人抵店时这位副总经理亲自迎接，其中一位客人当即提出不办入住登记手续，直接分住同一楼层相邻的两间客房。该副总经理出于友好和对同行的信任而欣然同意。

次日早上8时多，客人向总服务台诉说昨晚在客房丢失了钱包和一台三星手机，约合人民币8000元，要求饭店按数额赔偿……

饭店办公室主任获悉后，马上报告总经理并与客房部经理一起到客房了解情况，并按失窃案报告辖区派出所。民警到现场察看后，发现房内门窗锁定，完好无损，无入室作案的痕迹；各项设施完善，符合要求。随后办公室主任陪四位客人与民警到派出所接受进一步调查：客人承认房间没有关好窗、房门未栓保险链锁（链旁有提示）；四位客人对事件和失窃数额表述不一，且给人以不自然之感……

双方人员回店后，又将此事报告旅游质监所。在质监所人员与双方反复协商无结果的情况下，客人在饭店又继续住了一夜。第三天上午，迫于双方僵持无果，店方董事长只好无奈地同意一次性赔付6000元，并免收客人住店期间的一切食宿费用。

【评析】

《中国旅游饭店行业规范》（以下简称《规范》）第7条规定：饭店在办理客人入住手续时，应当按照国家的有关规定，要求客人出示有效证件，并如实登记。

(1) 依据《规范》第7条的内容，无论副总经理从何种角度考虑同意客人免办入住登记，作为客房部方面应运用工作技巧，想方设法为客人补办入住登记，或该副总经理事后（入住后）与客房部经理打招呼，采取有效的补救措施等。

(2) 依据《规范》第15条，饭店应当采取措施，防止客人放置在客房内的财物丢失、毁损。由于饭店的原因造成客人财物丢失、毁损的，饭店应当承担责任。由于客人自己的行为造成损害的，饭店不承担责任。双方均有过错的应当各自承担相应的责任。在此案中，客人承认房间没有关窗、房门未栓保险链锁，其过错是客观性的，与“失盗”有直接因果关系。符合第15条：由于客人自己的行为造成损害的，饭店不承担责任。

(3) 店方在入住登记手续问题上的过错，虽然不符合《规范》第7条的基本要求，但主要是基于彼此的特殊关系所致，且与“失盗”没有直接因果关系。为此饭店以承担失窃财物20%以下的赔付责任为宜。

该饭店高级管理人员专业知识和处事能力明显欠缺，亟须提高与加强。在这种情况下，发挥饭店法律顾问及管理顾问的作用显得格外重要。

通过此案，应加深对遵守行业规范和服务程序重要性和必要性的认识，特别是对特定对象的入住登记手续问题，应合乎规范，或需要用智慧来解决。在经济欠发达地区的低星级饭店，有些客人常以不用办入住登记手续来炫耀自己的身份或图个方便，而饭店则为盲目迎合而破例行事。此案的这个教训是深刻的，也是典型的，尤其是双方当事人都是受过专业培训的同行，看来职业道德、职业技能和职业精神，在这里显得多么重要啊！

【思考题】

从本案例特定对象免入住登记的后果中，酒店管理者应该引出什么教训？关于特定对象的入住登记手续问题，对个别难以做到完全合乎规范的情况，如何运用智慧加以补救？

案例166　饭店工程部的细化管理

饭店工程费用、消耗、设备的细化管理，从组织、实施上一般应做好以下几个方面的工作。

1. 强化工作责任制，渗透制度化管理

餐饮、客房、工程是饭店的三个主要业务部门，其间的操作与管理要素有各自不同的特点。饭店的整体管理很难实现工程费用、消耗、设备的细化管理要达到的理想的效果，必须强化责任制，以国家设备管理规程为前提，参照饭店自身的实际状况，制定切实可行的操作指标、操作规程、岗位职责、交接班规则、考勤考核、资料图表记录管理等一系列规章制度。在其制约下，发挥员工的长处，调动员工的积极性。要以制度化管理为原则，以情感管理作为与员工交流的纽带，千斤重担众人挑。

2. 掌握生产环节，制定设备维护保养规划

根据质监、安管、供电等部门年度检验、检测、培训的日程安排，全面系统地掌握各个生产环节，详细分析设备性能，综合制定设备大、中、小修和维护保养、清洗防腐规划，避峰趋谷，合理安排。坚持员工、班组、部门定时、定期巡查制度，把发现的问题和各部位报修项目及时排除在萌芽状态。设备维修要有超前意识，力求把大、中修变为小修，把小修变为保养，把花大钱变为花小钱，把花小钱变为不花钱。工程岗位不能太辛苦，今天抢修这里，明天抢修那里，无法实施正常的计划；岗位上到处是水、油、灰，没有一个舒适的操作空间，工作难以达到最佳效果。设备管理必须通过各种方式确保系统在完好、安全、低耗、高效中运转，杜绝恶性循环。

3. 把好原材料购买、保管、领用关

部件材料要购置质量信得过产品，禁止假冒伪劣，尤其是电器材料。如一只优质13瓦3U节能灯泡市场价为13元，一只劣质13瓦3U节能灯泡市场价只有8元，而前者可用5000多小时，后者仅用几百小时甚至几天就坏了。

原料购买除确保质量，还要保证所购原料与报销凭证数量相符。烟煤是原料消耗的重中之重，如能严格控制质量、价格、数量、品种、进货渠道、进料方式、库存量，其中的收益是很可观的。

按设备维修、保养与生产运转的实际情况，针对物料自身的性能、特点，结合市场价格波动因素，购置的难易程度，配备合理的库存量，建立、健全严格的领用制度。

4. 做足“水”的文章，设备永葆青春

锅炉给水、中央空调运转用水必须使用软化水，总硬度不得超过0.035毫克/升，锅炉排污依据炉水总碱指标从严掌握，其他水质指标也应符合规定。

生活热水、空调热水温度高限控制在65℃，低限根据气温、客情及时调整，夏季冷冻水温度稳定在8℃～10℃。

5. 修旧利废，挖潜增效

设置废品回收库，对平时换、剩的零部件及原材料逐一登记回收，利用闲余时间对有复修价值的部分进行复修，入库备用。对有利用价值的原材料入库领用。平时的修、补、配、造首先从废旧和回收材料中挑选，对一些低精度、要求不高的阀门、配件使用复修件。对制冷机组、发电机组撤换的机油经沉淀过滤后作为一般转动设备的润滑剂使用。

6. 环环扣紧，多渠道截流

工程费用、消耗与设备管理要达到一定的细化程度，必须注重全方位、全过程的管理，环环扣紧，多渠道截流。如：及时消除跑、冒、滴、漏；减少锅炉、交换器等换热设备的热损失；减少系统能量损失；变一些常转设备为间断运转，减少电耗与磨损；清洗设备应避免使用化学方式；合理使用中央空调的回风；定时清理锅炉烟管、风机滤网等的积灰；锅炉烟煤入炉前水分、搭配要达到要求；尽量减低锅炉煤渣含碳量；水处理交换剂的再生方式选择逆流再生；正确调节锅炉总压与各用汽部位蒸汽压力；严格管理和使用易耗品、水电配件材料等等。

【思考题】

饭店工程费用、消耗、设备的细化管理，包括哪些主要内容？细化管理如何通过全面质量管理体系组织实施？

案例167　酒店工程设备的全因素管理

日本人在设备综合工程学领域创造了 TPM 制，也就是全员生产维修制。TPM 制把设备管理的内涵提高到全效率、全系统、全员以及 5S（管理、整顿、清洁、清扫和素养）的水平。

酒店工程设备的全因素管理是在 TPM 制的基础上，全方位、全过程，综合比较考虑到影响酒店工程设备管理的所有环节和所有因素，衡量得失，有所取舍，才能做出周密决策。其管理的总目标是利用酒店全系统工程设备为酒店经营创造最高效益，尽可能降低设备的购置、安装、改造、运行、能耗、维修、保养等综合成本，而又能为顾客提供与酒店档次相称的舒适服务。

全因素管理是人性化的管理：一方面，它以相对较低的成本达到满足顾客在安全、环境、舒适、审美等方面的要求；另一方面，它要让管理者的精神和灵魂渗透到设备管理的全过程中去，灵活机动地达到管理的总目标。

全因素管理从某种意义上讲也是全成本管理，它把酒店工程设备内部因素和外部因素影响所发生的所有成本进行综合预算，然后做出准确的决策。

全因素管理理念体现在如下几个方面：

1. 潜在的安全因素丝毫不能忽视

酒店设备的使用和操作者不仅仅是酒店的工程技术人员，更多的时候是顾客和服务员，设备在非专业人员使用的时候更容易发生意料不到的安全事故。因此，酒店设备管理必须缜密地考虑到非专业人员使用时的万无一失，这也是酒店的最佳效益所在。

2. 酒店设备的定位

酒店设备并不是越豪华越高技术越好，而应当与酒店的客源、定位、档次相匹配，必须全面估算设备管理所有环节发生的全部成本，突出酒店独特的风格和文化品位。

3. 设备管理的中心

设备管理的中心是人而不是设备。要注重设备的人性化（个性化、家居化、使用安全方便）和文化内涵（格调、美观、装饰性）、设备管理过程人性化。

4. 设备购置的原则

设备的购置不只是考虑设备的质量和寿命，还应考虑设备的性能价格比、技术改造的可能性、与原有设备的配套、能耗成本、维持成本、对环境的影响、可能出现的意外事故以及采取措施预防是否可以完全避免事故的发生。

5. 方便客人，珍惜员工的劳动

设备管理的范畴不能局限于设备本身，也不仅仅是影响设备管理的外部社会因素，必须首先考虑客人准确、安全、方便地操作使用，也要顾及服务员清洁时省时省力，这在设备购置、安装、改造时尤其要慎重。如某四星级酒店，浴缸水龙头豪华新潮，可是上喷淋开关怎么也找不到，最后找来该酒店工程部人员，原来上喷淋开关就是浴缸水龙头出水口，不经专门指点客人根本找不到喷淋开关在哪儿。

6. 设备的报废原则

设备的报废不一定要等到设备的寿命终结，也不刻意延长设备的寿命而不计算其经济性。设备除了超过使用年限报废以外，如果存在严重事故隐患，维修费用昂贵，技术过时、达不到酒店服务水准；或者与新设备、新技术相比能耗维持费用过大，都应该考虑改造或报废，否则得不偿失。比如国内有些酒店，特别是实行计划经济传统办法管理的国有酒店，没有设备提前报废的观念，设备修到不能动了才能报废，甚至认为能修则修的工程部经理才是好经理。

7. 养护与清洁的重要性

养护与清洁是设备管理的基础，因为唯有如此才能大大延长设备的使用寿命。大型设备延长一年寿命就能节省成千上万元的费用。预防维修、技改维修、保养维修、定期润滑与清洁，正是发挥设备管理中“人”的因素，也是达到工程设备管理总目标最经济、最有效的途径。比如中央空调定期的保养、清洁、除垢、除青苔，成本不大，工时也不多，但是可以大幅提高空调的能效比，延长其使用寿命。有的酒店为了节省成本，减少工资开支，工程部只留下极少几个抢修人员，对设备根本没有保养制度，更谈不上清洁和润滑，其结果是维修人员变成灭火队，酒店陷入维修成本越来越大、没钱更新改造的恶性循环。

8. 人力资源配置

几乎所有关于酒店工程设备管理的书本都要求必须有一支素质优良、掌握先进设备维修技术的队伍。此话虽不差，但脱离实际。因为现代社会发展，分工越来越细，高素质高技术人才待遇要求越来越高。酒店工程设备管理绝大部分的工作时间和精力是设备养护和保养维修，这些工作并没有要求每个维修人员都必须有高精的技术水平，而更重要的是要求他们品质优良，责任心强，吃苦耐劳，一岗多能，有不同层次的技术人员加上能够发挥这支队伍最大效能的管理人才。特殊需要高精专业技术的设备维修可以委托外部力量。否则，高待遇聘用的高精尖人才不能满负荷工作或者高才低用，对酒店是浪费，对社会资源也是一种浪费。

9. 设备管理制度化

全因素管理言易行难，要真正综合比较影响设备管理的全部因素，设备的每一个数据、每一个配件、每一项维修保养，都必须有据可查。为此，全因素管理必然是细微化、档案化、数据化、表格化、信息化、制度化的管理。

【思考题】

酒店工程设备的全因素管理理念包括哪些内涵？用全因素管理理念剖析本酒店的工程设备管理状况。

案例168 工程管理的走动式和数量化

上海一家五星级大酒店工程部关经理把工程部的管理工作归结到“降低能耗”和“优质服务”这八个字上，并认为只有紧紧抓住了走动式与数量化这两个要素，才能切切实实地提出“降低能耗”“优质服务”的方案和措施。

也许，这与关经理具有十多年海运漂泊的经历有关。他喜欢流动，十分崇尚走动式管理这一模式。海运生涯最重要的手段是计算，时时刻刻要计算气流、风速、浪高和经纬度，养成了他对数量化的兴趣，并把它移植到日常管理工作中去，很有实效。

关经理每天一般都是早上 7 点 30 分到酒店，然后顺着他脑子里的“航海图”进行巡视：从大堂—二楼汇海餐厅—29 层机房（这里是空调、配电等设备重点要地）—26 层行政楼（是重要客人下榻之处）—6 层商务中心、电话总机房—5 层（平台上有泳池、机房等）。这些地方均为工程部的战略要地，他能获得最新的第一手资料，便于在部门晨会中与员工沟通，并向大家布置一天的工作。

10 点～11 点，是他第二次出巡的时段，重点是 B3 层的各动力机房，接着是各个餐厅、厨房的运行状况；第三次巡视一般安排在晚餐前后，方向就是酒店的各个工作区域，并具有一定的机动性。在巡视过程中，他充分调动自身感觉器官的功能，去感受灯光、温度、湿度、空气流动感以及背景音乐等：通过嗅觉去感受盥洗室是否有异味、餐厅是否有油烟味；听一听各种电器设备是否有故障声；用手去触摸玻璃立面是否有缺口、墙面是否有裂缝等。这样他就能及时把握酒店各种设施在运行中的“脉搏”，从而提出“对症下药”的检修和保养的方案。

关经理把整个酒店形成一个数字化的图像，并深深地印在脑子里。该酒店是一幢超高层的大楼，有多少设备、多少供排水管道，有多少个阀门和通风口以及所有电线、管道的走向，他心中都清清楚楚，尤其是有多少客房、炉灶和卫生设施等，因为这些都是消耗能源的重要区域。

在关经理的脑子里还堆满着酒店与工程部有关的各种数据，诸如现在酒店每月平均耗能量应控制在：电 65 万度，水 2.7 万吨，煤气 1.5 万立方米；如折算为日耗量即是：用电 2 万度，用水 900 吨，锅炉房蒸汽冬天日耗油量为 3 吨等。每天有报表，超过了就要去了解，去检查问题。他认为用数量化来显示工作是最有说服力的，也是最能说明问题的。而且数量化的管理一定要与走动式的管理相结合，才能相辅相成。走动式就是调查，就能了解最鲜活的情况；数量化就是研究，通过各种数据的对比才能看出问题。

【思考题】

如何从实务运作中理解走动式和数量化是酒店工程管理的两个要素？

案例169 一张宾客报修单

程先生跑了一天的业务，又累又脏，回到酒店房间后立即冲进卫生间，想痛痛快快地淋个浴。没想到刚抹完沐浴液正要冲淋时，原先还哗哗出水的喷淋头竟然停水了。程先生心想，我刚才是拔出那个出水开关下边的转换开关后喷淋头才喷出水的，那么喷淋头不出水是否与这小开关有关呢？他检查后认定自己判断是对的，原来那个小开关把“头”缩回去啦。于是他又拔出那个小开关的“头”。喷淋头又出水了。程先生欣赏自己还算聪明，高兴地继续他的“雨”中享受。然而，程先生似乎高兴得有点早，那喷淋头突然又“罢工”了。而这时的程先生全身上下的沐浴液并未冲洗干净，还是油腻滑溜的。怎么办呢？这时叫维修工来处理肯定不合适。身上泡沫总要洗干净，迫于无奈，只好身体下蹲，一手拔着那个小开关的“头”，很狼狈地冲洗干净。

当他正想上床睡觉时，忽然发现床头柜上端端正正摆放着一张纸片，页眉上写着《宾客报修单》，下文是：“尊敬的宾客，欢迎您下榻本酒店！您在住宿期间若发现客房设备出现故障，请您立即拨打××号电话，我们将随时予以处理。也可以请您在下表栏内填写，以便您出房时我们派人维修。给您带来不便之处，敬请原谅。”接下来是一个表格，左边栏目是“设备名称”，右边栏目是“故障情况”，落款是工程维修部。程先生找来笔在表格里填写了有关内容，然后上床休息了。他想，明天晚上回来该不会再出现今天这幅“雨中一景”了吧，他哑然失笑。

【评析】

客房设备出现故障是难免的事。但有的故障不是靠服务员整理房间时就能检查出来的，也不是领班查房时所能检查出来的。比如本案例中客房浴区的“转换开关”出现故障就很难被员工发现。房务员清洗浴缸时只是打开浴区的出水总开关放水冲洗，一般情况下不会去试验“转换开关”是否有问题，领班更不会考虑到会出现此类故障。对于这类通常不易察觉的问题，往往只有使用者才会发现。所以这家酒店考虑到这种情况而推出《宾客报修单》值得赞赏。

事实上，《宾客报修单》在另一种情况下也能发挥它的作用。例如，有的酒店为了减少对客人下榻期间的干扰，规定两三天内不进房整理，为了不影响服务质量，在床头柜上放一个告示卡以表明其目的是不干扰客人，但同时声明若客人需要整理房间可以随叫随到。在这种情况下，《宾客报修单》提供的报修电话为宾客报修提供了方便，弥补了这两三天里服务员无法查到设备故障而没有及时报修的缺陷。

许多酒店工程部接到某一客房的某种设备报修时，一般只是救火式地对这个房间立即修复，但很少有人想到：其他房间的同类设备属于同期安装，其老化损耗程度相差无几，那么其他房间的同一种设备是否也有类似损坏的可能？是否需要有针对性地开展检修和保养工作？由此我们感觉到，管理者的质量管理意识中应当要有一条：举一反三，由点及面。换句话说，应当通过发现某一个点上的某一问题，去联想面上是否也有可能产生同样的问题，从而及时采取措施以防患于未然。

这样做够了吗？答案可能见仁见智。但从产品的完好性和管理的系统性上看显然是不够的。至少应有以下三方面的工作：

1. 预防性系统维修保养，即工程部安排计划，对所有客房（含没有报修的客房）的设施设备进行定期保养。

2. 利用电脑编辑房态数据库，跟踪、追溯每间房的报修情况。如果使用先进的美国康奈尔智能软件，则会对未来可能损坏的设施设备提前预警。

3. 建立以“万能工”和“智能型服务员”及其管理制度为基础的快速反应

机制，实现客房产品的敏捷生产。

【思考题】

本案例中《宾客报修单》的设置发挥了什么作用？客房设备故障检查除了应由酒店方负责外，如何发挥宾客的能动作用？

案例170 他们都是维修工

太原市某饭店南楼205号房是间长包房，住着两位德国客人，他们是一家合资企业的德方工程技术专家。一天晚上，两位德国客人从餐厅搬来一箱易拉罐啤酒及几个冷盘，各人坐在床沿上，靠着电控柜兴致十足地对饮起酒来。两人酒量极好，一个劲地豪饮猛喝，不多时，喝剩的易拉罐就堆成一大摊。突然，整个房间的电灯熄灭了，一团漆黑。原来是他们喝酒不小心，打翻了一罐啤酒，酒水倒在电控柜台面上，顺着缝隙渗进柜内，造成电路短路与电器故障。此时，两位客人尚未喝醉，头脑还算清醒，连忙摸到门口，打开房门，用略显生硬的汉语大声呼叫服务员。

当班服务员小严闻讯赶来，当即安慰德国客人，请他们放心，一定尽快修复。他马上跑到办公室，找到正在值班的客房部孟经理和主管小郑，报告了刚才的意外事故。孟经理和小郑二话没说，迅速从旁边的工具箱里熟练地取出螺丝刀、手电筒、电工笔、电源接线板、电吹风等工具，然后一起赶到205房现场。

只见他们打着手电，麻利地卸开电控柜侧面的盖板，用干布、卫生纸把柜内的水分吸干，再从外面楼层引来电源接通电吹风，对准受潮处使劲猛吹，只用5分钟就吹干了，刹那间房间里一片光明。整个断电故障从报修到修复仅仅用了15分钟。

两位德国客人禁不住欢呼起来，连声道谢，并竖起大拇指称赞饭店的服务员和管理者技术精、服务水平高。孟经理则表示这是他们应该做的，并告诉客人今后若在客房喝酒，一定要注意安全，防止类似的事故发生。两位德国客人连连点头称是，表示今后一定吸取教训。

【评析】

一场客房电控柜失灵造成的断电事故，仅在短短15分钟之内便圆满解决，这是一个超常规的优异成绩。按常规，遇到类似事故只能封房，晾它两天以上，等受潮部分自然干燥。这不仅给客人带来麻烦，而且客房经济损失至少达六七百元。该饭店的客房管理者和员工，通过小小的“技术革新”解决了这个难题，方便了客人，还带来了经济效益。

这个案例的可贵之处在于酒店客房设施设备的维修保养工作一般都是由工程部“承包”负责的。而饭店的客房管理者和服务员自己动手超常规地解决了客房断电的意外事故，其先进的经验值得酒店同行学习与借鉴。

该饭店对客房部设施设备的维修保养有一套严格的甚至超常规的规章制度和操作程序，根本一条是要求从管理人员到服务员人人都做维修工。为此，管理人员带头钻研，掌握硬件维修技术并传授给服务员。这样，从经理、主管到服务员，人人在硬件维修上都有一手，遇到一般硬件毛病都能自己动手及时修好；有的毛病个人一时难以解决，就向客房部反映，尽量由部门调动力量自己解决，以缩短周期，提高客房服务质量。本案例便是这方面的一个突出实例。

【思考题】

酒店服务员掌握一些常见故障的维修技术，对酒店整体服务质量的提高有什么好处？

案例171　客房改造失败的背后

随着顾客需求的快速变化和行业内部竞争的日益激烈，酒店的更新改造周期变得越来越短。对于酒店来说，更新改造的过程就是其在酒店市场上重新定位的过程。在这个过程中，重新定位是否准确、改造设计是否专业、装修材料是否合适、装修质量是否过关、投入产出是否经过严格的测算？都将影响到一个酒店更新改造后的盈利水平，都能体现一个酒店追求利润最大化的实质性结果。

某城市一家以接待商务客人为主的酒店完成了客房和部分餐厅的改造，改造后的餐厅有了独特的中国文化的体现，营业额比没有改造前增加了10%。但是改造后的客房，房价没有实现期望中的提高，因为原有客房的隔音问题并没有在这次改造中得到解决。客房中的家具换了，地毯换了，卫生洁具换了，唯独没有想到把隔音差的问题给解决了，实在可惜。客房作为酒店的核心产品，也是利润产出最高的产品，顾客对其十分挑剔。挑剔的内容中有隔音程度、床及枕头的舒适程度、卫生间的大小、水流的大小、喷淋的质量等，这些内容的质量都可以影响到一个酒店的平均房价和客房入住率。隔音不好的房间一般会比隔音好的房间至少少卖100元/天·间。以一家酒店300间客房、平均70%的出租率计算，一年就会因为隔音的缺陷而少卖760万元。这笔每年损失掉的钱，只要拿出一年的金额就足以将客房隔音问题彻底解决。余下每年多卖的760万元就是客房部门的净利润。

为什么客房的隔音问题会对出租率和房价影响如此之大？对于顾客来说，客房是否隔音牵涉到入住环境的隐私问题和入住环境的隔音问题。这两个问题比起客房内的家具、地毯等其他问题都重要，尤其对于商务客人。试想，当他入住房间，刚刚入睡的时候，隔壁房间的电视机声却影响睡眠；而他的房间内的任何声音，对于隔壁房间来说同样也是一种影响。

这家酒店错过了利用更新改造解决客房隔音问题的机会，除了可惜还有可悲。可惜的是这家酒店的经营管理者放弃了每年多赚760万元利润的机会；可悲的是这家酒店的经营管理者都没能了解顾客对于客房的真正需求。以此推理，更新改造前的酒店重新定位的可行性计划估算都没有做过。请的设计单位，由于没有被告知原有的客房存在隔音问题，所以也没有考虑解决这个问题的方案。

设计是酒店更新改造工程的一项软成本，愿意在软成本的花费上下本钱的酒店不多，因为他们还没有认识到软成本的价值——好的设计能给经营管理带来额外回报。所以在更新改造过程中，花费大量的资金购买硬件，提高家具用具的档次，却忽略了整改原有的不合理布局等问题。现在有不少酒店，对于进行更新改造工程凭借管理人员的感性认识为多，依据管理人员理性规划为少，导致的结果是改造后的客房和餐厅，往往得不到预期想象中的提高，反而加大营运成本。投入产出不理想，利润最大化成为空话。

酒店利润的最大化，要从规划设计着手，更新改造又是一个机会。如果连更新改造的机会都错过，那么利润的最大化将无法实现。

【思考题】

从本案例客房改造失败的教训中，谈谈你对了解顾客需求制定更新改造工程规划的重要性的认识。

案例172 重视工程部员工的形象管理

酒店对前厅、餐饮等一线部门员工的形象比较重视，认为他们是酒店的“门面”“窗口”，从而在外形、着装、礼节礼貌等各个方面均有较高要求，并不时地对他们进行各种形式的培训与考核。但对工程部等不直接面客的二线部门则不是很重视，认为对他们来说技术过硬是最关键的，其余的则无所谓。

然而，随着社会生活水平的不断提高，酒店消费市场日臻成熟，客人对酒店提出更多个性化的服务要求，工程部的员工将越来越多地从“幕后”走向“前台”，直接接触客人，为他们解除燃眉之急。比如大型会议音像系统的安装、调试与紧急排除故障；与工程有关的维修和服务，如客房空调效果不理想、有噪音，以及洗脸池内掉进了客人贵重物品等。

这对工程部员工来说是个挑战，对酒店管理者来说应转变观念，对工程部员工的形象管理必须引起足够的重视。那么目前工程部员工在“显性”服务过程中有哪些不足之处呢？对工程部员工的形象管理应注意哪几个主要环节呢？

1. 干净整洁

工程部大部分为男性员工，工作中需爬高摸低，且经常接触机油、铁锈等，所以工作服上有油渍、缺个纽扣、裤管或袖管挽起、衣服起皱、工作鞋积满灰尘等现象比较常见。另外，也许因为是个以男性为主的部门，头发、胡须等细节问题也常常被忽视。如果这样去接触客人，会给客人留下邋遢的感觉，破坏酒店的整体形象。

2. 技术过硬

面对面服务既是展示员工技能的好舞台，也是对他们技术是否过硬的一个大考验。经验丰富的员工能够根据征兆很快判断出故障原因，三下五除二地把问题解决得干净利落。反之，如果没有一定的技术基础，效率低下，捣鼓半天也不能解决问题，会加大客人对酒店的抱怨。

3. 语言

工程部员工普遍来说文化程度不高，尤其是外地员工较多的酒店，语言是一个问题。这里指的语言，一是标准的普通话。很多员工用方言或带浓重地方口音的普通话与客人交流，既不利沟通，也不符合星级酒店在客人心目中的形象。二是文明的语言。有家三星级饭店，因为空调太吵，客人叫了工程部的人来修，一个二十多岁的小伙子上来拧了拧开关说："我们的空调都是这样的，妈的，老坏，我也搞不来。"撇开技术问题不谈，其语言之粗劣，让人听了很失望。

4. 礼节礼貌

工程部对客服务以解决问题为目的。但是因为我们的服务对象是人，所以整个过程都要求我们"以礼相待"。比如说，进房间前要敲三下门，等待客人反应；修好水龙头后，要擦干净地上的水迹和脚印；离开房间时，要向客人告别，并带上门；走廊上碰到客人要主动问候并让道；会议进行过程中不能打断讲话；需从屏幕前经过时，要弯腰等等。只有这样，才能与其他前台部门的服务相互衔接，留给客人一个完美的整体印象。

5. 纪律和规范

工程部员工直接面对客人，酒店管理者更需要向员工强调纪律的重要性，一切按规范操作。比如员工通道的问题，很多酒店的客梯里，常常会碰到背着工具包的维修人员。再比如当与客人讲话时，什么该说，什么不该说；什么能问，什么不能问等等，都应让员工注意。

工程部从幕后英雄到登台亮相，是酒店发展的需要，也是工程部自身发展和提高的一个好机会。只要大家引起重视，共同努力，工程部员工就能自信地走向前台，让客人悦目，让酒店生辉。

【思考题】

为什么酒店应重视对工程部员工的形象管理？你认为工程部员工的良好形象主要表现在哪些方面？

案例173 营造员工之家

深圳某大酒店企业文化靠员工参与，而员工之间又以亲情般的关爱为纽带。

先说说酒店一年一度的员工春节联欢晚会吧。晚会是全体员工的“精神盛宴”，为的是犒慰辛劳了一年的员工，给远离家乡的员工带来大家庭的温暖。该酒店给晚会取了个温馨的名字——“我爱我家”。

晚会节目由全体员工提供。为能在欢乐中高潮迭起，节目初审要求很高，因而员工们也绞尽脑汁出新节目、好节目。让人们最感动的一个节目是宴会部全体成员的踢踏舞。他们每一个踏步、每一次击掌都铿锵有力、整齐划一，就像一个人发出来的。年底的宴会一场接一场，他们每晚12点收拾完宴会厅后还继续排练，功夫不负有心人，将近一个月的苦练，他们最终获得一等奖和特别奖。全体成员上台拥抱欢呼，激动得泪飞如雨，这样的团队精神令人震撼。

平时该酒店庆贺员工生日也有两点创意。一是庆贺形式不是贺卡、生日蛋糕和生日宴这些固定形式，而是丰富多样。有去海边旅游、有登山活动、有烧烤、有打保龄球、有歌舞会，生日活动常办常新。二是员工生日都在员工告示栏中列出，让全店都知道这次活动是哪几位员工的生日，所有员工都有自由参加的权利，为加强沟通和交流情感又提供了一个活跃的平台。

【评析】

本案例是典型的企业文化营造工程。作为酒店管理者，都深知企业文化对酒店的重要性。良好的企业文化能促进员工的团结，加强团队协作，从而更好地为宾客服务，为酒店创造效益。一个好的企业文化应该怎样去营造呢？要点有五：

1. 找准目标

管理者根据企业使命来建立并定义符合本企业的文化内涵。

2. 严格执行

企业文化内容广泛，其中关于标准化的东西要严格执行，以保证企业文化的延续性与一致性。如：员工生日的庆祝，有了规定就要严格执行，不能“厚此薄彼”，理应一视同仁，实习生、临时工也不例外，记住这个忘了那个是不利于企业文化建设的。

3. 环境营造

企业文化的塑造需要一个良好而宽松的环境，而好的企业文化又会有利于形成良好的环境，两者相辅相成。单就企业文化而言，环境的营造包括工作环境、生活环境、员工学习环境、闲暇时间的娱乐环境等，而且应制度化。

4. 活动推进

企业文化必须有活动的支撑才能凸显其作用。如员工旅游、登山活动、烧烤、打保龄球、歌舞会、集体公益活动、摄影大赛、每月评比、技能比赛等，这些活动都无形中增加了员工之间的交流，促进感情，营造良好的人际环境；同时也通过相互竞争，使服务质量和工作效率得到提高。

5. 力争创新

一个企业的文化不可能一成不变，而是要根据企业自身情况、周围环境及社会发展而不断创新，以最新的姿态保持与时俱进，从而用好而新的文化来推进企业发展。

【思考题】

请谈谈你对自己酒店企业文化的认识和体会。

案例174 餐桌上的金鱼缸

走进青岛海情大酒店的餐厅包房，桌上放的不是鲜花，不是艺术雕刻，而是一个如鱼缸般的巨型酒杯，四条金鱼在嫩绿的水草间游弋。酒杯式鱼缸安放在一块杏黄的锦缎上，散散点点的海螺和贝壳如众星捧月。这是酒店采纳餐饮部一位普通员工提出的合理化建议而推出的宴会餐桌设计。

青岛海情大酒店创新的可圈可点之处并不在于餐桌上放金鱼缸的构思，而在于员工的投入，在于这个构思来自于最基层员工的主动参与。比如，有位员工觉得金鱼价贵又不易养。所以又主动去觅寻价低、易养又能观赏的鱼。如果每个基层员工都如此细微地为饭店动脑筋、想办法，饭店的竞争力将是不可估量的。

小小鱼缸的设置却让人联想到当今世界企业间的竞争。削价竞争是最低层次的竞争手段，而质量竞争、成本竞争、特色竞争、主题竞争才是更高层次也是更为有效的竞争，而最根本的、也是最高层次的竞争则是企业文化的竞争。五粮液集团是如此、海尔集团是如此、英特尔公司也是如此。能成为胜者脱颖而出，且能长期稳定地不断开拓进取的，无一不是企业文化建设成功的企业。对饭店业来说也不例外。

企业文化从表层来看，是看得到、摸得着的装潢、设施、服务、活动、制度、规范、标准等有形的东西，但深层次的内核则是企业精神和全体员工的价值观及行为准则。价值观是酒店全体员工共有的、内化的判断事物的标准和处世行事的原则。如“为宾客提供优质服务是最大的满足”、“没有满意的员工就没有满意的顾客”，等等，都是从价值观演绎出来的服务理念。一家饭店的竞争力的源泉就是全体员工认同并为之拼搏奋斗的价值观。其外在表现就是一种朝气蓬勃的企业精神和细致入微的优质服务。有一家饭店的口号为“默契就是动力”。默契，就是理念的一致，价值观的一致，从而形成服务中同舟共济的团队意识，并表现为行为的一致。

把“默契”换成一个企业管理的专业词汇，就是“凝聚力”。凝聚力是指员工对企业目标的认同感与专注度。今天的企业如何建立员工队伍的凝聚力已经成为一个关系企业发展成败的大事。这是对全体员工事业忠诚度的一种要求与衡量。

在工业经济时代，企业所需要的凝聚力更多地表现在行为和行动方面。今天的竞争，企业所需要的凝聚力则表现在员工的心智方面。我们需要所有的员工对企业的目标有一种极大的认同，需要所有的员工对饭店的事业有一种主动的参与，直至将其作为个人事业的一部分。我们还需要所有的员工彼此都成为这个事业的一员，而不能有一部分人游离于外。

要深刻认识到，当今的企业竞争就是人才的竞争，而人才竞争的内在含义不仅仅是饭店员工整体素质的竞争，更重要的是饭店与员工队伍凝聚力水平的竞争。我们不仅要比较谁的员工素质更好、学历更高，更要较量哪家酒店员工队伍的人心更齐、合力更大！

企业的凝聚力从哪里来？当然有多方面的因素，但极其重要的一条就是员工的参与性。"员工是企业的主人翁"决不是一句空话。只有使员工改变"雇员"的角色，使之具有"成员"的地位，凝聚力才能真正显现。而"成员"这一概念的最具体、最实际的做法就是加强员工的参与性。

管理者要与员工一起来讨论饭店的发展计划，和他们一起来讨论饭店所遇到困难的解决方案，包括也要和他们一同来商讨如何管理饭店，制定哪些制度等等。我们必须非常真诚地要求员工参与管理。这种要求实际上首先是要求管理者自己认识到员工的参与是必须的，是有价值的。真正的参与是将理念落实到员工的自觉行为中去，体现在每一件小事上。青岛海情大酒店员工参与餐桌上金鱼缸的设计，正是给了我们对企业文化以深刻启迪。

【思考题】

为什么说餐桌上的金鱼缸体现了酒店的企业文化？请联系本酒店实际，挖掘企业文化的亮点。

案例175　跳槽员工回"娘家"

上海某三星级酒店组织建店5周年店庆活动，由总经理和副总经理亲自抓这项工作。于是，老总们筹划、安排了各部门回顾酒店5年历程的黑板报展览、评比和自编自演各种文艺节目，还安排了总经理给优秀员工颁发奖品等活动。内容不可谓不丰富，"节目"不可谓不精彩。然而，老总们觉得不够满足，他们为此而冥思苦想。这天上午，总经理室接到一位前不久为了寻求更大的发展而"跳槽"到一家外资企业去的原部门经理的电话，他在电话中表达了对酒店领导的歉意和问候。这时，老总们不约而同地触发了"灵感"——何不利用本店5周年之机，请历年"跳槽"的员工回一趟"娘家"呢？

老总们认为，由于种种原因，历年来一批又一批的员工从本店"跳槽"到外单位，这是正常的人才流动现象。他们中有的是参与酒店筹建的"元老"，有的参加了多年的酒店工作，对酒店建设做出了自己的贡献。邀请他们回“娘家”参加店庆座谈会，正是保持和加强友情的极好机会。同时，对增强酒店内部员工的凝聚力也有不可低估的积极意义。

一封封出席酒店5周年座谈会的邀请函寄到了那些先后“跳槽”到外单位的人员手里，产生了强烈的反响。一位特级厨师手捧邀请书，激动地说：“我曾在多家企业间跳过槽，都是‘人一走，茶就凉’。店里请我回‘娘家’这还是头一回，真是没想到啊!”邻省一家合资企业的一位部门经理收到邀请函后又惊又喜，因为他离开时并没有把自己的去向告诉酒店，他对该店领导一直在关注着自己深为感动。还有一家外资企业的总经理得知其下属应邀回“娘家”，连连称奇。他表示，这样的酒店以后真值得把客人介绍过去。

8月18日上午，被邀的“跳槽”员工冒着炎热早早来到酒店会议室。大家久别重逢，几番寒暄，都有说不尽的话语。座谈会上，老总们向大家介绍了酒店这几年发生的可喜变化和进步，欢迎大家今后常来常往，并希望多多献计献策。老员工们纷纷感谢酒店领导对他们的理解和关心，衷心希望酒店兴旺发达，并愿为此继续尽自己的一份力。有的表示要在自己的业务交往和亲朋好友中为酒店介绍客户，有的当场为该店提高服务质量、加强员工培训和调整营销策略等工作出谋划策。座谈会气氛祥和融洽，老总们不由频频点头，露出了欣慰的微笑。

【评析】

“跳槽”员工回“娘家”，这是这家酒店在店庆活动中出现的新鲜事儿，也是该酒店构筑凝聚力工程的一个创举。

员工“跳槽”是饭店业人才流动中的常见现象，但由于种种原因，“跳槽”员工与原来酒店会留下这样那样的隔阂和遗憾，成为酒店建设中的消极因素，这在各地酒店中屡见不鲜。该酒店领导在组织5周年店庆的活动中，巧妙地将员工跳槽转化为增强酒店凝聚力工程的积极因素，值得称道。

该酒店领导的高明之处在于将对内部员工的关心、爱护延伸到对“跳槽”出去的员工身上，收到了不同寻常的效应。“跳槽”员工从原酒店那里意外地获得了深深的精神安慰，作为对酒店的回报，必将会为酒店的兴旺发达继续尽自己的一份力量，成为不是该店员工的“编外员工”。而酒店的现有员工从领导对外流员工的关心、爱护中也会受到极大的激励，这将更加增强他们的主人翁态度和团队精神，这种凝聚力的巨大作用更是难以估量的。

【思考题】

从跳槽员工回“娘家”的范例中，对照本酒店的情况，你认为本店在员工激励、企业文化建设上应该深入开展哪些工作？

案例176 总经理的亲笔信

郑州一家饭店总台的韩小姐从事服务工作已有3年了，她甜美的笑容、温柔的话语、高雅的气质和殷勤周到的服务，给每一位入住的宾客留下了深刻的印象，经常受到客人的表扬。

十月初的一天上午，韩小姐刚换好工作服，只见房务部朱经理兴冲冲地走过来。

“小韩，恭喜你!”朱经理随手递上一封信，他爽朗的声音引来了韩小姐周围不少服务员惊奇的眼光。

韩小姐也疑惑不解，不知道朱经理“葫芦里卖的是什么药”。

“咦，总经理的亲笔信”，韩小姐不禁感到诧异，以前她曾受到朱经理的口头表扬，那是因为有宾客在意见书上点名称赞了她。今天，总经理竟给她写了亲笔信，对她拾到日本小川先生20万日元及时上交这种拾金不昧的高尚品质大力赞扬。韩小姐看完信高兴地说：“姐妹们，今天我请客。”

这件小事在饭店员工当中引起了很大的反响。以前饭店收到“宾客意见书”后，如果是投诉，总经理一般在每周例会上宣读投诉的内容并提出处理意见，过后还要落实处理结果。总经理办公室每月会对投诉情况进行分析，遇到带有高重复率的投诉，总经理会责成有关部门加强培训，以尽快消除这些方面的不足，直至宾客满意。

相对而言，酒店对宾客的表扬重视程度则略为逊色，认为服务得好是应该的，无须表扬。其实这种做法是片面的。一家服务水准高的饭店，总会出现特别优秀的员工，如何抓住典型例子，以此促进整个饭店的服务水平是很重要的事。

这家饭店总经理深刻地认识到对员工激励并非是工资越高越好，奖金越多越有干劲，而是要对每位员工的工作有一个正确的评价。所以，总经理采用写亲笔信的激励手段，既体现了鼓励先进的管理思想，又大大缩短了饭店最高领导与基层员工的距离。一封表扬信让员工看到了自己工作得到了认同，他们将会永远记住这份荣耀，这是高工资和奖金所换不来的。

【思考题】

为什么总经理的一封表扬信在饭店员工中引起了很大的反响？这一做法体现了怎样的管理思想？

案例177　这是谁的责任

佳节刚过步入小淡季，南方某宾馆的迎宾楼宾客稀少。客房管理员A紧锁着眉头，考虑着节后的工作安排。突然她计上心来，拿起电话与管理员B通话：目前客源较少，何不趁此机会安排员工休息。B答："刚休了七天，再连着休息，从时间上来说太接近，而以后的二十几天没休息日了，员工会不会太疲劳？"A说："没关系，反正现在客源少，闲着也是闲着。"两人商定后，就着手安排各楼层员工轮休。

刚到中旬，轮休的员工陆续到岗，紧接着客源激增，会议一个接着一个，整个迎宾楼又恢复了昔日的热闹，员工们忙得不亦乐乎。

紧张的工作日以继夜地度过了十几天，当A正为自己的"英明决策"感到沾沾自喜时，下午四点服务员小陈突发胃病；晚上交接班时，小李的母亲心绞痛住院；小黄的腿在灌开水时不慎烫伤。面对接二连三突然出现的异常情况，A似乎有点乱了方寸。怎么办？姜到底是老的辣，A以这个月的休息日已全部休完为由，做出决定：家中有事或生病者，要休息就请假。而请一天的病事假所扣的工资、奖金是一笔可观的数目。面对这样的决定，小黄请了病假，小陈、小李只好克服各自的困难仍然坚持上班。

第二天中午，管理员B接到客人的口头投诉：被投诉的是三楼的小李和四楼的小陈，原因是：丢三拉四，答非所问，面无笑容，对客不热情，服务出差错。管理员A交接班时，B转达了客人对小李、小陈的投诉，A听后，陷入深思……

【评析】

如上所述，被投诉的虽然是小李、小陈，但实际问题出在管理上。因为在月初客源不足的情况下，管理员把员工整个月的休息日统统在上旬就安排完毕了。大半个月中，在客源好、工作繁忙、没有休息的情况下，员工要连续工作20多天，就是铁打的汉子也有累倒的时候。而该宾馆的管理者，从自身方便的角度出发，不是合理地安排员工休息，使员工工作、休息张弛有度，而是不间断地工作，勉强上班，造成了客人投诉，影响了服务质量。

质量在很大程度上取决于员工的工作环境和个人的身体、精神及情绪状况。只有重视员工，使员工身心舒畅，员工才会更加敬业爱岗，视客人为上帝，尽心竭力做好服务，让客人满意。如果管理员A在考虑员工的工作、休息时，能从员工的角度出发，适当地安排休息日，以便员工在遇到身体不适、家中有事时能适时地休息、调剂，保持身心健康、愉快。当他们再次投入工作时，决不会产生管理员A安排所造成的那种后果。所以，酒店管理应倡导先有满意的员工才会有满意的客人的理念。

【思考题】

本案例中发生的服务投诉，责任何在？如何正确理解重视、关心员工与保证提高服务质量的关系？

案例178 饭店管理中的员工因素

南昌某饭店的总经理曾说起过这样一件事情：他刚上任不久后的一天，餐饮部粗加工领班来找他，反映粗加工组的劳动条件太差，工作场所下水不畅，屋顶不挡风、不遮雨，整天都得穿着胶鞋工作。总经理立即到粗加工组察看，召来有关部门的负责人，责令在一星期内改善粗加工组的劳动条件。一星期以后，领班又来找他，告诉他问题都解决了，并说："这个问题先后反映过几次，始终没人理睬，只有您把我们当人看。"说着说着，小伙子流下了眼泪。最后，这个领班向总经理表示：饭店看得起我们，我们也要对得起饭店。如果总经理信任我们，授权给我们，凡不合采购要求的食品原料可以退货，我们愿意为饭店把关。在这位领班建议的基础上，总经理设计了一套食品鲜活原料验收及责任追究制度，这一制度实行以后，饭店餐饮毛利提高了10%。

许多饭店都有这方面的经验，好好照顾员工，饭店的凝聚力就增加，员工的责任心、敬业精神就强，饭店的工作、对客服务的质量也就有了可靠的保证。

优质服务是建立在员工自愿、真诚关心顾客之上的。优质服务就本质来说是要员工选择一种利他的生活方式，为了客人的利益，为使顾客满意而约束自己的行为，克己利人，用心去为客人服务。不仅向客人奉献自己的辛劳，而且奉献上自己的情感与智慧。

事实上每一个员工都是一个行为主体，都有一定的时间、空间去自主决定该做什么，该怎么做。员工的许多表现是上一级管理人员难以察觉的。因此服务质量其实掌握在员工手里。

员工的素质就是企业的素质，产品质量、服务质量是人的素质的物化和反映。可以这样说，在服务越来越重要的时代，员工，特别是那些看起来不起眼的一线员工，实际上掌握着企业成败的关键，企业的兴衰维系在如何管理人力资源上，这方面应引起有关决策层的高度重视。

许多饭店提倡过"顾客第一"，以后有人提倡"员工第一"。口号的变化反映了我们对员工作用认识的深化和对员工管理方式的改变。

"员工第一"，并不是说顾客不重要，而是说我们要照顾好顾客首先必须照顾好员工。照顾好顾客是企业的目标，而照顾好员工是实现这一目标不可缺少的前提。现代饭店管理集中到一点，就是以愉快的员工去争取愉快的顾客。

提倡团队精神，鼓励员工相互关心、相互照顾，强化培训，提供心理安全保障，实行利润分享制度，从内部提拔管理人员，职工来信一一答复——这些便是"好好照顾员工"应做的主要工作。而员工对公司的回报是工作积极性的提高，劳动生产率和顾客满意率的上升。

【思考题】

案例中的“故事”给了我们什么启示？谈谈“顾客第一”与“员工第一”之间的辩证关系。

案例179 总经理与职工代表的对话

在北京一家外资酒店的一次职工代表大会上，总经理就职工代表提出的一些他们所关心的问题，进行了回答，其要点如下：

员工：二线部门应把一线当做内部客户，目前存在着二线为一线服务意识欠缺、二线与一线关系脱节的问题，建议通过建立内部投诉机制来加强督导。

总经理：我非常喜欢这个建议。宾馆各部门应互相尊重，比如厨师面对服务员、工程部面对维修部门，就应像服务员对待客人一样。同事与同事之间互相合作是必然的事情，每名员工都应懂得珍惜这种合作，所以没必要建立内部投诉机制，花时间去解决内部的矛盾。宾馆各级管理人员应该按照各自的职责范围进行管理，包括每名服务人员都有职责拒绝接受其他部门、其他员工提供的不符合工作规范和客人要求的产品。真正有效的机制应该是：每名管理人员和员工都按照职责拒绝接受错误并主动去纠正错误，如果出现阻碍，立即提交上级领导解决。

员工：为各餐厅制定经济指标，使营业收入和员工奖金挂钩。

总经理：这是好主意，但二线、一线应该互相尊重，所以要关注全局，而不是某个部门。如果只给某个部门设立奖金就会影响其他部门的工作热情，起到反效应。对这个建议，操作起来需要谨慎。

员工：北京气候干燥，能否在楼层增添加湿器，当客人需要时提供。

总经理：可以立即采用，由有关部门制定出具体方案。

员工：应均衡地降低人工成本，目前西厨房人员很多，但中餐厅等岗位缺人现象严重。

总经理：中餐厅人手不够，希望有关部门及时反映缺人信息。西厨房人员问题，新的行政总厨需要一定的时间熟悉工作，然后才能提出改进措施。

员工：可改革对最佳员工的奖励形式，使其产生的影响更大。如总经理与员工合影，将合影送给最佳员工并在宣传栏展示；把奖金改为食堂用餐券，最佳员工可与亲人一起用餐。

总经理：这个建议很好，可由人力资源部具体操作。

接下来，职工代表们提出了“加快老化设备的更新，空调设备应该升级”，“办公设备比较陈旧，影响工作效率”等问题，总经理欢迎各部门提出方案承诺，根据轻重缓急，逐步解决。而对职工代表提出的“地下室与更衣室的环境及设备应改进”，“看望病号的标准应提高”，“对员工生孩子、婚丧事宜应给予看望和关爱”，“夜班补助费应提高”等问题，总经理要求财务部、人力资源部给予考虑并提出方案。

【思考题】

总经理与职工代表的对话，是不是就事论事解决具体问题？如果你亲历这种场合，心里有什么想法和评价。

案例180　让员工“想说就说”

有人说旅游饭店是顾客的“第二现实”，却是饭店员工真正的“第一现实”。对于顾客来说，他希望“第二现实”能够像梦一样的美好，能够满足他的一切需要，梦中的饭店员工应该是——永远的精神饱满，永远的热情洋溢，永远的不知疲倦，也永远的不会有什么忧愁烦恼。然而这对于饭店的员工来说，却是与辛劳、汗水、压力、委屈等联系在一起的。那么如何能使饭店员工去为顾客的“第二现实”而努力地、任劳任怨地工作呢？有一种说法：“要员工满意很容易，只要给他们足够的钱。”但遗憾的是现实中并没有哪个酒店能给员工“足够”的钱。因此，要让员工快乐就必须寻找他们精神上的家园。

通过倾听、了解、商讨等形式，为员工的工作和生活尽可能地提供关心和帮助，让员工有在家的感觉。正如一句名言所说的那样，“一个人可能不会为了金钱而工作，却愿意为了一条绶带而牺牲自己的生命”，而良好的服务文化恰好能够充分地满足酒店员工这种对精神激励的渴望。

为此，武汉一家酒店推出了每月一次的总经理对话会，使员工有机会与总经理面对面地沟通；同时在有些部门的相关岗位也定期召开员工意见讨论会，多渠道地征求员工的意见。刚开始的对话会，酒店采取由人事部经理主持，总经理、总办主任出席，各部员工自愿参加的形式。之后又改成总经理直接跟每一位员工对话。通过以上两种形式的对话会，既增进了上下级之间的了解与沟通，同时也听到了不少合理化建议，取得了一定的成效。

然而，随着这项活动的开展，员工的热情却明显不如刚开始时那样高涨。经组织者调查发现，并不是所有的员工都敢见总经理、敢和总经理单独谈话。而且对于一些有管理人员参加的讨论会，部分员工可能会出于某种考虑不敢多说话。于是酒店又在男女更衣室设立了“想说就说”员工意见台，台上备有纸和笔，让员工在最轻松的状态下将自己想说的话随时留下来，然后由酒店人事培训部每天将这些意见收集起来，汇总上报给总经理，并逐项解决落实。对于那些不能够立刻解决或解决起来有难度的问题，酒店向所有员工公开，并且通过举办各种形式的员工讨论会，与员工共同商讨解决办法。自开展这项活动以来，酒店每天都能收到或多或少的意见，例如：客房部员工提出每两个月发放一双布鞋不方便换洗，可否改为每四个月发放一次，每次两双；还有员工要求提高福利待遇、工作薪酬；员工餐厅的辣椒不辣；分类存放垃圾便于环保等等。虽然一开始员工大部分关心的是自己的事情，但随着时间的推移，员工已越来越多地关注酒店的发展问题以及为酒店的经营管理出谋划策。以上所推行的各种措施，都是建立在相互信任的基础上的。

酒店对于员工意见的处理方式是否得当将给员工带来直接的影响。如果员工知道酒店非常重视他们的意见，即使最尖刻的评论也能得到积极、坦诚的回复，会因此对酒店产生信任感；但如果情况相反，他们的建议被忽视，他们就不再敢于发言了。当然，建立信任的氛围并不等于允许无理取闹或提出过分的要求。

随着管理的不断深入，酒店还要根据不断变化的实际情况加以改进，尽力扩充沟通渠道，以便更有效地激发员工的参与意识。这其中包括完善建议的流程、建立企业内部网上论坛，以及开设其他类型的面对面交谈等等。

实际上与员工有效交流的本身就是人性化管理的关键所在。它就是一种企业文化，这种企业文化会产生一种巨大的向心力，把酒店员工团结起来，让员工对企业产生认同感，促使员工积极参与酒店的经营活动，并以其所提供的优质服务产品为饭店发展贡献自身的力量，从而最终使员工与企业结成不可分离的利益共同体。

【思考题】

让员工“想说就说”体现了怎样一种企业文化理念？上下级之间交流沟通的重要作用何在？

责任编辑：谯　洁
责任印制：冯冬青
封面设计：何　杰

图书在版编目（CIP）数据

酒店管理180个案例品析 / 王大悟，刘耿大编著. --北京：中国旅游出版社，2007.6（2024.4重印）

ISBN 978-7-5032-3190-2

Ⅰ.①酒… Ⅱ.①王… ②刘… Ⅲ.①饭店－企业管理–案例–分析 Ⅳ.F719.2

中国版本图书馆CIP数据核字（2007）第078225号

书　　名：酒店管理180个案例品析

作　　者：王大悟　刘耿大编著
出版发行：中国旅游出版社
（北京静安东里 6 号　邮编：100028）
https://www.cttp.net.cn　E-mail: cttp@mct.gov.cn
营销中心电话：010-57377103，010-57377106
读者服务部电话：010-57377107
排　　版：北京中广文化传播中心
经　　销：全国各地新华书店
印　　刷：三河市灵山芝兰印刷有限公司
版　　次：2007年6月第1版　2024年4月第20次印刷
开　　本：787毫米×1092毫米　1/16
印　　张：20.75
字　　数：338千
定　　价：35.00元
I S B N　978-7-5032-3190-2